Edgar Most

Fünfzig Jahre im Auftrag des Kapitals

Gibt es einen Dritten Weg?

Aufgeschrieben von Katrin Rohnstock
und Frank Nussbücker
Rohnstock Biografien (Hg.)

Das Neue Berlin

Katrin Rohnstock ist Literatur- und Sprachwissenschaftlerin, Autorin zahlreicher Bücher und gründete 1998 die Firma »Rohnstock Biografien«, die auf das Schreiben von privaten Autobiografien, Familien- und Firmengeschichten spezialisiert ist.

Frank Nussbücker ist Autobiografiker bei »Rohnstock Biografien«, Autor und Herausgeber der Zeitschrift »Storyatella«.

Inhalt

*Wie Ostdeutschland zum zweiten Mal
den Krieg verlor* — 7

Der Dorfbursche — 20
Kindheit am Schafberg — 21
Der Feind bricht durch — 25
Die Familie hält zusammen — 28
»Wenn du nicht dabei warst, rede nicht drüber!« — 30
Glück auf! — 32
Der Handschlag meiner Mutter — 35
Zwischen Kirche und Pionieren — 37
Mit Schach in die Bank — 41
Saft und Most — 45
»Vergiss niemals, wo du herkommst!« — 48

Schwedt – meine Universität — 52
Wildwest an der Welse — 53
Schapka und Filzstiefel — 57
Neue Arbeit, neues Glück — 59
Die Revolution im Bauch — 63
Von der Großbaustelle zum Kombinat — 66
Währung und Wahrheit — 71
Neben dem Plan — 78
Die Zauberformel — 82
Konten lügen nicht — 84
Wertschöpfung kontra Tonnenideologie — 88
Unter Druck — 90
Streit mit dem Staatsanwalt — 93

Nach Berlin! — 98
Im Kollegium der »Staatsbank« — 99
Mit Marx in Kuba — 102
Die Partei hat immer recht! — 109

In Teufels Küche 113
Im »Lada« durch die Sowjetunion 116
Vom Umgang mit der Wahrheit 121
Kriegsspiele im Bunker 126
Die Geschichte meiner Stasiakte 129
Staat im Staate: Alexander Schalck-Golodkowski 134
Das Ende der DDR 138

Mitgestalter der deutschen Einheit hinter den Kulissen *146*
Vom gesellschaftlichen zum privaten Kapital 147
Verhandlungen mit dem Klassenfeind 151
Der Franke und der Thüringer 157
Wahnsinn Währungsunion 161
»Herr Most, Sie verhindern die Währungsunion!« 170
Die D-Mark rollt 176
Von der Kader- zur Personalakte 180
Dreihundert Millionen per Handschlag 183
Deutsche Einheit in der Bank 187
Gorbatschow bei uns 195

Einsatz für den Osten *198*
Der Osten als Jungbrunnen des Westens 199
Kohls Bankenmilliarde 206
»Bist du Bauer oder Banker?« 209
Der Osten als Vorreiter für den Westen 217
Wir brauchen Ingenieure und Naturwissenschaftler 221
Klare Worte im Kanzleramt 223
»Gesprächskreis Ost« 228
Leben für die Arbeit 236

Gibt es einen Dritten Weg? *242*

Meine Mandate 261
Literaturverweise 263
Personenregister 264

Wie Ostdeutschland zum zweiten Mal den Krieg verlor

*Der Aufbau Ost bedeutete auch
eine entschiedene Stabilisierung West.*

*Denn das war:
• ein zusätzlicher Markt mit 17 Millionen Menschen
(plus Marktgebiete Osteuropa)
• Realisierung von Investitionen Ost
durch Unternehmen West zuzüglich der Leistungen
von Architekten, Vermessern, Ingenieuren etc.
in großem Umfang
• Ausbau des Dienstleistungsbereiches:
Rechtsanwälte, Unternehmensberatungen, Banken,
Versicherungen, Steuerberater usw.
• Besetzung von Verwaltungen des öffentlichen Sektors,
von Stellen in Universitäten, Hoch- und Fachschulen ...*
Edgar Most

Die deutsche Einheit war ein Geschenk, mit dem wohl kaum ein Angehöriger meiner Generation gerechnet hatte.

Was wir aus diesem Geschenk gemacht haben, ist dilettantisch. Wolfgang Herles schrieb dazu: »Der Diktatur des Proletariats folgte die Diktatur des Kapitals.« Dem schließe ich mich vorbehaltlos an, möchte jedoch hinzufügen: mit voller Unterstützung der westdeutschen Politik!

Den ostdeutschen Politikern muss ich bescheinigen, dass sie weder ahnten, worauf sie sich mit der deutschen Einheit einließen, noch etwas unternahmen, eigene Vorstellungen zu formulieren und durchzusetzen. In den meisten Fällen obsiegte die Parteidisziplin. Viele kämpften lieber um den Erhalt ihres Arbeitsplatzes in der Politik als für ostdeutsche Interessen. Rühmliche Ausnahmen stellten Wolfgang Thierse und Manfred Stolpe dar. Was gab es für einen Aufschrei, als Thierse sein Buch *Zukunft Ost* veröffentlichte und warnend erklärte: »Der Osten steht auf der Kippe!« Stolpe bewies zwar in der Wirtschaftspolitik nicht immer eine sichere Hand, war aber stets den ostdeutschen Belangen verbunden. Mit welcher Haltung er die ständigen Stasi-Anfeindungen – den persönlichen Krieg von Marianne Birthler – überstand, nötigt Respekt ab.

Seit 1990 frage ich mich: Warum nutzen wir das Geschenk der Einheit Deutschlands nicht, unser Land auch mental zu einer Nation zusammenzuschweißen? Stattdessen wurde alles daran gesetzt, die Bevölkerung in Sieger und Besiegte aufzuteilen und den Osten Deutschlands zum zweiten Mal zum Verlierer zu stempeln. Wenn man einen Krieg verliert, steht man, wenn auch verwundet, recht schnell wieder aus den Ruinen auf. Unterliegt man dagegen in einem

Kalten Krieg, trampeln die Sieger über Generationen hinweg auf den Besiegten herum. Das spürte ich bei der deutschen Einheit deutlich.

Im Jahre 1945 erlebte meine Generation das Ende des Zweiten Weltkriegs. Deutschland lag nach einem Inferno, welches es selbst angezettelt hatte, in Schutt und Asche.

»Auferstanden aus Ruinen«, hieß es in unserer Nationalhymne. Diese Worte geben das Lebensgefühl wieder, das uns nach dem Ende von Krieg und Naziherrschaft beseelte und uns den schwierigen Neubeginn versüßte.

Nach Jahren des Aufbruchs erstarrte die Diktatur des Proletariats zur Diktatur einer Partei, die für sich beanspruchte, stets und überall recht zu haben. Das Volk der DDR fegte im Herbst 1989 diesen Allmachtsanspruch hinweg und ebnete den Weg zu einer Vereinigung beider deutscher Staaten. Leider gelang es uns nicht, diese Chance zu einem wahren Neuanfang zu nutzen. Sie wurde bereits durch die Volkskammer vertan. Indem das DDR-Parlament den Beitritt zur Bundesrepublik beschloss, statt über Verhandlungen zur Einheit zu gelangen, wurden nicht nur die hier gesammelten Erfahrungen und Potenzen ignoriert und weggewischt. Es wurde auch nichts Neues ausprobiert. Stattdessen wurden die während des Kalten Krieges in der Bundesrepublik gewachsenen und von diesem geprägte Strukturen und Gesetze einschließlich der Rechtssprechung dem Osten übergestülpt. Die westdeutschen Verwaltungen inklusive ihrer Beamten kamen in die fünf neuen Länder und regelten alles. Der Ostdeutsche fühlte sich zum Bürger 2. Klasse degradiert.

Der Aufbau Ost, ein Kraftakt aller Deutschen, wurde zu einer entschiedenen Stabilisierung West, denn die Entwicklung der BRD befand sich vor dem Mauerfall in einem wirtschaftlichen und sozialpolitischen Sinkflug, was sich in einer Zunahme der Arbeitslosen widerspiegelte. Umso bedauerlicher ist es, dass man den Osten Deutschlands nie als eine Sonderwirtschaftszone mit gesonderten Steuern und Sozialsystemen akzeptieren wollte. Nun aber wurde der Osten durch die Fehler der deutschen Einheit – die noch dargestellt werden – ein Sonderwirtschaftsraum mit gravierenden finanziellen Konsequenzen für Gesamtdeutschland.

Es gehört zum Schicksal der Geschichte, dass die Einheit Deutschlands in ein Wahljahr fiel. In einem solchen versprechen die Politiker alles, Hauptsache, sie werden gewählt. So redete Kohl in Dresden vor der Ruine der Frauenkirche von »blühenden Landschaften« und der D-Mark, die mit ihm und seiner Partei nun bald auch nach Ostdeutschland kämen.

Dass die D-Mark nicht zum Nulltarif zu haben sein würde, wurde nicht erwähnt. Bis zu jenem Zeitpunkt war die CDU weit davon entfernt, die Wahl zu gewinnen. Nach Kohls Dresden-Rede drehte sich die Stimmung.

Ich wehre mich gegen die langlebige Meinung, die DDR wäre ohnehin bankrott gewesen. Die Finanz-Bilanz des Staates und die Kreditbilanz der Staatsbank belegen das nicht.

• Die DDR hatte jährlich weiterhin, gemessen am Nationaleinkommen, einen Leistungszuwachs.

• Die Zahlungsverpflichtungen im Innen- und Außenverhältnis wurden stets eingehalten, auch wenn das immer schwerer fiel.

• Das Vermögen des Staates war größer als die innere und äußere Verschuldung.

Als Banker sage ich: Die DDR war noch immer kreditwürdig.

Der Anfang der 80er Jahre zwischen Schalck-Golodkowski und dem bayerischen Ministerpräsidenten Strauß ausgehandelte Milliarden-Kredit, der durch die Bayerische Landesbank über die Deutsche Bank Luxemburg zur Deutschen Außenhandelsbank der DDR transferiert wurde, bestätigt das nachdrücklich.

Aus West-Sicht ein kluger Zug des bayerischen Ministerpräsidenten, denn dadurch nahm die Abhängigkeit der DDR von der BRD zu. Wäre dieser Deal nicht zustande gekommen, hätten aber wahrscheinlich Lösungen mit Österreich, Frankreich, England oder Japan realisiert werden können. Diese Länder waren immer bereit, ihre Beziehungen zur DDR zu Lasten der innerdeutschen Beziehungen auszubauen. Die unterschiedlichen Interessen der westlichen Länder einerseits, andererseits die Rivalität mit der ökonomisch starken BRD boten der DDR stets gute Chancen im Wettbewerb. Ich spürte diese unterschiedliche Wichtung BRD/DDR auch noch nach der Wiedervereinigung bei meinen Vorträgen in den großen westlichen Industriestaaten. Ich hatte oft das Gefühl, dass allein die Tatsache, dass ich ein ehemaliger DDR-Bürger war, mir Pluspunkte verschaffte.

Es wird oft behauptet, die DDR sei insolvent gewesen und an ihren Auslandsschulden zugrunde gegangen. Fragt nie einer, weshalb diese These von tatsächlichen Fachleuten nicht vertreten wird? Der Grund: Binnen drei Jahren nach 1990 wurden unsere Auslandsverbindlichkeiten aus Guthaben der DDR-Staatsbank und DDR-Guthaben bei ausländischen Banken (rund 60 Prozent der Gesamtsumme) bezahlt.

Gleichwohl muss man feststellen, dass die Disproportionen in der DDR seit Mitte der 70er Jahre ständig zunahmen und diese auch von den verantwortlichen Staatsorganen einschließlich Staatsbank kritisch analysiert und der Staats- und Parteiführung vorgetragen wurden. Dort aber wollte man das nicht hören. Eine Änderung des Kurses hätte gravierende Auswirkungen auf die Sozialpolitik gehabt, die man, gemäß den Erfahrungen von 1953, nicht wiederholen wollte. Damit wurden die Disproportionen immer größer.

Solche Disproportionen waren u. a.:
• Das Geld- und Kreditvolumen entwickelte sich von 1975 bis 1988 doppelt so schnell wie die Gesamtleistung des Staates: von 168 Milliarden auf 468 Milliarden Mark.

Aus heutiger Sicht kann man dazu sagen, daß wir die heutige Finanzkrise der globalen Welt schon einmal im Kleinen durchgemacht haben.

- Obwohl die Lohnvergütung in der DDR gering war, wurde im internationalen Vergleich – vor allem im Vergleich mit der westlichen Welt – viel zu teuer produziert. Ausdruck der negativen Entwicklung waren die Verbindlichkeiten gegenüber dem Westen. Sie stiegen rasant an, vor allem im Wertausdruck Mark der DDR, was sich in der Halbierung der Exportrentabilität niederschlug.

Weil der Außenwert der Mark gegenüber konvertierbaren Währungen sank, musste zwischen 1978 und 1988 viermal das interne Umrechnungsverhältnis verändert werden.

	1976	1980	1985	1988
	(in Mark der DDR)			
1 DM	2.00	2.50	2.60	4.40
1 US-$	5.00	4.75	7.80	8.14

Der volkswirtschaftliche Aufwand für die Auslandsverbindlichkeiten der DDR betrug (in Milliarden Mark):
23,2   60,5   78,1   157,2

- Eine mögliche Verschuldung des Staatshaushaltes wurde durch Kredite der Staatsbank mit 10,4 Milliarden Mark für Kommunalinvestitionen ausgeglichen.
- Zu den Disproportionen gehört auch der ständig zunehmende Anstieg der Wohnungsbaukredite, die durch Mieten nicht ausgeglichen werden konnten. Auch dafür musste der Staat gerade stehen. In Zahlen ausgedrückt betrug diese Entwicklung:

1960   7,5 Milliarden,
1980   49,7 Milliarden,
1989   98,1 Milliarden Mark der DDR.

- Die steigende innere Verschuldung der DDR-Wirtschaft zeigte sich darin, dass 59,5 Prozent der produktiven Investitionen über Kredit finanziert wurden. Die Eigenerwirtschaftung der Mittel in den Kombinaten und Betrieben spielte dadurch nur noch eine untergeordnete Rolle, da die Betriebe zum Ausgleich der Ausgaben des Staatshaushaltes immer mehr erwirtschaftete Gelder abzuführen hatten.

Gerade weil uns diese Schwachstellen bekannt waren, hätte im Interesse des gesamten Deutschland die wirtschaftliche Wiedervereinigung mit mehr Augenmaß erfolgen müssen.

Als *ersten* noch vor der Wiedervereinigung begangenen Fehler sehe ich die falschen Währungsumtauschsätze für die Wirtschaft mit der Einführung der D-Mark, die nahezu die gesamte Wirtschaft der DDR über Nacht pleite gehen ließen.

Als *zweiter* Fehler ist die Arbeit der Treuhandanstalt nach der Ermordung ihres Chefs Detlev Karsten Rohwedder zu werten. Die nach Rohwedders Ermordung gefällte Entscheidung, innerhalb von drei Jahren die gesamte Privatisierung der ostdeutschen Wirtschaft durchzuziehen, ohne die Chance einzuräumen, ostdeutsche Betriebe auch mit staatlicher Hilfe langfristig unter dem Schirm der Treuhandanstalt am Leben zu erhalten, versetzte der Industrie den Todesstoß.

Die DDR-Bürger besaßen zwar nach dem Treuhandgesetz das Vorkaufsrecht ihrer Betriebe, doch es fehlte ihnen das Geld, dieses Recht in Anspruch zu nehmen. Lediglich sechs bis acht Prozent des Industrievermögens blieben in ostdeutschen Händen. Und die ostdeutsche Industrieproduktion schrumpfte innerhalb weniger Jahre auf 20 Prozent des Niveaus von 1989.

Wir haben heute im Osten zehntausend verlängerte Werkbänke der westdeutschen Mutterkonzerne – Produktionsstandorte ohne eigene Forschung und Entwicklung und damit ohne Zukunftspotenzial für die Menschen der Region.

Wir hatten gelernt und gelehrt: Die höchste Bedürfnisbefriedigung findet der Mensch in der Arbeit. Den Sinn dieses Satzes begriffen viele DDR-Bürger erst nach der Wende.

Meine Schwester arbeitete in der Metallindustrie. Nach der Privatisierung hieß es: »Alle, deren Namen nicht genannt werden, brauchen morgen nicht mehr zur Arbeit zu erscheinen.« Die wenigen, die ihre Arbeit behielten, konnten sie schnell verlesen, die Namen der tausend anderen nicht. Das Gleiche geschah in vielen Betrieben aller Branchen.

Mit dieser Wirtschaftspolitik wurden im Osten Deutschlands Strukturen geschaffen, die wir wohl auch in 100 Jahren nicht korrigieren können.
- Ein weitere Fehler bestand in der Regelung: Rückgabe vor Entschädigung. Fahre ich heute durch den Thüringer Wald und sehe die vielen Ferienobjekte, die als Invest-Ruinen herumstehen, tut es mir in der Seele weh. Bei der Privatisierung der Interhotel-Gruppe hatten wir noch nach sieben Jahren fast 70 Fälle nicht geklärter Restitutionsansprüche. Um das landwirtschaftliche Eigentum der Insel Rügen wurde jahrelang vor Gericht gestritten. So lief es in vielen Bereichen. Wie sollten sich die neuen Bundesländer unter diesen Umständen wirtschaftlich entwickeln?
- Das Allerschlimmste: dass im großen Maßstab Humankapital vernichtet oder nicht als solches akzeptiert wurde. Kaum eine Universität oder ein Arbeitsamt im Osten hatte einen ostdeutschen Chef. Alles, was nach der Wende aus dem Schatten staatlicher Bevormundung heraustrat, bekam schnell wieder einen Maulkorb verpasst. Die Akademie der Wissenschaften der DDR wurde aufgelöst. Die Forschungszentren der ehemaligen Kombinate wurden geschlossen.

Im internationalen Vergleich liegen wir bezüglich unserer Ausgaben in Forschung und Bildung heute weit zurück. Und dann wundern wir uns, wenn die junge Generation dem Osten den Rücken kehrt?

Angesichts einer globalisierten Welt müssten wir in Grundlagenbereichen wie Bildung und Forschung überproportional investieren. Dieses Geld jedoch müssen wir erst einmal erarbeiten! Vor diesem Problem steht jetzt die Politik, und ich weiß nicht, wie sie es lösen will. Nur eines weiß ich: Wenn wir nicht bereit sind, völlig neue Wege zu beschreiten, werden wir 2020 noch immer über die gleichen Probleme reden.

Die jungen Leute werden weiter abwandern – seit vielen Jahren ist der Osten der Jungbrunnen des Westens. Der demografische Bruch trifft uns alle, nur kommt er durch die Abwanderung im Osten fünf Jahre früher. Vor einigen Jahren erklärte ich öffentlich: »Der Osten verarmt, vergreist und verdummt!« Das war ein Aufschrei, der aus der allgemeinen Lethargie wachrütteln sollte. Stattdessen wurde ich belächelt und angegriffen.

Mittlerweile beweisen sämtliche Studien und Statistiken: Ich hatte leider recht. Wir stecken mitten in diesem Prozess.

Auch der Bericht der Bundesregierung, der in jedem Jahr anlässlich des Jahrestages der Deutschen Einheit vorgelegt wird, bestätigt: In der Arbeitsproduktivität, bezogen auf das Bruttoinlandsprodukt, haben wir nach neunzehn Jahren im Osten nicht einmal 70 Prozent des Westniveaus erreicht. Ohne Fördermittel tendiert dieser Wert sogar gegen 50 Prozent. Überholt haben wir die alte Bundesrepublik nur in der Pro-Kopf-Verschuldung, welche im übrigen vor der Wiedervereinigung in der DDR geringer war als in der BRD.

Mittlerweile haben wir den *Solidarpakt I* mit 140 Milliarden Mark Finanztransfer von West nach Ost hinter uns, der *Solidarpakt II* läuft bis 2019. Von diesen 156 Milliarden sind 105 Milliarden bereits verteilt, der größere Teil wird bis 2011 ausgegeben sein. Dann haben die Landeshaushalte 25 Prozent weniger Einnahmen.

Dieser Verlust muss ausgeglichen werden durch mehr Steuern. Aber woher sollen diese kommen, wenn keine Industrie existiert?

Unter diesen Voraussetzungen wird der Osten im Verhältnis zum Westen im Jahr 2019 sehr viel schlechter dastehen als gegenwärtig.

Jedes Jahr beträgt der Finanztransfer West-Ost rund 90 Milliarden Euro. 40 Prozent der Osthaushalte wären ohne dieses Geld insolvent.

Das heißt: Die Gesellschaft in den neuen Bundesländern trägt sich nicht selbst – auch in vierzig Jahren wird sie das nicht können.

Die DDR-Gesellschaft vermochte das durchaus.

Nachdem Ostdeutschland bereits die Reparationszahlungen an die von Hitlerdeutschland überfallene Sowjetunion tragen musste, verloren die Ostdeutschen nun den Krieg zum zweiten Mal.

Ich kann verstehen, wenn die Westdeutschen nach Auslauf des *Solidarpaktes II* sagen werden: »Jetzt haben wir fast 30 Jahre zusätzliche Gelder in den Osten transferiert und unsere eigenen Kommunen haben darunter gelitten, das kann so nicht weitergehen.« Und sofort sind die Ost-/Westdiskussionen und Schuldzuweisungen wieder da.

Einen solchen Ausgang hat die Wiedervereinigung nicht verdient. Deshalb brauchen wir endlich einen Masterplan Ost, der die politischen Entscheidungsträger auf allen Ebenen und weit über die Wahlperioden dazu verpflichtet, die Fehler der Einheit soweit zu beheben, dass wir eine selbsttragende Gesellschaft Ost erreichen.

In der Bankenwelt war ich in sämtlichen Chefetagen der einzige Bankfachmann aus dem Osten. Ich selbst bin also – im Gegensatz zu vielen meiner Freunde, Verwandten und Bekannten – ein Gewinner der Einheit. Das bekenne ich offen.

Bereits zu DDR-Zeiten musste ich mich bei Geburtstagen und anderen Familienfeiern und privaten Zusammenkünften dafür rechtfertigen, was »die da oben« verzapft hatten. Ich war schließlich Mitglied der SED. Als jüngster Bankdirektor der DDR und später als Kollegiumsmitglied der Staatsbank war ich »einer von denen«. Also war ich an allem mitschuldig.

Die Geld- und die Kreditwirtschaft in der Sowjetischen Besatzungszone war von Anfang an darauf ausgerichtet, dass Kredite nur für materielle Werte von den Banken zur Verfügung gestellt wurden. Diese materiellen Werte mussten sich im Rahmen von Normen bewegen. Verluste durften nicht finanziert werden. Dieses Prinzip wurde im Wesentlichen bis zum Ende der DDR beibehalten. Damit waren immer eine Beziehung zwischen Real- und Finanzwirtschaft gegeben und negative Entwicklungen sofort erkennbar

VI. Kredite an Verlust-Betriebe

1. An Betriebe, die mit Verlust arbeiten, gewähren die Kreditinstitute in der Regel keine Kredite. Ausnahmen bilden Betriebe, bei denen ein planmäßiger Unterschied zwischen den Selbstkosten und dem Verkaufspreis der Produktion besteht, unter der Bedingung, daß die Deckung dieses planmäßigen Unterschiedes im Haushalt vorgesehen ist.

2. Das Kreditinstitut ist verpflichtet, darüber zu wachen, daß die Zuschußbeträge aus dem Haushalt rechtzeitig überwiesen werden. Falls sich die Überweisung gegenüber der festgesetzten Frist verzögern sollte, hat das Kreditinstitut den Betrieb, seine übergeordnete Instanz (bei zonalen volkseigenen Betrieben die fachlichen Hauptverwaltungen der Deutschen Wirtschaftskommission, bei volkseigenen Betrieben in Länderverwaltung das Wirtschaftsministerium des Landes, Amt für volkseigene Betriebe) sowie die für die Gewährung der Zuschußbeträge verantwortliche Stelle davon in Kenntnis zu setzen, daß es die weitere Gewährung von Krediten an den Betrieb einstellt, wenn der Auftrag zur Überweisung der Mittel an den Kreditnehmer nicht binnen Monatsfrist erteilt wird.

Dasselbe erlebte ich nach 1990 als einer der Chefs der Deutschen Bank in Berlin. Wieder stand ich in den Augen vieler auf Seiten der Schuldigen. Liegt es an mir oder an den anderen, die mich so sehen? Der Leser soll urteilen.

Das *manager magazin* titelte Anfang der 90er Jahre ein Interview mit mir: »Der Wandler zwischen zwei Welten« und zitierte mich mit den Worten: »Die Wessis kochen auch nur mit Wasser – die Ossis gehen zu sehr gebückt.«

Ich fühle mich also durchaus berufen, über mein Leben als Banker in den höchsten Führungsgremien zweier Systeme Auskunft zu erteilen: demütig gebückt vor dem Gang der Geschichte – aufrecht berichtend über die Wasser, mit den das Leben mich gewaschen hat.

Der Dorfbursche

Kindheit am Schafberg

»Ei Burle, ei Burle!«, soll mein Großvater mütterlicherseits ausgerufen haben, als meine Mutter ihren ersten Sohn gebar. Drei Jahre zuvor hatte sie bereits eine Tochter zur Welt gebracht, meine Schwester Marianne. Jetzt war der Vater im Krieg – und da mochte die Geburt eines Stammhalters in seinen Augen ein tröstlicher Gedanke sein. Das »Bäuerlein« war ich, geboren am 21. März, zum Frühlingsanfang des Jahres 1940, in Tiefenort an der Werra. Vier Wochen später wurde ich in der Sankt Petri geweihten Dorfkirche auf den Namen Edgar Heinrich Most getauft.

In unserer unmittelbaren Nähe wurden viele Kapitel der deutschen Geschichte geschrieben. Möhra, der Stammort des Reformators Martin Luther, liegt nur sieben Kilometer entfernt. Auf der Wartburg übersetzte er das Neue Testament ins Deutsche. 1964 stritten Walter Ulbricht und der thüringische Landesbischof Moritz Mitzenheim in ihrem »Wartburggespräch« über die Funktion der Kirche im Sozialismus.

Auch auf mein Leben warf die nur sechsundzwanzig Kilometer entfernte Burg ihren Schatten. So lag es auf der Hand, dass ich eine Erziehung im Sinne der Reformation und des protestantischen Glaubens genoss – und später dem Sozialismus diente.

Tiefenort liegt zwischen den letzten Ausläufern des Thüringer Waldes eingebettet. Der Krayenberg, den wir von unserem Haus aus im Blick hatten, ist dessen letzte Erhebung vor der Rhön. Bis zum Dreißigjährigen Krieg stand auf ihm die größte Ritterburg Thüringens. Steine ihrer Ruine wurden später nicht nur auf der Wartburg, sondern auch in vielen Tiefenorter Bauernhäusern verbaut.

Das alte Dorf erstreckte sich vom Fröbelhof Richtung Werra, während sich der neuere Teil zum Wald hin ausbreitete. Wir wohnten im Elternhaus meiner Mutter »Am Schafberg« – einer der ältesten Straßen des Ortes. Hinter dem nahe der Straße stehenden Fachwerkhaus mit Stall, Scheune und Schuppen zog sich das Anwesen den Hang hinauf. Generation für Generation hatte den Hügel immer dichter bebaut. »Den Schafberg muss jeder mal hoch«, sagten die Leute im Dorf, denn an seinem Ende liegt der Friedhof.

Meine Vorfahren mütterlicherseits hießen Kister und Rupprecht. Sie stammten aus dem Werratal. Als ich 1978 anlässlich der 850-Jahr-Feier Tiefenorts in den Kirchenbüchern blätterte, konnte ich ihre Namen bis ins fünfzehnte Jahrhundert zurückverfolgen. Der Name Kister tauchte in den Schriften auch im Zusammenhang mit dem Bauernkrieg auf, der in unserer Gegend durch die Präsenz der Reformatoren Martin Luther und Thomas Müntzer zu heftigen Kampfhandlungen geführt hatte.

Großvater und Großmutter waren innerhalb unserer Sippschaft sehr geschätzt. Auch im Dorf oder – wie der Pfarrer gesagt hätte – in unserer Vier-bis-fünftausend-Seelen-Gemeinde galten sie als angesehene Persönlichkeiten.

Dass mein Großvater am Ende des Ersten Weltkriegs als Soldat sogar ein Stück Revolutionsgeschichte mitgeschrieben hatte, erfuhr ich erst 1968 dank eines Beitrages im *Neuen Deutschland*.

Ich war bass erstaunt, dass mein Großvater den Arbeiter- und Soldatenräten angehört hatte. Auch er stutzte angesichts des groß aufgemachten Zeitungsartikels anlässlich des fünfzigjährigen Jubiläums der Novemberrevolution. Erst durch meine Fragen wurde ihm bewusst, dass er unmittelbar daran beteiligt gewesen war.

»Meine Kriegskameraden hatten mich einfach auserwählt«, erzählte er mir. »Sie sagten: ›Andreas, du bist jetzt unser Chef.‹ Da ich als solcher die Befehle zu geben hatte, entschied ich: ›Wir fahren nach Hause!‹ In Neudietendorf bei Erfurt angelangt, gab ich meinen Kumpels den Befehl: ›Schmeißt die Waffen weg, geht nach Hause und kümmert euch um die Arbeit, die Landwirtschaft und eure Familien!‹«

Das also war der Revolutionär Andreas Kister. Endlich hatte ich mal einen persönlichen historischen Bezug.

Meine Großeltern bewirtschafteten einen kleinen Bauernhof mit circa vier Hektar Land, dazu hatten sie weitere anderthalb Hektar gepachtet. Sie hielten zwei Kühe, zwei Schweine, ein paar Hühner, Gänse und Kaninchen, dazu kamen Hund und Katze. Die mussten alle versorgt werden – wir Kinder wurden von Anfang an in die Arbeit im Stall, auf dem Hof und auf dem Felde einbezogen. Dadurch bekamen wir eine Einstellung zur Arbeit vermittelt, die uns später nützlich war. Als junger Schüler brachte ich die Kühe zum Decken zum Bullen und erlebte mindestens achtzehn Kalbungen in unserem Stall mit.

Großvater war die Respektsperson des Hauses. Wir gehorchten ihm blind. Spielten wir auf der Straße Fußball, reichte ein Pfiff von ihm, und wir eilten nach Hause.

Tagsüber arbeitete er auf dem Bau. Als Maurerpolier der Baufirma *Schanz* kannte er fast jedes Haus. Ich brachte ihm oft sein Mittagessen im Henkeltöpfchen auf die Baustelle. Er war stolz auf seine Arbeit und ließ uns durch seine Erzählungen an ihr teilhaben. In seinen Worten klang wie selbstverständlich das traditionelle Arbeitsethos mit: »Arbeit ist das höchste Gut!« Das waren keine leeren Worte. Gingen wir durchs Dorf, zeigte er mir, welche Wand, welchen Schornstein er hochgezogen hatte. Es war, als strichen seine Hände zärtlich über das Mauerwerk. Wie sehr unterscheidet sich diese Haltung doch von der heute gängigen Auffassung: »Was zählt, ist die Summe auf dem Bankkonto!«

Großmutter arbeitete seit Ende des 19. Jahrhunderts als Verkäuferin im Kolonialwarenladen der Familie Fröhlich in Tiefenort. Das war ein Novum im Dorf. Großmutter war die erste Frau in einer solchen Tätigkeit.

Daheim auf dem kleinen Bauernhof wirkte sie als das gute Gewissen im Hintergrund. Sie stellte die täglichen Wirtschaftspläne auf. Kamen wir von der Schule nach Hause, erwartete uns stets ein Zettel: »Bin im Garten. Edgar, bitte den Stall ausmisten. Kurt, wenn Du aus dem Schacht kommst, kümmere Dich bitte …« In freundlichem Ton koordinierte sie alle in Haus und Hof anfallenden Arbeiten – eine Methode, die ich später gegenüber meinen eigenen Kindern übernahm.

Meine Mutter ging als Waldarbeiterin. Vater war, wie beinahe alle Männer des Ortes, im Krieg. Von den Großeltern und Mutter erfuhren wir Kinder, dass er streng sei. Unsere Mutter hatte es währenddessen nicht leicht mit uns Kindern. Ein Jahr nach meiner Geburt brachte sie 1941 meinen Bruder Lothar zur Welt. 1955 folgte – quasi als »Nachkriegsproduktion« – mein jüngster Bruder Bernd.

Gab es Streit, fragte Mutter nicht lange, wer schuld war. Eine Antwort erhielt sie sowieso nicht. Also bezogen wir alle drei Senge – mit Großvaters altem Lederkoppel, welches sonst mahnend am Kleiderhaken hing.

Als großer Bruder hatte ich darauf zu achten, dass Lothar seine Schulaufgaben ordnungsgemäß erledigte. Schließlich sollte er damit fertig sein, wenn unsere Mutter aus dem Wald kam. Mein Bruder protestierte oft gegen diese Regelung und wurde zuweilen sogar jähzornig. Einmal, ich saß draußen auf der Bank vor unserer Küche, verpasste er mir durch das geschlossene Fenster hindurch einen Schlag auf den Kopf. Die Scheibe ging zu Bruch, Lothars Hand blieb wie durch ein Wunder unverletzt. Mutters Prügel bezogen wir beide.

Wie immer, wenn ich mich zu Unrecht bestraft fühlte, war ich sauer – und das ausdauernd. Oft zog ich tagelang einen Flunsch. »Man kann ja mit 'ner Schubkarre über deine Bratsche fahren«, sagten Mutter oder Großmutter gern. Mein Bruder war gröber gestrickt. Nach einer Tracht Prügel drehte er sich um und fragte: »Mama, krieg ich einen Bonbon?«

Wenn wir Geschwister uns stritten, flogen die Fetzen. Ging es jedoch bei einer Straßenschlacht gegen einen aus der Familie, hielten wir zusammen wie Pech und Schwefel. Unsere Geschwisterliebe hält bis zum heutigen Tag.

Der Feind bricht durch

Vier Jahre dauerte nun schon der Krieg. Im Kursker Bogen tobte die größte Panzerschlacht der Geschichte. Eines Morgens, während des Frühstücks, sagte Großmutter plötzlich: »Ich habe diese Nacht geträumt, unser Walther ist gefallen.«

Tatsächlich blieb Walther vermisst. Großmutter hatte zwei Töchter – meine Mutter und ihre Schwester Irmgard. Walther war ihr einziger Sohn. Obwohl ich noch klein war, erinnere ich mich, wie die Frauen im Dorf über sein Schicksal redeten.

Hinter unserem Friedhof war ein Barackenlager eingerichtet worden, in dem Gefangene aus Polen, Russland und Frankreich festgehalten wurden. Tagsüber arbeiteten sie auf den umliegenden Bauernhöfen. Wir Kinder beobachteten, wie sie abends in Kolonnen den Schafberg hinaufzogen. Großmutter bedauerte diese Menschen und steckte ihnen, wann immer sie konnte, etwas Brot, einen Apfel oder eine Kartoffel zu.

Unsere Mutter nahm uns oft mit in den Wald. Hier sammelten wir Beeren oder Reisig. Immer öfter wurden wir vom Fliegeralarm überrascht. Die Maschinen flogen gen Osten und Norden. Von Angst gepackt, versteckten wir uns hinter großen Bäumen.

Wenige Wochen vor Kriegsende sprengten deutsche Truppen in Tiefenort die Werrabrücke, um »den Feind« aufzuhalten. Die Brücke war lebenswichtig für den Ort. Nur über sie gelangten wir zum Bahnhof oder mit dem Fuhrwerk hinüber zu den Werrawiesen. Dort hatten meine Großeltern, wie viele Bauern des Ortes, auch ihre Felder.

Die Amerikaner errichteten an ihrer Stelle wenig später eine Pontonbrücke, die unter dem Kommando der Russen von den Dorfbewohnern durch einen provisorischen Steg aus Holz ersetzt wurde. Jeder Tiefenorter, der über ein Gespann verfügte, wurde verpflichtet, damit Baumaterial heranzuschaffen. Ich sehe mich noch neben meinem Großvater auf dem Kuhwagen sitzen.

In unserem Garten hatte Opa einen Unterstand in den Sandstein gegraben: zwei Meter tief, einen Meter breit, drei Meter lang. Der Familienbunker bot Platz für drei bis fünf Personen und war mit dem Notwendigsten an Essen, Decken und Kleidung ausgestattet.

Ende April 1945 erfüllte er tatsächlich seinen Zweck. Mein Bruder und ich saßen auf der Küchenbank unter dem großen Fenster zum Hof. Plötzlich entdeckten wir zwei Doppeldecker, die niedriger flogen als die Flugzeuge, die wir früher beobachtet hatten. Wir rannten hinaus und sahen, wie sie sich trennten und in unterschiedliche Richtungen davonflogen: eine Maschine Richtung Eisenach/Gotha, die andere nach Meiningen/Suhl.

Kurz darauf ertönte die Sirene: Fliegeralarm. Opa befahl: »Alle Mann in den Luftschutzbunker!«

Dort kauerten wir ängstlich zusammengerückt und harrten der Dinge, die da kommen würden. Immer wieder vernahmen wir über uns Motorengeräusche. Über das Dorf hinweg wurde geschossen. Opa stieg hinaus, um Ausschau in Richtung Krayenberg zu halten. Wir hörten, wie unser Nachbar ihm zurief: »Andreas, der Feind ist durchgebrochen. Es ist vorbei!«

Das war für uns das Signal, den Bunker zu verlassen. Wir liefen auf die Straße. Ein amerikanischer Geschützwagen mit einer Fliegerabwehrkanone kam vom Friedhof her den Schafberg heruntergefahren. Wir erschraken, gingen jedoch weiter – runter ins Dorf. Dort standen amerikanische Panzer aufgereiht. Fröhliche Soldaten in voller Montur saßen darauf. Unter ihnen entdeckte ich einen Schwarzen. Erschrocken rannte ich zu meiner Mutter und rief: »Mensch, Mama, das sind Neger!«

Im Ort selbst waren die Amerikaner auf keinerlei Widerstand gestoßen. Einige Tiefenorter sollen ihnen mit einer weißen Fahne entgegengefahren sein. Kurze Zeit später kam der Befehl, der neuere Teil des Dorfes sei zu räumen. Die Häuser wurden von den amerikanischen Soldaten belegt. Mutters Schwester Tante Irmgard und Tante Linna, die Frau von Onkel Walther, mit ihren drei Töchtern zogen zu uns auf den Schafberg. Hinzu kam eine Flüchtlingsfamilie aus Ostpreußen, bei der mein Vater einst seinen Arbeitsdienst abgeleistet hatte. Unser kleines Fachwerkbauernhaus platzte aus allen Nähten. Es zogen auch noch unsere Nachbarn ein.

Die Belagerung währte nicht lange. Bald konnten unsere Verwandten zurück in ihre Häuser. Die Amerikaner hatten in den Wohnungen Schokolade hinterlassen, aber auch Zigarettenbrandflecke und schmutzige Betten. Sie hatten wahrscheinlich mit Stiefeln geschlafen.

Später erfuhren wir, dass die Amerikaner den Kalischacht in Merkers inspiziert und das dort eingelagerte Gold mitgenommen hatten. In 700 Metern Tiefe hatten die Nazis im Februar 1945 in streng geheimer Mission sowohl die gesamten Gold- und Devisenbestände der Reichsbank als auch zahlreiche Kunstschätze aus den Berliner Museen in einem riesigen Tresor eingemauert, um sie vor den Bombenangriffen auf die Reichshauptstadt zu schützen. Es wird spekuliert, dass auch das berühmte Bernsteinzimmer dort unten eingelagert gewesen sein soll. Heute befindet sich in Merkers ein Erlebnisbergwerk. Dort kann man sich Aufnahmen von der Bergung der Schätze durch die Amerikaner ansehen.

Verantwortlich dafür war General Eisenhower, in den 50er Jahren Präsident der USA. Noch bevor die US-Truppen Thüringen restlos eingenommen hatten, war er persönlich nach Merkers gekommen, um das Gold zu beschlagnahmen.

Die Amerikaner (und in Norddeutschland die Briten) zogen sich schon bald hinter jene Demarkationslinie in ihre

Besatzungszonen zurück, die im Februar '45 in Jalta von den Großen Drei – Stalin, Roosevelt und Churchill – beschlossen worden waren. Die Amerikaner nahmen mit, was sie für wertvoll hielten. Auch diese Gold- und Devisenbestände der Reichsbank. Die Frage, ob das rechtens war, steht ebenso im Raum wie jene nach dem Verbleib.

Die Familie hält zusammen

Den letzten Brief meines Vaters hatten wir Anfang 1945 erhalten. Da befand sich seine Truppe auf dem Rückzug und hatte Deutschland fast erreicht.

Nun wussten wir nicht, ob Vater noch lebte oder gefallen war. Mutter schrieb ans Rote Kreuz. Dort erfuhren wir, dass er in sowjetischer Gefangenschaft saß. So hielt das Bangen und Warten an. Regelmäßig gingen wir mit Mutter und den Großeltern in die Kirche. Wir beteten, Vater möge wiederkommen.

Nach wie vor scharten sich alle Familienangehörigen um die Großeltern. Der kleine Bauernhof versorgte uns alle. Auch die vielen Ostaussiedler, die unser Dorf aufnahm, klopften nie umsonst bei meinen Großeltern an. Jeden Abend kam eine Flüchtlingsfrau und bettelte: »Bitte, nur ein Tröpfle Milch.« Wir Kinder lachten über die arme Frau. Sie aber bekam stets ihr Tröpfle Milch von Großmutter.

Inzwischen gingen Marianne und ich zur Schule. Nach dem Unterricht nahmen wir die Ostaussiedlerkinder, die in unsere Klasse gingen, mit nach Hause, wo sie gemeinsam mit uns Mittag aßen. Es ist ja so, dass dort, wo viele beisammen sind, sich umso mehr hingezogen fühlen.

Unsere Großeltern trugen ihren Glauben nicht zur Schau, sondern handelten im täglichen Leben als wahre Christen. Unabhängig davon, was ich von alledem behielt oder mir durch eigenes Studium, Erleben sowie Erkennen aneignete – die Erziehung durch sie prägte mich zeitlebens.

Ein Beispiel: Meine Großeltern wurden beide um die 88 Jahre alt, überlebten zwei Weltkriege und schliefen am Lebensende in aller Ruhe ein.

Als Großvater gestorben war, sagte Großmutter: »Jetzt habe ich meinen Auftrag erfüllt und meinen Mann überlebt.«

Ich war schockiert über ihre Worte. Erst später begriff ich deren Größe: Großmutter wollte ihren Mann bis zu dessen Tode pflegen. Zuvor hatten beide noch ihre diamantene Hochzeit gefeiert. Daran nahm – wie später an den Beerdigungen der beiden – beinahe das ganze Dorf teil.

Nach dem Krieg erfolgte die Versorgung mittels Lebensmittelkarten. Sie galten bis 1958. Da wir einen kleinen Landwirtschaftsbetrieb führten, wurden wir als »Vollselbstversorger« eingestuft. Das heißt, wir wurden einerseits mit einer Ablieferungspflicht für Milch, Fleisch, Eier, Kartoffeln und Getreide belegt und bekamen andererseits nur eingeschränkt Lebensmittelkarten. Obwohl das Land meinen Großeltern gehörte, fielen auch meine Eltern in diese Kategorie. Das war für unsere Mutter ein schwerer Schlag. Es bedeutete für die ganze Familie harte Arbeit. Weil wir jedoch zusammenhielten und alle tüchtig mit anpackten, schafften wir es stets, das Soll zu erfüllen und sogar »freie Spitzen« zu produzieren, wie wir die Überschüsse nannten. Lieferten wir diese ab, erhielten wir etwas Geld.

Während der Erntezeit wurden sogar Verwandte, Freunde und Nachbarn einbezogen. Auch der Freund und spätere Mann meiner Schwester musste von Anfang an mithelfen. Zum Schlachtfest revanchierte sich die Familie mit Wurstsuppe und Leckerbissen wie Rotwurst oder Wellfleisch.

Rückblickend bin ich dankbar, dass ich auf dem Hof meiner Großeltern die Arbeit in der Landwirtschaft von der Pike auf erlernte. Viele Jahre später, nach der Wiedervereinigung Deutschlands, halfen mir die praktischen Erfahrungen, die Landwirtschaftsfinanzierung in Ostdeutschland in das Portfolio der Deutschen Bank zu integrieren.

Auch die Tatsache, dass ich von klein auf von Leuten mit handwerklichen Berufen wie Maler, Maurer, Zimmerer, Elektriker und Schlosser umgeben war, denen nach dem Krieg und zu DDR-Zeiten eine besondere Bedeutung zukam, prägte meine Entwicklung und meine Achtung vor der Arbeit. Vieles davon verdanke ich meinen Großeltern.

»Wenn du nicht dabei warst, rede nicht drüber!«

»Komme morgen, Dein Kurt«, lautete der Text des Telegramms, das mein Vater am Tag vor Himmelfahrt 1949 an seine Frau aufgegeben und damit einen heftigen Aufschrei meiner Mutter ausgelöst hatte.

Als ich zusammen mit Großmutter und meiner Schwester aus der Kirche kam, sahen wir ihn die Karl-Simon-Straße entlangkommen. Anders als auf den Bildern, die ich kannte, fehlte der dunkle Spitzbart. Auch Mutter, so mein Eindruck, war fürs Erste überrascht. Später erzählte er uns, er habe sich nach seiner Ankunft in der Gastwirtschaft am Bahnhof erst einmal rasiert.

»Lauf runter ins Dorf!«, trug mir Großmutter auf. »Sag der Verwandtschaft Bescheid.«

Ich nahm meine Beine in die Hand, rannte ins Dorf und tat, wie mir geheißen. Mit heftig pochendem Herzen kehrte ich nach Hause zurück. Als ich die gute Stube betrat, empfing mich Vater mit den Worten: »Geh erst mal raus und kämm dich!«

An dieser – einem Schreckschuss gleichenden – Begrüßung hatte ich lange zu knabbern. Dabei hatte mein Vater seine Worte keineswegs böse gemeint.

Er hatte eine schreckliche Zeit durchlebt. Zwölf Jahre war er fort gewesen. 1937 zum Arbeitsdienst nach Ostpreußen abkommandiert, war er von dort aus direkt in den Krieg gezogen. Bei Kriegsende war er kurz vor der Elbe in russische Gefangenschaft geraten. Er kam zunächst in die Ukraine und von dort aus in ein Gefangenenlager im Kaukasus nach Grosny in Tschetschenien.

Viele Jahre später erzählte er mir auf meine drängenden Fragen, dass allein auf dem Transport von der Ukraine in den Kaukasus über die Hälfte der Kriegsgefangenen gestorben war. Wenn die Eisenbahn unterwegs anhielt, sprangen mein Vater und seine Leidensgenossen vom Waggon und suchten verzweifelt nach etwas Essbarem. Hatten sie Glück, fanden sie ein paar Kräuter oder Brennnesseln, aus denen sie eine Suppe kochten. Diese mangelhafte Ernährung überstanden viele nicht. Kaum hatten sie den Weg ins Gefangenenlager überstanden, kamen auch schon deutsche Antifa-Leute und hielten ihnen vor, wie töricht sie gewesen wären, Hitler bis zuletzt gefolgt zu sein.

»Da standen wir«, erzählte mein Vater, »sechstausend deutsche Kriegsgefangene. Die gingen nach vorne wie ein Panzer, unaufhaltsam. Die Russen standen daneben, die Gewehre im Anschlag, und die Masse lief weiter. Sie drängten die Antifa-Leute vom Rednerpult weg, weil sie das nicht hören wollten.« Diese Propagandisten wurden später von ihren eigenen Landsleuten in der Latrine ertränkt.

»Junge, wenn du nicht dabei warst, rede nicht drüber«, sagte mein Vater.

Opa, der im Ersten Weltkrieg als Artillerist an der Schlacht vor Verdun teilgenommen hatte, pflichtete meinem Vater bei: »Der Krieg hat seine eigenen Gesetze.«

»Du wirst im Krieg ein anderer Mensch«, erzählten sie. »Jeden Augenblick geht es ums nackte Überleben. Wenn du nicht schneller bist als der andere, bist *du* dran. Wir Menschen wurden wie Tiere aufeinandergehetzt.«

Aufgrund seiner guten Sprachkenntnisse in Englisch und Französisch – und weil er schnell Russisch lernte – besuchte mein Vater in Gefangenschaft zwei Antifa-Schulen. Gemeinsam mit dem Gefreiten Eisenhut aus Leipzig wurde er daraufhin Lagerspieß. So kam er als einer der Letzten nach Hause.

Für ihn blieben die zwölf Jahre Krieg und Gefangenschaft immer erschreckend präsent. Es war schwierig, etwas über das Soldatenleben und die Gefangenschaft von ihm zu erfahren. Er wollte uns Kinder nicht damit belasten. Zur Kirmes verbot er uns, mit dem Luftgewehr zu schießen: »Meine Kinder kriegen kein Gewehr in die Hand. Auch kein Luftgewehr.«

Ein anderer Spruch meines Vater lautete: »Was auf den Tisch kommt, wird gegessen – oder es gibt gar nüscht.«

Meine Mutter erzählte mir eine Episode, ich selbst erinnere mich nicht an diesen Vorfall: Als kleiner Junge wollte ich zum Abendbrot unbedingt Knackwurst essen. Großmutter holte eine aus der Rauchkammer und schnitt mir ein Stückchen ab. Ich jedoch wollte mehr und wurde aufmüpfig. Da verpasste mir Vater eine Backpfeife. Die Wurst flog unter den Tisch. Damit hatte sich das Abendessen für mich erledigt. Es war das einzige Mal, dass mich mein Vater schlug – und wie gesagt: Ich kann mich nicht einmal daran erinnern.

Glück auf!

Die Vorfahren meines Vaters hießen Most und Witzel. Der Ahnentafel nach, welche im Dritten Reich aufgestellt worden war, lebten sie seit dem neunzehnten Jahrhundert in der Rhön. Der Name Most stammt aus dem Rheinland. Wahrscheinlich blieben irgendwann ein paar rheinische Handwerks-Wanderburschen in der Rhön hängen.

Während meines Studiums beschäftigte ich mich in Philosophie mit den Junghegelianern. Unter ihnen gab es einen Most, der aus dem Rheinland stammte und sich heftige Dispute mit Karl Marx lieferte. Dieser Most wird als aufmüpfig und rotköpfig beschrieben. Habe ich womöglich meine Streitbarkeit aus dieser Sippschaft?

Mein Großvater väterlicherseits stammt aus Völkershausen, wo 1915 auch mein Vater geboren wurde. Meine Oma, eine gebürtige Witzel, kam aus Sünna. Ende der 20er, Anfang der 30er Jahre zogen die Eltern meines Vaters nach Tiefenort und eröffneten eine Malerwerkstatt. Neben den Malergesellen mussten acht Kinder versorgt werden. Drei weitere Geschwister meines Vaters waren relativ früh gestorben. Oma erhielt im Dritten Reich das Mutterverdienstkreuz, weil sie so viele Soldaten geboren hatte. Für die Familie war es ein großes Glück, dass alle Söhne aus dem Krieg zurückkehrten. Einer war der erste Ritterkreuzträger im Kreis Eisenach.

Im Hause Most ging es höchst diszipliniert zu. Für die Gesellen seiner Malerwerkstatt wie für seine acht Kinder, die an seinem Tisch groß wurden, galt: »Was ich sage, wird gemacht.« Da kannte er kein Pardon. Das bekamen auch wir vom Schafberg zu spüren, wenn wir am Sonntag die Großeltern besuchten.

Die Eltern meines Vaters starben relativ früh, Opa bereits 1947 an einer Farbvergiftung. Er erlebte Papas Rückkehr aus der sowjetischen Kriegsgefangenschaft nicht mehr. Oma starb 1955 an Leberkrebs.

Mein Vater war ein Arbeitstier. Ich hatte den Eindruck, er wolle die zwölf verlorenen Jahre wieder aufholen. Er war gelernter Elektro- und Maschinenbauer. Im Kalischacht Merkers fand er Arbeit als Reparaturverantwortlicher unter Tage im Schichtbetrieb.

Der Schacht ernährte die gesamte Region. Die Leute hatten eine besondere Einstellung zu ihm. Die Bergmannskumpel nannten ihn liebevoll »unser Schacht«.

Obwohl sich mein Vater voll und ganz seiner Arbeit widmete, betrieb er in seiner »Freizeit« mit den Großeltern und meiner Mutter die Landwirtschaft – auch als der kleine Betrieb Ende der 50er Jahre als LPG-Land in die Genossenschaft eingebracht wurde.

Mit fast fünfzig Jahren begann er ein Ingenieur-Fernstudium an der Fachschule Eisleben. Da büffelten wir an den Wochenenden gemeinsam in der Schlafstube meiner Großeltern, in der meine Geschwister und ich einst geboren worden waren. Es war das ruhigste Zimmer des Hauses. Heute begreife ich, was es heißt, mit fünfzig Jahren ein Studium zu absolvieren.

Im Anschluss wurde er Maschinenbausteiger. In seiner Funktion als Vertrauensmann der Grubenarbeiter setzte er sich für seine Arbeitskumpel ein. Es war schon gefährlich, wenn er auf Veranstaltungen ans Rednerpult trat. Daheim hatte meine Mutter oft Angst: »Der redet sich noch um Kopf und Kragen.«

So sehr er sich selbst dem Schacht verschrieben hatte – uns Kindern verbot er, dort zu lernen. »In das Loch kommt ihr mir nicht«, lauteten seine Worte. Außerdem empfahl er uns, der SED beizutreten, obgleich er selbst nur der Gewerkschaft angehörte.

Als junger Mensch war er in die NSDAP gegangen. Weil er aber einen Anzug in einem jüdischen Geschäft gekauft hatte, schloss man ihn aus. Seither wollte er nichts mehr von Parteien wissen. Selbst der *Gesellschaft für Deutsch-Sowjetische Freundschaft* (DSF) blieb er fern. »Ich habe in Russland deutsch-sowjetische Freundschaft genug gehabt«, lautete seine Begründung.

Unter seinen Kollegen hatte sich mein Vater bald ein hohes Ansehen erarbeitet. Zu seinem sechzigsten Geburtstag wurde ein Schwein geschlachtet. Die Arbeiter aus seinem Schacht kamen jeweils nach Grubenausfahrt zu uns nach Hause, um ihm zu gratulieren. Jedes Mal, wenn eine der drei Schichten den Hof betrat, stimmten die Kumpel das Bergmannslied *Glück auf, der Steiger kommt* an. Meinem Vater liefen die Tränen – genau wie mir.

»Junge, die meiste Zeit deines Lebens hast du mit deinen Arbeitskollegen zu tun. Hier musst du dich beweisen. Egal, welche Funktion du je inne haben wirst, hier musst du immer Kumpel bleiben«, gab er mir mit auf den Weg. Diese Lebensweisheit habe ich verinnerlicht, und ich versuche bis heute, mich danach zu richten.

Der Handschlag meiner Mutter

Meine Mutter war eine großartige Frau. Zeit meines Lebens fühlte ich mich tief mit ihr verbunden. Sie hatte ein schweres Leben. Im Krieg und während der Nachkriegszeit musste sie zwölf Jahre ohne ihren Mann auskommen. Dennoch schenkte sie uns Kindern all ihre Liebe.

Den schwierigen Bedingungen zum Trotz war sie die Lebenslustigste in unserer Familie. Mit zwanzig Jahren hatte sie geheiratet. Das war auf dem Dorf – im Schatten des Kirchturms – ein kleiner Skandal, denn als volljährig galt man erst mit einundzwanzig.

Weil sie sommers wie winters an der frischen Luft arbeitete, war ihre Haut das ganze Jahr über braun gebrannt. Hinzu kamen ihre schwarzen Haare. »Du siehst aus wie eine Zigeunerin«, wurde sie oft geneckt.

Niemals vergesse ich den festen Druck ihrer Hände. Gaben wir uns die Hand, fühlte ich tief in mir: In unseren Adern fließt das gleiche Blut. Es war, als spränge ein Funke über. Ihr Handschlag vermittelte mir – egal, woher ich kam oder wie alt ich war – das Gefühl von Heimat.

Durch ihre schwere Arbeit zog sie sich viele Krankheiten zu. Vor allem die Knie bereiteten ihr Probleme. Dann kam der Krebs. Sie starb mit 56 Jahren – noch vor ihrer Mutter.

Ich lebte und arbeitete bereits in Schwedt, als mich der Ruf der Sterbenden ereilte. Auf ihrem Totenbett überraschte mich meine Mutter mit dem Bekenntnis: »Ich habe mein Lebtag hart gearbeitet. Ich habe versucht, Gutes zu tun, und an Gott geglaubt … Es kann keinen Gott geben, der mich so schmählich sterben lässt.«

Die gläubige Christin lehnte es ab, im Angesicht des Todes den Pfarrer zu empfangen. Inbrünstig bat sie, wir mögen ihr mehr Morphium geben, um sie schneller von ihren Schmerzen zu befreien. Uns waren jedoch die Hände gebunden.

Aufgrund dieser für mich sehr schmerzlichen Erfahrungen wurde ich zum Befürworter der Sterbehilfe.

Meine Mutter wartete mit einer zweiten Überraschung auf. Sie wünschte, ich solle ihr Testament aufsetzen. Außer mir waren nur der Notar und eine Schreibkraft zugegen. Unter Aufbietung ihrer letzten Kräfte legte Mutter fest: »Das gesamte Erbe wird gleichmäßig unter euch vier Kindern aufgeteilt.«

Der achtzehnjährige Bernd, mein kleinster Bruder, sollte das Haus bekommen, zumal wir anderen bereits weggezogen waren. »Kümmert euch um den Jüngsten!«, trug mir meine Mutter auf.

Ich sollte den hinter der Schule gelegenen Schlossgarten erhalten, da ich darin am meisten hatte arbeiten müssen. Gemeinsam mit Mutter hatte ich über viele Jahre eine Menge Kuhmist dorthin gebracht. Mein Vater sollte leer ausgehen. »Er kennt das Haus und dessen Inhalte zu wenig«, befand meine Mutter – was nicht stimmte. »Außerdem warten auf der Straße schon die Weiber, dass ich endlich meine Augen zumache!« Das stimmte.

Obwohl mich ihre Entscheidung schockierte, fügte ich mich ihrem letzten Willen. Nachdem das Testament aufgenommen war, drängte sie mich zum Abschied. »Junge, vergiss mich nicht«, waren ihre letzten Worte an mich.

Kaum in Schwedt angekommen, erhielt ich das Telegramm mit der Nachricht: »Mutter gestorben.«

Obwohl ich ihr das Ende der unerträglichen Schmerzen von Herzen gönnte, brach für mich eine Welt zusammen. Ich war unfähig, meiner Arbeit nachzugehen. Gemeinsam mit meinem Bruder Lothar, der in Bernau bei Berlin die Schule besuchte, fuhr ich sofort nach Hause.

Bei der Beerdigung rüffelte uns der Pfarrer. Lothar und ich gehörten früher der Jungen Gemeinde an. Jetzt, als Mitglieder der SED, waren wir nicht mehr in der Kirche. Er war pietätlos genug, an Mutters Grab die Worte zu verlieren: »Es gibt heute Kinder, die glauben an Karl Marx statt an Gott.«

Dieser Pfarrer hat unser Verhältnis zur Kirche, die wir bis zum heutigen Tage respektieren, nachhaltig getrübt. Als ein

Mensch ohne jedwede Vision hätte er gar nicht predigen dürfen. Offenbar hatte er die Zeichen der Zeit – die Suche nach einem Neubeginn – nicht verstanden. Nichtsdestotrotz konnten mich des Pfarrers Klage nicht daran hindern, Mitte der 90er Jahre einen Beitrag für die Restaurierung der Tiefenorter Kirche zu leisten.

Zwischen Kirche und Pionieren

Am 1. September 1946 wurde ich eingeschult. Wir waren an die sechzig bis achtzig Kinder. Die Schuleinführung fand im Tiefenorter Kino statt. Ich hielt eine blaue Zuckertüte im Arm. Bis heute ist mir nicht klar, wie es meine Mutter fertiggebracht hatte, diese zu füllen – sie selbst lag am Tag der Einschulung wegen einer Knieoperation im Krankenhaus.

An die Stelle der belasteten Lehrer traten Neulehrer wie Werner Hochstrade oder Helga Breuer. Hochstrade war zuvor im Büro der Baufirma tätig gewesen, in der mein Opa als Maurerpolier arbeitete.

Brachten wir Hochstrade ordentlich in Rage, rutschte ihm schon mal die Hand aus. Einmal, als er prügelnd den Mittelgang unserer Klasse entlanggelaufen war, fühlte ich mich zu Unrecht von ihm bestraft. Ich erzählte das meinem Großvater.

»Das machst du nicht noch mal mit min Jung«, nahm der seinen ehemaligen Kollegen zur Seite. Allerdings hatte er nur deshalb für mich Partei ergriffen, weil er meine Bestrafung ebenfalls als ungerecht empfand. Sonst mischte sich Großvater keinesfalls in die Belange der Lehrer ein.

Meine Klassenlehrerin Frau Breuer war in meinen Kinderaugen wunderschön. Sie war Anfang zwanzig und blieb mir auch aufgrund ihres wohlgeformten Busens in Erinnerung.

Die wichtigsten Utensilien, die wir Schüler erhielten, waren eine Schiefertafel und ein Schiefergriffel, mit denen wir die ersten Buchstaben und Zahlen schreiben lernten.

Da das Dorf durch die Ostumsiedler überfüllt war, reichte das Schulgebäude nicht aus, um alle Schüler aufzunehmen. Wir wurden aus Platzgründen im Nebengebäude der Gaststätte *Hahn im Werrator* unterrichtet. Neben der üblichen A- und B-Klasse wurde später sogar eine C-Klasse zusammengestellt. Sie war – wie sich bald herausstellte – die schwächste der drei Klassen, weshalb die Schulleitung meinen Freund Gerd Wölkner und mich als gute Schüler in die C versetzten. Gerd und ich empfanden es als ungerecht, dass wir von unseren Kumpels getrennt wurden. Die Entscheidung der Schulleitung erwies sich jedoch als richtig. Wenig später stieg das Niveau der C-Klasse, und wir konnten in unsere alte Klasse zurück. Gute Schüler ziehen andere mit – das scheint mir bis heute der bessere Weg, statt die Kinder früh in »Elite«, »Normal« und »Minderbemittelt« einzuteilen.

Die Schule bereitete mir keine Probleme. Mein bester Schulfreund Rolf hatte in der ersten Klasse eine schwere Lungen- und Rippenfellentzündung. Ich versorgte ihn mit Schularbeiten und half ihm, dass er sich am Ende des Schuljahres auf dem gleichen Leistungsstand befand wie wir.

1951 trat ich der im Dezember 1948 gegründeten Pionierorganisation »Ernst Thälmann« bei. Veranlasst hatte mich zu diesem Schritt der Umstand, dass unsere Schule eine Delegation zu den III. Weltfestspielen der Jugend und Studenten nach Berlin schicken sollte. Aufgrund meiner schulischen Leistungen gehörte ich zu den Auserwählten. Allerdings erwartete man, dass die Delegierten auch Pionier waren.

Als Reisegepäck diente mir ein alter Tornister meines Vaters aus dem Krieg. Wir waren im zentralen Pionierlager *Ernst Thälmann* in der Wuhlheide untergebracht – 26000 Kinder aus über hundert Nationen. Und ich, mit elf Jahren zum ersten Mal von zu Hause weg, gleich mittendrin!

Zur Eröffnungsfeier in der Freilichtbühne sprachen Wilhelm Pieck, der Präsident der Deutschen Demokratischen Republik, und Walter Ulbricht. Von Ulbricht ist mir nur die

Fistelstimme in Erinnerung. Wilhelm Pieck dagegen beeindruckte mich sehr.

Abends sangen wir bei lodernden Fackeln das Weltjugendlied, in dessen Refrain es heißt: »Unser Lied die Ländergrenzen überfliegt,/Freundschaft siegt! Freundschaft siegt!/Über Klüfte, die des Krieges Hader schuf,/springt der Ruf, springt der Ruf:/Freund, reih dich ein,/dass vom Grauen wir die Welt befrein!/Unser Lied die Ozeane überfliegt,/Freundschaft siegt! Freundschaft siegt!«

Diese Verse, gesungen aus Tausenden Kehlen aller Nationen – ich bekomme noch heute eine Gänsehaut, wenn ich daran denke.

Das Festival war für mich ein gewaltiges Erlebnis. Sechs Jahre nach dem Krieg standen in Berlin noch immer Trümmer. Und Deutschland war inzwischen in zwei Staaten geteilt, weil Adenauer, ein rheinischer Konservativer, der Auffassung war: »Lieber das halbe Deutschland ganz, als das ganzes Deutschland halb!« In den drei Westzonen hatte sich die Bundesrepublik Deutschland konstituiert – die sowjetische Besatzungszone zog zwangsläufig nach und bildete die Deutsche Demokratische Republik. In der Wuhlheide im Ostteil Berlins saßen im Sommer '51 also Tausende junger Menschen aus aller Welt beisammen und zogen ihre Schlussfolgerungen aus dem Zweiten Weltkrieg: »Alle Völker dieser Erde sollen zukünftig in Frieden miteinander leben!« Bei diesem internationalen Treffen wurde in mir die Saat dafür gelegt, gegen jegliches Weltherrschaftsdenken anzukämpfen, wo und in welchem Gewand es auch auftritt.

Tief beeindruckte mich die Begegnung mit prominenten Befürwortern des Sozialismus. Unter ihnen waren der Physiker und Vorsitzende des Weltfriedensrates, Frédéric Joliot-Curie, die Schriftsteller Pablo Neruda, Martin Andersen Nexö und Jorge Amado. Die Französin Raymonde Dien, nach der unser Zeltlager benannt war, erzählte bei ihrem Besuch in der Wuhlheide aus ihrem Leben. Sie hatte sich in Frankreich auf die Bahnschienen gelegt, um einen Zug aufzuhalten, der Munition für die französischen Kolonialtruppen im Indochina-Krieg nach Marseille bringen sollte.

Voller Enthusiasmus kehrte ich zurück. Im Gepäck hatte ich Bonbons und Schokolade, die wir täglich bekommen hatten. Süßigkeiten galten als besondere Kostbarkeiten. Bis auf ein paar Schokoladenstückchen schenkte ich sie, zu Hause angekommen, meinen Geschwistern und Freunden.

An der Christenlehre nahm ich wie alle teil. In der 7. Klasse besuchte ich den Vorkonfirmanden- und im darauffolgenden Schuljahr den Konfirmandenunterricht. 1954 wurde ich konfirmiert. Mein Konfirmationsspruch stammte aus dem 26. Psalm und lautete: »Herr, ich habe lieb die Stätte deines Hauses und den Ort, da deine Ehre wohnen.«

Wie ich ließen sich die meisten meiner Mitschüler konfirmieren. An der gerade eingeführten Jugendweihe nahmen nur drei oder vier Klassenkameraden mit kommunistischem Familienhintergrund teil.

Noch genoss ich beim Pfarrer hohes Ansehen. Mein Opa war Kirchenältester und eine Zeit lang Vorsitzender dieses Gemeindegremiums. Das bedeutete für einen einfachen Maurer eine Auszeichnung. Solche Funktionen wurden in der Regel nur gestandenen Handwerksmeistern angetragen.

Meine Beziehung zur Kirche gefiel dem Schuldirektor nicht sonderlich. »Du hörst ja lieber auf den Pfarrer als auf mich«, hielt er mir vor.

Das hatte ich nicht vergessen, als er mir wenig später vorschlug, ein Lehrerstudium aufzunehmen. Ich lehnte ab. Damit erledigte sich meine Delegierung an die Erweiterte Oberschule in Bad Salzungen, an der man Abitur machte.

Unsere Schulabschlussfeier fiel mit jenem denkwürdigen Tag zusammen, an dem die westdeutsche Fußballnationalmannschaft in Bern gegen die favorisierten Ungarn um den Weltmeistertitel spielte. In Merkers fand am gleichen Tag das traditionelle Bergarbeiterfest statt. Von dort aus eilte ich nach Hause, um gemeinsam mit meinem engsten Schulfreund Rolf und meinem Vater daheim in der Stube dem mittlerweile legendären Kommentar von Herbert Zimmermann zu lauschen.

Als die deutsche Mannschaft Weltmeister wurde, lagen wir uns in den Armen und sangen – genau wie die Kalikumpel in Merkers und die deutschen Zuschauer im Berner Wankdorfstadion – das Deutschlandlied. Natürlich sangen wir die erste Strophe. Die anderen kannten wir gar nicht. Am Abend feierten wir im Gasthof *Zum Stern* am Markt ein rauschendes Fest.

Mit Schach in die Bank

Wie sollte es mit mir weitergehen? Wäre es nach meiner Mutter gegangen, wäre ich Lehrer geworden, Großmutter dagegen sah mich als Pfarrer. Großvater legte mir nahe, in seine Fußstapfen als Maurer zu treten, während mich Vater dazu überreden wollte, Elektroingenieur zu werden. Zwar gelang es meinem Vater, einen privaten Handwerksbetrieb im Nachbarort ausfindig zu machen, bei dem ich anfangen konnte – als es dann soweit war, bestand der alte Lehrling die Prüfung nicht und musste ein Jahr dranhängen. Der Handwerker hatte keine Stelle für einen zweiten Lehrling. Somit war bei mir wieder alles offen.

Durch einen Freund meines Vaters erfuhren wir, dass die *Deutsche Notenbank* in Bad Salzungen erstmals einen männlichen und einen weiblichen Lehrling einstellte. Die einzige »Bank«, die ich bis dahin kannte, waren die drei Tassentöpfe meiner Mutter. Das Geld im ersten war für die Grundversorgung bestimmt, das im zweiten für Kleidung, der dritte Topf enthielt die eiserne Reserve.

Mit mir bewarben sich zwanzig Jungen und Mädchen. Eine Aufnahmeprüfung, bei der wir einen Aufsatz schreiben und Matheaufgaben lösen mussten, sollte die Entscheidung bringen. Nach dem abschließenden Gespräch mit dem Filialdirektor stand fest: Ich bekomme die Stelle. Den Ausschlag hatten meine Leistungen beim Schachspiel gegeben. Ich war mehrfacher Schulmeister in Tiefenort gewesen. Bei den Bankmitarbeitern stand dieser Sport hoch im Kurs. Etliche von ihnen waren in den verschiedenen Ligen des Kreises und Bezirkes aktiv. Diesem Beispiel folgte bald auch ich. Im Blitzschach brachte ich es einmal sogar zum Bezirksmeister.

Da ich direkt von der Grundschule kam, war ich der Jüngste in der Bank. Das theoretische Rüstzeug erhielten wir an der Berufsschule in Meiningen. Die praktische Ausbildung in der Bank lag mir jedoch ungleich mehr. Außerdem interessierten mich eher die Mädchen als die Schulbücher.

Meine Familie und meinen Freundeskreis überraschte meine Berufswahl. Für gewöhnlich gingen die Jungs in den Bergbau. Mein Schulfreund Rolf war Bergmann geworden. Allerorten hieß es: »Ich bin Bergmann, wer ist mehr?« Im ersten Lehrjahr verdiente er einhundertzwanzig Mark, während ich gerade mal fünfundvierzig Mark bekam. Allerdings brauchte Rolf das Geld auch dringender als ich. Er hatte zwei jüngere Brüder, und sein Vater war nicht aus dem Krieg zurückgekehrt.

Gerd, mein anderer Kumpan, lernte Schlosser, sein jüngerer Bruder folgte seinem Beispiel. Auch ihr Vater war im Krieg geblieben. Seine Mutter hatte sich das Leben genommen. Die Oma, eine Schulkameradin meiner Großmutter, zog die beiden Jungs auf. Zwischen unseren Familien gab es eine enge Verbindung. Großmutters Erziehungsmethoden bildeten den Maßstab für Gerds Oma.

Gerd Wölkner lieh mir seine Karl-May-Bücher. Die galten als »Schund-Literatur« und wurden, während wir in der Schule waren, bei mir daheim konfisziert. Als Vater abends von diesem unangemeldeten »Besuch« hörte, fuhr ihm der Schreck in die Glieder. Hatte er doch auf dem Boden noch einige Nazi-Schwarten liegen. Die schaffte er nun eilig fort.

Es kam aber noch schlimmer. »Die Partei« hatte sich den Kampf gegen die Kirche, insbesondere gegen die Junge Gemeinde, auf ihre Fahne geschrieben. Da es trotz Zweistaatlichkeit *eine* Evangelische Kirche Deutschlands gab, galten deren Teile im Osten – es tobte schließlich der Kalte Krieg – als eine Art Fünfte Kolonne des Westens. Darum galt der Jungen Gemeinde, der ich angehörte, das besondere Augenmerk der Sicherheitsorgane. Dreimal wurde ich zwischen 1955 bis 1957 – immer am gleichen Tag – ins Volkspolizei-Kreisamt Bad Salzungen »zwecks Klärung eines Sachverhalts« einbestellt. 1956, als ich krank war, musste ich ins Bürgermeisteramt in Tiefenort. Jedesmal konfrontierte man mich mit der gleichen Vorhaltung: »Sie und Ihre Freunde sind in öffentlichen Veranstaltungen der Jungen Gemeinde gegen die FDJ aufgetreten.«

Das war Unsinn. Ich hatte nie etwas gegen die FDJ gesagt, zumal ich selbst inzwischen deren Mitglied war. Mehr noch: Ich war sogar Sekretär der FDJ-Grundorganisation in meinem Ausbildungsbetrieb.

Erst viele Jahre später wurde mir klar: Es ging bei jenen Verhören gar nicht um mich oder um Karl May, und es war auch nicht die Polizei, sondern das MfS, das sich für uns interessierte: Es ging um die Junge Gemeinde. Meine Schulkumpel Gerd Wölkner und Jürgen Kaiser wurden gleichfalls vernommen. Wir sollten uns offenkundig gegenseitig anschwärzen und belasten. Während der Vernehmungen waren zwei Lampen auf mich gerichtet, so dass ich den Fragesteller nicht sehen konnte. Jedes Mal musste ich unterschreiben, dass ich mit niemandem darüber reden würde.

Gerd und Jürgen gingen schon bald nach drüben.

Am 29. Mai 1955, in meinem 1. Lehrjahr, gab es in der DDR neue Banknoten. Während des Umtauschs stellten wir fest, dass viele Leute ihr Geld zu Hause aufbewahrten, statt es auf Konten der Bank anzulegen. Etliche Bauern hatten ihre Barschaft in alte Handtücher gewickelt und unter Strohballen in der Scheune deponiert. Manche Banknoten stanken, als hätten sie die Bauern im Mist versteckt gehabt. Möglicherweise hatten sie mit diesem Geld irgendwann über die Grenze gehen wollen, oder sie besaßen nach wie vor kein Vertrauen zur DDR und ihrem Banksystem. Wie auch immer – wir hatten viel mehr Geld umzutauschen als ursprünglich kalkuliert. Das gesamte Alt-Geld wurde in einer Baracke nahe der Volkspolizei-Dienststelle aufbewahrt. Während ein Polizist um das Gebäude patrouillierte, schlief ich dort einige Nächte buchstäblich auf dem Geld. Sicherheitshalber.

Zur Vorbereitung auf die Gesellenprüfung versammelte die Notenbank im Herbst 1957 alle Lehrlinge für einige Wochen in Bansin auf der Insel Usedom. Dort büffelten wir Theorie und bekamen obendrein neuen Lehrstoff beigebracht. Der Lehrgang war offenbar ziemlich hoch angebunden, sogar die Führungsspitzen aus der Zentrale der Notenbank ließen sich in Bansin sehen. Wir waren rund achtzig Jungen und vierhundert Mädchen – eine herrliche Situation.

Als ich nach 1990 in meiner Kaderakte von einst blätterte, las ich bezüglich jenes Lehrgangs: »Er hat sich nicht kirchlich betätigt.« Offenkundig interessierte man sich für mich.

Nach dem Lehrgang auf Usedom war die Gesellenprüfung keine große Herausforderung mehr. Doch was hatte ich als Bankkaufmann für Aussichten? Wollte ich es in der Bank zu was bringen, musste ich studieren. Dazu brauchte ich das Abitur. Der für mich zuständige Kaderleiter in der Bezirksdirektion der *Notenbank* in Meiningen eröffnete mir jedoch, ich gälte wegen meiner kirchlichen Kontakte als unsicherer Kantonist, und man fürchte, dass ich nach einem Studium in den Westen gehen könnte. Deshalb werde er mich auf gar keinen Fall für ein Studium vorschlagen.

Ich werde es euch beweisen, dachte ich.

Nach der Arbeit in der Bank machte ich an der Abendschule das Abitur. Danach begann ich ein Fernstudium an der Fachschule für Finanzwirtschaft in Gotha.

Saft und Most

In der Kreditabteilung der *Notenbank* bekam ich es mit der Wirtschaft des gesamten Kreises zu tun. Durch den ständigen Bezug zur Praxis lernte ich täglich dazu.

Grundlage unserer Arbeit war »Die kurzfristige Kreditgewährung in der sozialistischen Besatzungszone Deutschland 1949«. Es war die erste Kreditverordnung der sowjetischen Besatzungszone, herausgegeben von der *Notenbank*, dem Vorläufer der *Staatsbank*. Ein Exemplar dieser Broschüre besitze ich noch heute. Mein Chef Morgenstern überreichte sie mir, als er in Rente ging, mit den Worten: »Der Einzige, der damit im Leben noch mal was anfangen kann, bist du.«

In der Tat arbeitete ich auch später, sogar bei der *Deutschen Bank*, im Geiste dieser Verordnung. Das betone ich, weil manche behaupten, der Sozialismus hätte kein System gehabt. Er hatte eins, ein richtig gutes sogar: Geld, Kredit und materielle Werte wurden als Einheit in ihrer Wechselwirkung betrachtet.

Zunächst betreute ich die Handelsbetriebe des Kreises: die *Handelsorganisation (HO)* und den *Konsumgenossenschaftsverband* mit seinen Außenstellen. Da viele dieser Betriebe im Grenzgebiet lagen, bekam ich einen Stempel in meinen Personalausweis, der mich berechtigte, dieses zu betreten. Damit lernte ich bereits in jungen Jahren auch das Grenz- und spätere Sperrgebiet meines Heimatkreises kennen.

Einmal musste ich die Privatmosterei *Eichhorn* in Bad Salzungen inspizieren. Als ich dort hinkam, begrüßte mich der kaufmännische Prokurist mit: »Gestatten, Saft!«

»Freut mich, Most«, erwiderte ich.

Verdattert guckten wir uns an und wussten nicht recht, wer hier wen auf den Arm nehmen wollte. Lachend stellten wir schließlich fest, dass wir tatsächlich nur die Etikette eingehalten hatten.

Die Betriebsbesichtigungen sollten sicherstellen, dass die Kredite, die wir den Betrieben gewährten, auch gedeckt waren. Ich kontrollierte, ob die Betriebe sie nicht zur Erwirtschaftung von Verlusten einsetzten, ob die Warenbestände ordentlich und qualitätsgerecht gelagert wurden – und überhaupt vorhanden waren.

Zu den von mir betreuten Kunden gehörte die *Klosterbrauerei Bad Salzungen*. Mir fiel auf, dass im monatlichen Umlaufmittelnachweis die ausgewiesenen Leergutbestände ständig anwuchsen. Auf der anderen Seite mangelte es oft, besonders vor dem 1. Mai oder bei anderen Anlässen mit erhöhtem Bierkonsum, an Leergut, um die ländlichen Gebiete mit Flaschenbier zu versorgen. Um mir Klarheit zu verschaffen, unternahm ich eine Objektkontrolle. Während meines Besuchs bemerkte ich einige Unruhe – sowohl bei den Besitzern einiger privater Gaststätten als auch in der *Klosterbrauerei* selbst.

Auf meine Fragen hinsichtlich des Leergutbestands erhielt ich keine befriedigende Antwort.

In einem Artikel in der Kreiszeitung umriss ich meine Beobachtungen – ohne Details zu verraten. Anderntags meldete sich das Volkspolizeikreisamt bei mir. Ich musste sämtliche diesbezüglichen Unterlagen der Kriminalpolizei übergeben.

Die Ermittlungen ergaben, dass sich ein Ring von Leuten zusammengefunden hatte, die sich seit Jahren am Volkseigentum bereicherten. Sowohl Lagerarbeiter der *Klosterbrauerei* als auch Kraftfahrer und Beifahrer sowie ein Großteil der privaten Gaststättenbesitzer hatten sich abgesprochen, bei jeder Lieferung einige Kästen Leergut mehr aufzuschreiben, als tatsächlich an die Brauerei zurückgingen. Da ihr »Geschäft« bereits über ein Jahr lief, hatte sich in der Bilanzierung ein riesiger Bestand an Leergut aufgebaut, der de facto nicht vorhanden war. Die an diesem Betrug Beteiligten hatten den zusätzlichen Erlös untereinander aufgeteilt.

Beim Prozess vor dem Kreisgericht wurden viele der Angeklagten zu Schadenersatzzahlungen verurteilt, die Rädelsführer mussten hinter Gitter. Damit war ich im Kreis Bad Salzungen schlagartig bekannt. Betrat ich eine Gaststätte, in der mich Wirt oder Kellner erkannten, bekam ich mein Bier schnell – und genau auf Eichstrich!

In den 50er Jahren und Anfang der 60er rangen wir darum, die Effizienz der volkseigenen Betriebe zu verbessern. Verlusten und unnötig hohen Kosten wurde der Kampf angesagt. Dazu leistete jeder männliche Verwaltungsangestellte der Bank einmal im Jahr einen mehrwöchigen Arbeitseinsatz. So bekamen wir einen Begriff von schwerer körperlicher Arbeit. Zugleich kontrollierten wir während unseres Einsatzes an der Basis, ob und wo die Betriebe versuchten, die Bank zu hintergehen.

Wir Büromenschen wurden ordentlich rangenommen. In den Ziegelcibetrieben in Immelborn bestückte ich den Ofen mit Tonsteinen und holte brandheiße Ziegel wieder heraus. In der Kettenfabrik wartete ebenfalls Schwerstarbeit auf mich. Etwas geruhsamer ging es bei meinem Einsatz im Großhandel zu, wo ich als Beifahrer auf dem Lkw mitfuhr.

Mir fielen etliche Unregelmäßigkeiten auf. Schiebereien mit Südfrüchten gehörten ebenso dazu wie ein spezielles System der Versorgung von Verkaufsstellen mit Erdbeeren. Wer für eine solche Lieferung unter der Hand Geld springen ließ, hatte hier zweifelsohne die besten Karten. Im Schnapslager wurden gern mal ein paar ausgelaufene Flaschen – sogenannte Leerläufer – mehr aufgeschrieben und daheim geleert.

Es gab Arbeitseinsätze, zu denen wir unangekündigt und direkt von der Arbeit abkommandiert wurden. Einmal mussten wir den Grenz-Streifen auf hundert Meter verbreitern. Alle arbeitsfähigen männlichen Kollegen des Staatsapparats wurden an die Staatsgrenze gebracht. Dort rodeten wir, beaufsichtigt von bewaffneten Grenzern, den Wald.

Nachdem einige Bauern, die das Holz abfuhren, mit ihren Pferdefuhrwerken über die Grenze verschwanden, bekamen wir Order, das Holz vor Ort zu verbrennen.

In unserem Kreisgebiet gab es mehrere Betriebe, die allein durch die Finanzierung der *Notenbank* am Leben gehalten wurden. Diese Finanzierung fand in enger Abstimmung mit den entsprechenden Organen des Kreises statt, insbesondere mit dem Finanzamt.

Der Staat setzte nun Kommissionen ein, welche die Betriebe überprüften und Vorschläge zu effizienteren Arbeitsabläufen erarbeiteten. Ich wurde in mehrere dieser Kommissionen berufen. Oft waren uns jedoch die Hände gebunden: Zum Beispiel durften wir keine Leute entlassen. Das erlaubte die Verfassung nicht. Wir hätten praktisch das gesamte Arbeitsgesetzbuch neu gestalten müssen. Dabei stellten bereits in den 50er Jahren hochrangige Ökonomen fest, dass man den Sozialismus – um den Arbeitsmarkt zu stimulieren – gut und gerne auch mit zwei bis drei Prozent Arbeitslosen aufbauen könne. Die Einstellung »Leiste ich bei der Arbeit auch nicht viel, nach Feierabend klotze ich ordentlich ran«, war weit verbreitet.

Meine Tätigkeit in jenen Arbeitsgruppen hatte einen Vorteil: Sie bewahrte mich davor, als Freiwilliger zum Wehrdienst in der Nationalen Volksarmee geworben zu werden. Die Wehrpflicht sollte erst 1962, nach dem Mauerbau, eingeführt werden.

»Vergiss niemals, wo du herkommst!«

Aufgrund meiner guten Leistungen wurde ich für die Bank interessant. Ich galt offenkundig als hoffnungsvoller Entwicklungskader. Das sollte auch ideologisch untersetzt werden – durch eine Mitgliedschaft in der SED. Mein Abteilungsleiter legte es mir sehr deutlich nahe. Allerdings stand mir danach nicht unbedingt der Sinn. Ich erinnerte mich der Vernehmungen im Volkspolizei-Kreisamt und auch anderer unliebsamer Dinge, die im Namen »der Partei« geschahen.

Mein Vater legte mir allerdings nahe, meine Vorgesetzten nicht vor den Kopf zu stoßen. Aber: »Was du denkst, was du tust und wie du handelst, das bleibt immer noch deine eigene Sache.« Ich folgte seinem Ratschlag und wurde 1961 Kandidat der SED.

Im Herbst 1962 wurde ich zu einem Lehrgang für Ökonomen der *Notenbank* nach Ladeburg bei Bernau delegiert. Dank meiner soliden praktischen Kenntnisse aus der Wirtschaft schloss ich diese Weiterbildung erfolgreich ab. Am 24. November, kurz bevor die Schulung zu Ende ging, beschloss der Ministerrat auf Vorschlag des Finanzministers Willi Rumpf, eine Sonderbankfiliale in Schwedt zu gründen. Dort, wo schon bald die für die DDR lebensnotwendige Erdölleitung *Freundschaft* aus der Sowjetunion enden sollte, wurde eine riesige Erdölraffinerie gebaut.

Die Sonderbankfiliale sollte den richtigen Einsatz der für die größte Baustelle Europas nötigen staatlichen Mittel kontrollieren und gewährleisten. Diese Entscheidung erwuchs aus den Erfahrungen beim Aufbau des späteren Gaskombinats *Schwarze Pumpe* bei Spremberg, wo viel Geld in den Boden versenkt worden war. Die in Schwedt neu zu gründende Bank, welche zunächst dem Minister für Finanzen unterstand, war einmalig in der DDR. Sie verband die Aufgaben der *Notenbank*, der *Deutschen Investitionsbank* und der *Staatlichen Finanzrevision*, Letztere vergleichbar dem heutigen Bundesrechnungshof.

Ich wurde auserkoren, in dieser Sonderbankfiliale zu arbeiten. Zusammen mit zwei Kollegen vom Lehrgang sowie dem Kaderleiter der *Investitionsbank* fuhr ich direkt von Ladeburg nach Schwedt. In der Nacht vor jener Fahrt feierten wir Lehrgangsteilnehmer ausgelassen bis zum Morgengrauen unseren Abschluss. Genau so sahen wir anderntags auch aus. Wir müssen ein erschreckendes Bild abgegeben haben. Postwendend folgte eine Beschwerde des Schwedter Filialleiters: »Was bieten Sie mir denn da für Jünglinge an?«

Er war nicht der Einzige, bei dem kein Interesse an einer Zusammenarbeit bestand: Nach Besichtigung der Jugendgroßbaustelle verspürte ich nicht die geringste Lust, dort zu arbeiten. Verglichen mit meinem Thüringer Wald war Schwedt Walachei. Dieses Tabakstädtchen mit seinen paar Häusern ohne richtige Straßen, dazu die riesige Wüste der Baustelle – ohne mich! Diese Einstellung im Gepäck, fuhr ich zurück nach Hause.

Wenige Tage später erreichte meinen Filialdirektor in Bad Salzungen ein Telegramm des Präsidenten der *Notenbank*: »Genosse Most beginnt am Montag, den 1. Dezember 1962, in Schwedt. Er wird in Angermünde am Bahnhof von Charles Dewey, dem Präsidenten der *Investitionsbank*, abgeholt.«

Das Telegramm kam am Freitag.

Sonnabends wurde damals noch bis Mittag gearbeitet. Das Durcheinander und die Missverständnisse hätten größer nicht sein können. Mein Chef war ungehalten, weil ich ihn nicht über meinen geplanten Weggang informiert hatte.

Ich wies den Vorwurf von mir, hatte ich doch inzwischen beschlossen, *nicht* nach Schwedt zu gehen. Meine Freundin wiederum glaubte, eine andere Frau, womöglich eine aus dem Lehrgang, stecke hinter der Sache.

An allen Fronten Scherereien – dabei wollte ich doch gar nicht in diese Schwedter Einöde. Doch dieses Telegramm kam einem Parteiauftrag gleich.

Einmal mehr halfen mir Opa und Papa mit ihrer Lebenserfahrung. »Junge, das musst du annehmen!«, sagte mein Vater. »Die bieten dir eine einmalige Chance. Der Prophet zählt sowieso nichts im eigenen Lande. Lass dir mal ordentlich den Wind um die Nase wehen. Davon ist noch keiner dümmer geworden.«

Als mich Opa verabschiedete sagte er: »Junge, egal, was aus dir wird, vergiss niemals, wo du herkommst!«
Dieser Satz begleitete mich mein Leben lang.
Also zog ich von Thüringen in die Welt.
Und deren Rand lag damals an der Oder.

Schwedt – meine Universität

Wildwest an der Welse

Schwedt – das war eine Riesenbaustelle von sechzehn Quadratkilometern. Während der 60er Jahre kamen Tausende Bauarbeiter aus der gesamten Republik zusammen. Hier lernte ich die Menschen von völlig neuen Seiten kennen – im positiven wie im negativen Sinne.

Die Stadt Schwedt, einst ein verträumtes Tabakstädtchen, blickte nach dem Krieg auf eine tragische Vergangenheit zurück. Die Naziführung glaubte, die Rote Armee bei ihrem Vormarsch an der Oder stoppen zu können und warf am Rande des Oderbruchs alles in die Schlacht. Von Schwedt an der Oder planten SS und Wehrmacht einen Entlastungsangriff gegen die Sowjetarmee. SS-Obersturmbannführer Skorzeny, bekannt durch die Befreiung Mussolinis, ließ jeden aufhängen, der sich nicht daran beteiligen wollte. Der sinnlose Widerstand vernichtete Schwedt. Die Stadt wurde zu 85 Prozent zerstört, es gab kaum eine Familie, die kein Todesopfer zu beklagen hatte.

Die DDR machte die abgelegene Stadt zum Industriestandort. Das hatte infrastrukturelle Gründe, um Arbeitsplätze in der Region zu schaffen. Und sie lag überdies strategisch günstig am östlichen Rand der Republik, jenseits der waldreichen Uckermark, und bot mit ihrer Nähe zu Oder und Welse viel Wasser – Letzteres eine wichtige Voraussetzung für die Papierherstellung. So wurde 1959 der Grundstein für eine Papierfabrik gelegt, die schon bald die modernste und leistungsfähigste Papierfabrik der gesamten DDR sein sollte. Ein Jahr später begann der Bau des Erdölverarbeitungswerks.

Als ich am 1. Dezember 1962 meine Tätigkeit in der Sonderbankfiliale aufnahm, zählte das Städtchen etwa viertausend Einwohner. Hinzu kamen sechs- bis achttausend Bauarbeiter und Ingenieure der Großbaustelle. Nahezu alle Berufe waren hier vertreten. Aus Frisören wurden Chemie-Ingenieure. Die Leute wollten sich verwirklichen.

Ich hatte mich zunächst für drei, dann für zwölf Monate verpflichtet. Es wurden zwölf Arbeits- und fünfzehn Wohnjahre daraus. Als ich die Stadt verließ, zählte sie fünfzigtausend Einwohner, die alle etwas leisteten.

Zu den Brigaden, mit denen ich zu tun hatte, gehörten die Dumperfahrer von *Erdbau Magdeburg*. Mit ihren in der Sowjetunion gebauten Transportern – den damals wohl größten der Welt – bewegten sie Tag und Nacht Sand. Damit hatten wir etwas gemeinsam: Während ich mich um die Finanzierung aller Bauvorhaben kümmerte, verrichteten die Magdeburger sämtliche Erdarbeiten.

Vor dieser Truppe hielt ich auf Wunsch des FDJ-Sekretärs Siegfried Graupner einen Vortrag. Siggi kam aus dem Erzgebirge und war auf den Großbaustellen *Schwarze Pumpe*, Schwedt und später beim Kernkraftwerk Greifswald dabei. Er war ein einfacher Mensch geblieben und bei den Arbeitern beliebt – kein Apparatschik, sondern ein Mann der Tat.

»Wir wollen *Kollektiv der sozialistischen Arbeit* werden«, hatten die Tiefbauer ihn angesprochen, »dazu müssen wir doch diesen Punkt ›Weiterbildung‹ erfüllen. Da wollen wir aber nicht irgendwelchen Scheiß hören, sondern etwas, das mit unserer Arbeit zusammenhängt.«

Mit diesem Ansinnen war Siggi zu mir gekommen, dem Bankangestellten – und jetzt stand ich in der Baracke der Tiefbauer, mitten auf der Baustelle. Statt sie mit trockenem Kram zu langweilen, versuchte ich, ihnen bei einer Runde Bier und Schnaps nahezubringen, wie wichtig *ihre* Arbeit für das Gelingen des gesamten Projekts war.

»Was baut ihr hier eigentlich?«, fing ich an. »Ihr sollt schließlich nicht nur zig Tonnen Dreck hin und her kutschieren, sondern auch wissen, *wofür* ihr das macht.«

»Na los, das interessiert uns!«, erwiderten die Arbeiter.

Ich skizzierte ihnen, was auf diesem sechzehn Quadratkilometer großen Rondell entstehen würde. »Das funktioniert aber nur, wenn *ihr* eure Termine einhaltet.«

Ich wollte den Männern begreiflich machen, wie entscheidend es war, dass sie hier Tag und Nacht knüppelten – und was es für alle nachfolgenden Betriebe bedeutete, hielten sie ihre Termine nicht ein. Ich muss ihren Ton getroffen haben. Nach Beendigung meines Vortrags erklärten mich die Erdbauer zum Ehrenmitglied ihrer Brigade.

Das war nicht unwichtig für mich. Bedeutete es doch, dass ich ab sofort jeden Mittwoch- und Freitagabend in die Kulturbaracke gehen konnte. Wohl kaum hätte ich mich sonst zum abendlichen Tanzvergnügen unter die Bauarbeiter wagen können. Sich als »Sesselfurzer« auf dem Tanzsaal blicken zu lassen, erwies sich, besonders in der ersten Zeit, als gefährliche Angelegenheit. Auf der Großbaustelle gab es kaum Mädchen. Folglich herrschte auf dem Saal, besonders nach ein paar Gläsern Alkohol, eine äußerst gereizte Stimmung. Schlägereien standen auf der Tagesordnung. Die Bauarbeiter waren nicht zimperlich, sie zertrümmerten sich gelegentlich Bierseidel auf ihren Köpfen.

Keiner wagte es indes, Hand oder Bierglas gegen mich zu erheben, stand ich an der Theke – um mich herum die Männer vom Tiefbau mit Unterarmen, wie manche keine Oberschenkel haben. Als Ehrenmitglied ihrer Brigade stand ich unter ihrem Schutz.

So konnte ich eines Abends unbehelligt mit meiner zukünftigen Frau das Tanzbein schwingen.

Die Sitten waren rau. Wie auf den anderen Großbaustellen ging es auch hier zu wie in den Saloons der Wildwestfilme. Auch das Leben in den Baracken des Arbeiter-Wohnlagers erinnerte an Western. Eines Nachts schmissen sie nach einem Streit einen meiner Kraftfahrer in die Welse. Mitten im Winter. Der Mann war fast tot, als er wieder herauskam.

Auf der Großbaustelle trafen sich nicht nur Intellektuelle, Ingenieure und Arbeiter, die die Welt verändern wollten, sondern auch der »Urz« der Gesellschaft: Menschen, die bereits mehrmals verurteilt worden waren. Etliche dieser Leute hatten strikte polizeiliche Anordnungen, ihren Heimatort nicht zu verlassen. Komischerweise trafen sich diese Typen jedoch genau dort, wo sie sich nicht treffen sollten: bei mir in Schwedt.

Auf der Großbaustelle hatte sich eine schlimme Bande zusammengefunden. Diese Brigade R. verrichtete überwiegend Handschachtarbeiten, die sonst keiner machen wollte. Bei der Arbeit brach die Truppe sämtliche Rekorde. Mühelos unterboten sie ihre Termine. Ihre Wettbewerbsvorgaben erfüllten sie fast immer in doppelter Geschwindigkeit. Kein Zweifel, die Jungs konnten arbeiten, wenn's darauf ankam ...

Problematisch wurde es, wenn sie eine Prämie erhalten hatten. Mit einem Kasten Bier und ein paar Flaschen Schnaps ausgestattet, zogen sie ins Wohnlager. Hatten sie einen gesoffen, brauchten sie Mädchen – und eben die gab es nicht. Im Westen hätten sie vielleicht gleich neben der Baustelle einen Puff aufgemacht. Doch der passte hier nicht in die sozialistische Landschaft.

Betrunken, wie sie waren, flippten die Leute bei einer ihrer Partys völlig aus. Sie brachen in mehrere umliegende Wohnungen ein, fesselten die Männer und vergewaltigten die Ehefrauen. Die wenigen jungen Frauen, die es in Schwedt gab, waren Freiwild für sie. Auf übelste Weise vergingen sie sich an ihnen. Und das auf einer sozialistischen Jugendgroßbaustelle, von der aus wir die Welt erobern wollten!

Den Brigademitgliedern wurde der Prozess gemacht. Teile der Gerichtsverhandlung wurden auch im Radio übertragen. Ich verfolgte sie im Auto, auf der Fahrt von Halle nach Schwedt. Einige Mitglieder der Bande bekamen fünfzehn Jahre Gefängnis aufgebrummt, manche zehn, andere weniger. Und diejenigen, bei denen es nicht für eine Haftstrafe reichte, schickten sie in ihre Heimatorte zurück. Damit war die Brigade zerschlagen.

Besorgt dachte ich indes daran, dass einige dieser Banditen nur drei Jahre gekriegt hatten. Waren die abgesessen, konnten die jederzeit wieder auftauchen.

Schapka und Filzstiefel

Ich hatte in Schwedt als stellvertretender Arbeitsgruppenleiter begonnen. Mein Arbeitsgebiet war die Finanzierung der auf der Großbaustelle tätigen Betriebe. Ein halbes Jahr später wurde ich Arbeitsgruppenleiter, ein weiteres Jahr später stellvertretender Filialdirektor. Ende 1966 wurde ich zum Filialdirektor berufen. Mit 26 Lenzen war ich der jüngste Bankdirektor in der DDR.

Die Bank war in einer Baracke auf dem Baustellengelände untergebracht, direkt neben der *Rohöldestillation 1*.

In den Wintern 1962/63 und 1963/64 ließ uns der sibirische Frost zittern. Nicht selten sank das Thermometer auf minus dreißig Grad. Unsere Baracke verfügte weder über Heizung noch über Toiletten. Um unsere Notdurft zu verrichten, suchten wir uns hinter einem Steinhaufen oder einem Bretterstapel ein passendes Plätzchen.

In unseren Zimmern herrschten mitunter Temperaturen von acht, neun Grad unter Null. Nur für die zwei Sekretärinnen gab es je eine Heizsonne, so dass sie sich zumindest ab und zu die Hände wärmen konnten. Später beschafften wir uns ein paar Eisenbahnheizkörper, um die Temperaturen im Raum wenigstens etwas zu erhöhen.

Zu unserer Arbeitsbekleidung gehörten Filzstiefel und Wattejacke. Auf dem Kopf trugen wir Schapka oder Filzhut. In dieser Kluft und unrasiert führte ich, genau wie meine Kollegen, sämtliche Kontrollen auf der Großbaustelle durch. Auch zu Terminen beim Werkleiter erschien ich in diesem wilden Outfit.

1964 bauten wir uns auf dem Baustellengelände eine eigene Baracke als Bankgebäude auf. Inzwischen arbeitete das Kraftwerk, und wir waren an die zentrale Energie- und Warmwasserversorgung angeschlossen. Der mittlere Teil des Gebäudes war massiv. Dort befand sich der Tresor mit dem Geld. Dieser war mit einem Sicherungssystem ausgestattet. Die Alarmanlage bestand aus einer horizontal im Tresor angebrachten Quecksilbersäule, welche auf Schall und feinste Erschütterungen reagierte. Aufgeschaltet waren die Polizei, der Werkschutz – und das Telefon in meiner Wohnung.

Dieses Sicherheitssystem hatte Tücken. Bei Gewitter, oder wenn ein Flugzeug ungünstig über das Gebäude flog, klingelte es in meinem Schlafzimmer. »Alarm«, schallte es mir entgegen, und ich nahm den Hörer ab.

Sofort zog ich mich an und fuhr hinüber ins Werk zur Bankbaracke, die ich bereits von Werkschutz, Polizei und Einsatzhunden umstellt fand. Ich schloss auf, entschärfte die Anlage – und konnte mich, hatte ich Glück, anschließend noch eine Stunde aufs Ohr hauen. Während meiner Zeit in Schwedt erlebte ich unzählige Fehlalarme – und keinen einzigen echten.

Die Baracke beherbergte zum Schluss über dreißig Mitarbeiter. Als sie durch ein eigenes Bankgebäude in der Stadt ersetzt wurde, war ich bereits in Berlin.

Für Dienstreisen standen uns zwei Autos zur Verfügung: ein alter BMW und ein noch älterer Pobeda, der besonders im Winter schlecht ansprang. Mussten wir ihn anschieben, blieben dabei nicht selten unsere Hände an der eingefrorenen Karosse kleben.

Aus diesem Grund stellte Kurt Drews, einer der beiden Kraftfahrer, in den Nächten vor einer Dienstfahrt einen Katalytofen unter den Wagen, damit dieser zumindest um den Motor herum halbwegs warm wurde. Außerdem umwickelte er die Batterie mit einer alten Decke. Eines Nachts hing von jener Decke ein Faden herunter und der Katalytofen steckte ihn an. Kurz darauf brannte nicht nur die

Decke, sondern das gesamte Auto. Direkt unter Drews' Balkon flog der *Pobeda* in die Luft.

Nun sollte ich ihn für diese Aktion bestrafen. Dabei hatte er das alles doch nur mir zuliebe getan! Er wollte, dass der Wagen ansprang, wenn er mich am Morgen abholte. Ich war heilfroh, dass der Karren dank seines Einsatzes *überhaupt* lief. Stets hatte Drews dafür gesorgt, dass der Wagen fuhr – und nun dieses Fiasko!

Um der Vorschrift zu genügen, erteilte ich ihm einen Verweis, damit war das Thema für mich beendet. Das heißt, nicht ganz. Denn nun musste ich ellenlange Erklärungen abgeben, bis wir einen neuen Dienstwagen erhielten: einen *Wolga*.

Neue Arbeit, neues Glück

Zunächst wohnten die Arbeiter in einem großen Wohnlager, das aus etwa dreißig Baracken bestand. Alle waren voll belegt. Direkt vor den Baracken stand die Gaststätte *Monplaisir*, daneben das Kulturhaus *Artur Becker*. Dort probte das Schwedter Arbeitertheater.

Die Verwaltungsleute wohnten, ebenso wie die meisten Ingenieure, in den ersten fertiggestellten Neubaublocks. Auch ich zog in die Platte. Wir lebten zu viert in einer Zweizimmerwohnung. Zusammen mit einem Berliner bewohnte ich das eine Zimmer, in dem anderen lebte ein Ausrüstungsingenieur mit seiner Frau. Sie arbeitete bei mir in der Bank als Bilanzbuchhalterin. Bad und Küche teilten wir uns.

Im Frühjahr 1963 lernte ich Charlotte kennen. Sie war neunzehn Jahre alt und kam wie mein Zimmernachbar aus Berlin. Sie war beim Hauptbuchhalter des neu gegründeten *Bau- und Montage-Kombinats* (BMK) als Sekretärin beschäftigt. Später sollte sie in die Buchhaltung des *Petrolchemischen Kombinats* (PCK) wechseln. Wir begegneten uns bei der Arbeit, ich hatte viel mit dem Hauptbuchhalter des BMK zu tun. Auf einem der allwöchentlichen Tanzvergnügen kamen wir uns schließlich näher. Sie war mit ihrer Mutter gekommen. Ich tanzte zunächst mit meiner zukünftigen Schwiegermutter – und daraufhin mit ihr.

Es ging rasant mit uns, obwohl ich als Dorfjunge Bedenken hatte: Sollte ich mich wirklich mit einer Großstadtpflanze einlassen? Die Entscheidung fiel, als sich im Sommer unser erster Nachwuchs anmeldete. Wir beschlossen zu heiraten – und ich fuhr außerplanmäßig nach Hause, um meinen Eltern und Großeltern die große Neuigkeit beizubringen.

Ich sehe meine Mutter noch heute oben auf dem Dreschkasten stehen. Ein Blick in mein Gesicht genügte ihr: »Du musst doch nicht etwa heiraten?«

»Ja, so ist es.«

Mein Vater und mein Bruder Bernd besuchten uns wenig später in Berlin-Friedrichshain. Mittlerweile verbrachten Charlotte und ich die Wochenenden bei meiner zukünftigen Schwiegermutter. Sie meinte es besonders gut: Während ich Vater und Bruder vom Ostbahnhof abholte, kochte sie für den »hohen Besuch« original Thüringer Klöße. Leider hatte sie nicht bedacht, dass die Klöße nur kurz im heißen Wasser ziehen dürfen. Als sie im Wassertopf hochkamen – ein Zeichen dafür, dass sie fertig sind –, stukte sie diese immer wieder unter.

Vater nahm ihr nicht krumm, dass die Klöße hart waren. Im Gegenteil, er freute sich über ihre Geste und fühlte sich von Anfang an wohl in unserer Mitte.

Mit *Jugendtourist* fuhren Charlotte und ich nach Rumänien ans Schwarze Meer, wo wir uns im Seebad Mamaia verlobten. Nach unserer Rückkehr im September 1963 heirateten wir in einem Berliner Standesamt. Die Zeremonie fand im kleinen Rahmen statt. Das war verzwickt, zumindest für mich. Vor allem meine Großeltern durften nicht erfahren, dass wir den Bund der Ehe ohne Gottes Segen schlossen.

Ein Bruder meiner Großmutter, Onkel Bernhard aus Frankenhausen, hatte mir geholfen, Gold für die Eheringe zu beschaffen. Er schenkte mir zwei alte Goldmünzen vom Alten Fritz, aus denen ein Goldschmied in der Schönhauser Allee unsere Eheringe anfertigte. Der Sammlerwert der Münzen lag ganz sicher schon damals weit über dem reinen Goldwert. Doch unsere Ehe ging nun einmal vor.

Meine Eltern nahmen nicht an unserer Hochzeit teil. Ihnen ging das Ganze eindeutig zu schnell. Zudem stellte es auch für meine Mutter ein Problem dar, dass wir nur standesamtlich heirateten.

Entsprechend klein war also die Hochzeitsgesellschaft. Zur Feier erschienen meine Schwester mit Mann, mein Bruder Lothar, meine Schwiegermutter sowie deren Bruder mit seiner Frau. Sie war von Beruf Dolmetscherin und hatte einst im Thälmannschen ZK als Sekretärin von Ernst Schneller gearbeitet. Mit dieser alten Antifa-Kämpferin lieferte ich mir noch manch harte politische Diskussion.

Als ich meine Frau zur Tiefenorter Kirmes im Oktober 1963 das erste Mal zu Hause vorstellte, fragten wir uns: Wie werden wir als junges Ehepaar dort aufgenommen? Ich wurde gleich nach unserer Ankunft mit den Kühen aufs Feld geschickt, während meine Frau der Großmutter beim Rupfen der frisch geschlachteten Gans half. Die ganze Familie schloss Charlotte ins Herz. Ebenso freundschaftlich nahmen uns meine Schulkameraden abends auf dem Tanzsaal der Kirmes auf.

Unser Nachwuchs ließ auf sich warten. Am 7. März 1964, einem Sonnabend, ging ich mit meiner Frau ins Kino *International*, wir sahen uns *Die Dreigroschenoper* mit Hildegard Knef, Curd Jürgens und Gert Fröbe an. Zuvor hatte ich am Ostbahnhof ein Schlachtefest-Paket aus Tiefenort abgeholt, das meine Eltern per Express nach Berlin geschickt hatten.

Im dunklen Kinosaal wurde meine Frau unruhig: »Ich glaube, es geht los.«

Kurz darauf gab sie Entwarnung. Wir sahen uns den Film bis zum Ende an.

»Wollen wir nicht gleich ins Krankenhaus?«, schlug ich vor, als wir draußen auf der Karl-Marx-Allee standen, doch sie schüttelte den Kopf: »Ich will erst noch die Bratwurst essen.«

Wir gingen die wenigen Schritte bis zur Wohnung ihrer Mutter, und ich bereitete uns die frische Wurst mit Pellkartoffeln zu. Nach dem Mahl legten wir uns schlafen.

Gegen Mitternacht setzten die Wehen ein. Ich rief ein Taxi, wir fuhren ins Krankenhaus – und Rita kam zur Welt. Pünktlich zum Internationalen Frauentag.

Am nächsten Tag wollte ich meine Frau im Krankenhaus am Friedrichshain besuchen. Wo aber sollte ich Blumen herbekommen? Meine Schwiegermutter gab mir den Tipp: »Auf dem Friedhof, gegenüber vom Märchenbrunnen, ist ein kleiner Blumenladen.«

Ich eilte dorthin und sagte der netten Verkäuferin: »Ich brauche unbedingt ein paar Blumen. Die möchte ich meiner Frau bringen. Ich bin gerade Vater geworden.«

Die Frau verkaufte mir ein kleines Sträußchen Freesien. Überglücklich begab ich mich zu meiner Frau und schloss sie und unsere Rita in meine Arme.

»Wo hast du die Blumen her?«, fragte mich Charlotte erstaunt.

»Vom Friedhof«, erwiderte ich – und beruhigte sie, dass ich die Freesien nicht von einem Grab gestohlen hatte.

Noch im gleichen Jahr bezogen wir eine Zweiraum-Plattenbauwohnung in Schwedt. 1966, genau zu Himmelfahrt, folgte unsere zweite Tochter, Sylva. Einige Tage vor ihrem Geburtstermin war ich mit Kollegen nach Prag gereist. Wir waren Gäste der *Tschechoslowakischen Nationalbank.*

Als ich nach Hause zurückkehrte, war unsere Tochter bereits geboren. Anders als ihre Schwester war sie vor dem prognostizierten Termin gekommen.

Bereits im folgenden Jahr zogen wir in eine Vierzimmerwohnung. »So bequem wie jetzt hab ich noch nie gewohnt«, schrieb ich begeistert nach Hause.

Die Revolution im Bauch

Bei allem Enthusiasmus begannen wir in Schwedt mit wenig mehr als nichts in den Händen. Man kann sich kaum vorstellen, unter welchen Bedingungen wir arbeiteten. Denke ich nur an die Vervielfältigungstechnik! Das Neueste war der Ormig-Apparat mit seinen braunstichigen Pausen auf gelblichem Papier. Die Ausbildung unserer Leute steckte in den Kinderschuhen. Zwar hatten einige unserer führenden Ingenieure eine Spezialausbildung in der Sowjetunion absolviert, doch die meisten fingen bei Null an. Genau wie ich in der Sonderbankfiliale waren sie auf der Großbaustelle ins kalte Wasser gesprungen.

Dennoch: Mein erster Eindruck von der Einöde am Rande der Uckermark war bald vergessen. Schwedt war durch das Erdölverarbeitungswerk eine der am schnellsten wachsenden Städte der Republik. Viele Menschen kamen hierher, weil sie in Schwedt schnell eine Wohnung bekamen – je nach Bedarf von einer Einraum- bis zur Vierzimmerwohnung. Das war besonders für Familien wie die unsere ideal.

Mit der Zeit verfügte Schwedt über eine vorbildliche soziale Infrastruktur. In jedem Wohngebiet gab es Schulen, Horte, Kindergärten und Krippen, so dass eine durchgängige Kinderbetreuung gewährleistet war – obwohl gewöhnlich beide Partner arbeiteten. Der Busbetrieb ins Erdölwerk war so organisiert, dass die Mütter und Väter direkt vor den Kinderkrippen in die Busse einstiegen. Familie und Beruf standen sich also in keiner Weise im Weg. Obwohl meine Frau und ich viel arbeiteten, funktionierte das Zusammenleben. Und ich bin unverändert froh, dass meine Kinder in Schwedt zur Schule gehen konnten. Sie hatten gute Lehrer.

Meine Bank finanzierte zahlreiche kommunale Objekte in der ganzen Stadt. Neben dem Wohnungsbau waren das etwa das *Centrum*-Warenhaus, die Poliklinik, das Krankenhaus, Apotheken. Wir hatten in der Bank einen eigenen Sektor, der sich ausschließlich mit diesen Bereichen beschäftigte.

Da es sich in Schwedt um eine Großbaustelle der Jugend handelte, betrug in den Jahren zwischen 1966 bis 1975 das Durchschnittsalter der Schwedter Bevölkerung 26 Jahre. Es herrschte tatsächliche, keineswegs verordnete Aufbruchstimmung. Ideologie spielte kaum eine Rolle. Zwar fanden auch bei uns gelegentlich Parteiveranstaltungen statt, die wir aber nach unserer Fasson gestalteten. Letztlich zählten nur die Praxis, die Arbeit, der dadurch merklich wachsende Wohlstand – und dass wir in Schwedt die Theorie vom Aufbau des Sozialismus in die Tat umzusetzen begannen. »Die Partei«: Das waren wir. In Schwedt spürte ich keinen Druck von oben, wie ich in später in Berlin kennenlernen sollte. Dazu waren wir jungen Genossen viel zu selbstbewusst.

So vermochte die Parteibasis des Werkes sogar den Werkdirektor abzulösen. Dieser war ein hervorragender Chemiker, aber unserer Meinung nach nicht der richtige Leiter. Wir waren jung und wollten die Welt verändern: Wir hatten die Revolution im Bauch.

Der Mann war Kandidat des Zentralkomitees und hatte während der feierlichen Eröffnung der Erdölleitung *Freundschaft* – meines ersten Investobjektes, das ich noch als Arbeitsgruppenleiter betreute – neben Walter Ulbricht gestanden. Das schützte ihn nicht vor unserer Kritik. Später wurde er in den *Leuna-Werken* eingesetzt.

Ich war Mitglied der Arbeiter-Wohnungsbau-Genossenschaft *Friedenswacht*. Da wir in unserer Bank auch die Konten der AWG führten, wählten mich die Mitglieder der Genossenschaft in die Revisionskommission. Als deren Vorsitzender musste ich mich damit auseinandersetzen, dass einige Bürger aus heiterem Himmel ihre Miete nicht mehr zahlten, obwohl diese billig war, sich die Wohnungen in

Heimat: das sind Familie, Freunde und Landschaft. Rechts: Hausberg mit Werra bei Tiefenort in Öl daheim an der Wand. Oben: die Eltern Most mit Kindern Edgar, Marianne und Lothar, 1951

Großmutter »Eller« Kister unterwegs »Auf dem Schafberg«, 1941. Die Familie bewohnte ein solches Fachwerkhaus unweit von diesem Platz. Es wurde später, nachdem sich niemand mehr aus der Familie fand, der dort wohnen wollte, für 18.000 DDR-Mark an einen Kalikumpel verkauft. Unten: die Großeltern väterlicherseits – Opa Heinrich Most und seine Frau Barbara

Goldene Hochzeit der Großeltern Kister, Tiefenort 1957

Familienglück: Charlotte und Edgar Most mit den Töchtern Rita (vier Jahre) und Sylva (zwei Jahre), Schwedt 1968

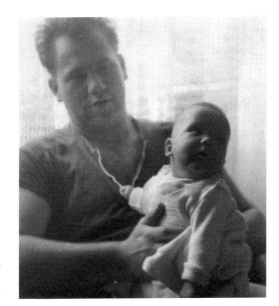

Vaterfreuden in den 60er Jahren. Edgar Most mit dem Nachwuchs

Das Erdölwerk Schwedt im Bau, unten: in den 80er Jahren in seiner Blütezeit aus der Luft. Jetzt wird dort nur noch Rohöl von der PCK Raffinerie GmbH, einem Konsortium von Ruhröl, Shell, Agip und Total, zu Treibstoff verarbeitet. Es findet weder Forschung noch Weiterverarbeitung statt.
Als Edgar Most 2008 mit einem Drehstab des NDR auf das Gelände des Betriebes wollte, den er seinerzeit mit aufbaute, verwehrten ihnen die heutigen Eigentümer den Zutritt

Schwedt im Winter 1963. Most mit Filzhut, Wattejacke und Kollegen vor seiner Filiale auf der Großbaustelle – eine Baracke

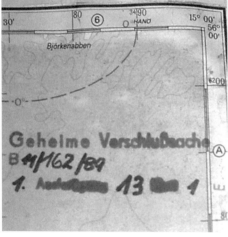

Einst »Geheime Verschlußsache«, heute Kellerdekoration im Hause Most: DDR-Karte mit den Orten, in denen im Ernstfall »Soldatengeld« ausgezahlt werden sollte. 1990 diente sie mangels anderer Vorlagen zur Festlegung neuer Bank-Filialen in den »neuen Bundesländern«

Familie Most mit Töchtern, Schwiegersöhnen Manfred und Ludger sowie Enkel Michael und Friederike, 2003

Einschulung von Tochter Rita in Schwedt, Schwester Sylva muss noch zwei Jahre warten, 1970

Edgar Most mit den Geschwistern Bernd, Marianne und Lothar, 2003.
Rechts Ehefrau Charlotte. 2004

Da es Mosts Maxime war, »Pfähle in die Landschaft« zu rammen, oder wie man anderenorts sagt: Pflöcke einzuhauen, womit nicht nur Reviere markiert, sondern auch bleibende Zeichen gesetzt werden, schenkten ihm anlässlich seines 50-jährigen Bankjubiläums die Kollegen aus der Geschäftsleitung der Deutschen Bank diesen Pfahl mit Tafel, auf dem sie ihre Namen hinterließen. Most rammte diesen in seinen Vorgarten. Dort steht das Denkmal noch heute.
Unten: mit Ehefrau Charlotte beim Sichten des Familienalbums, 2009

Ex-Vizestaatsbankpräsident Kurt Morgenstern (M.) und Lothar Höpfner (r.) mit den ehemaligen Bezirksdirektoren der Staatsbank der DDR und späteren Direktoren der Deutschen Bank Wunderlich, Puppe, Felsch, Senf und Klatt (v.l.n.r.).
Unten: Most mit Horst Kaminsky, einst Präsident der Staatsbank, und sein damaliger Vize Hans Taut (r.), Weihnachten 2003

Zur Verleihung der Ehrendoktorwürde in der Russischen Botschaft, November 2004. Mitte: Gorbatschow, Gast der Deutschen Bank, signiert sein Buch über die Perestroika für Mosts Sekretärin »Babsi« Walther und Herrn Schaub, den »Cheforganisator« der Deutschen Bank,

Bruno Meier (l.), einst Stellvertretender Präsident der Staatsbank der DDR

Edgar Most wählt: mal die Bewerberin für das Amt des Bundespräsidenten, Gesine Schwan, mal das Cover für sein Buch

Anfang Oktober 1989 wurde Edgar Most ins ZK der SED einbestellt. Er sollte im Auftrag von Günter Mittag Parteifunktionär werden und Finanzministerium, Banken und Versicherungen quasi als Superminister übernehmen. Most lehnte ab – nicht nur wegen der Absicht, die dahinter steckte. Er wurde dafür scharf kritisiert, man hielt ihm vor, er drücke sich vor der Verantwortung, und wertete seine Verweigerung als »Vertrauensbruch gegenüber den Genossen«. Man werde prüfen, ob er noch weiter an »seinem Platz« bleiben könne. Danach wurde Most auch vom 1. Sekretär der für ihn zuständigen SED-Kreisleitung gerügt – hier Mosts Notizen, die er damals machte. Die weitere Entwicklung im Herbst 1989 verhinderte jedoch seine mögliche Absetzung

Barbara Walther, Mosts langjährige Sekretärin, und sein Fahrer Michael Adrian bei der Verabschiedung ihres Chefs aus der Deutschen Bank, 2004.
Unten: Ehemalige Kolleginnen aus Schwedt kamen aus gleichem Grund nach Berlin: Gudrun Röhricht, Sabine Arndt und Gudrun Roitzsch

einem erstklassigen Zustand befanden und alle in Lohn und Brot standen.

Ich vermutete dahinter blankes Schmarotzertum. Nachdem die säumigen AWG-Mitglieder auch auf Mahnungen nicht reagierten, entschied ich: »Die Namen der Familien werden an der Kaufhalle ausgehängt.«

Es dauerte keine zwei Tage, da waren die Mieten bezahlt.

1964 wurde ich nach Ablauf der obligatorischen Kandidatenzeit und einem nicht vorgeschriebenen dritten Jahr als Mitglied in die SED aufgenommen. Das lag daran, dass ich zunächst nicht die beiden Genossen fand, die für mich, wie üblich, bürgten. Keiner kannte mich in Schwedt so richtig. Und ich räume ein, dass ich die Sache nicht forcierte. Als ich jedoch Bankdirektor und damit Nomenklaturkader wurde, zählten keine Ausflüchte mehr.

In den 60er Jahren gerieten die Gesellschaften in der Bundesrepublik und in der DDR in Bewegung. Die Nachkriegszeit war beendet, der Wiederaufbau im Wesenlichen beendet. Objektiv standen nunmehr gesellschaftliche und wirtschaftliche Reformen auf dem Programm.

Im Westen wurde vor allem die nicht aufgearbeitete braune Vergangenheit thematisiert, eine gewisse personelle Kontinuität in allen Bereichen war nicht zu übersehen. Sie war der Anlass für die Revolte der Studenten (»Unter den Talaren der Muff von Tausend Jahren«), die als 68er-Bewegung in die Geschichte eingehen sollte. Im Osten hingegen hatte man mit den Reformen in der Wirtschaft unter der Losung »Neues Ökonomisches System der Leitung und Planung« begonnen.

Auch in Schwedt wurde Neues ausprobiert, was uns reizte und befriedigte. Wir engagierten uns, im Unterschied zu vielen Altersgefährten in der Bundesrepublik, nicht gegen den Staat, sondern für ihn. Und damit für alle, die hier lebten. Ob ich nach Amerika reisen konnte oder nicht, war sekundär. Wir konnten uns in Schwedt verwirklichen, arbeitsmäßig *und* familiär, *das* war das Entscheidende für mich.

Wie alle anderen Arbeitskollektive standen wir von der Bank im »Ökulei«, dem »Ökonomisch-kulturellen Leistungsvergleich«. Sicherlich war bei diesem Brigadewettbewerb eine gehörige Portion Pflicht im Spiel, aber wir hielten dadurch als Kollektiv noch fester zusammen – und es kam tatsächlich etwas dabei heraus.

Als Bankdirektor musste ich zum Beispiel auch nachweisen: Was tust du für die Kolleginnen? Ich förderte die Frauen, indem ich sie zum Ingenieur- oder Ökonomiestudium delegierte und regelmäßig von der Arbeit freistellte.

Nicht weniger wichtig war unsere Arbeit als Patenbrigade. Wie jedes andere Arbeitskollektiv betreuten wir eine Schulklasse. Die Kinder sollten einen Einblick in die Arbeitswelt erhalten. Einmal im Monat besuchten uns die Schüler, oder einer von uns ging in die Klasse und erzählte dort von seiner Arbeit. Soziale Verantwortung war keine Phrase. Gab es bei einem der Kinder meiner Angestellten Probleme in der Schule, sagte ich: »Bleib mal 'ne Woche daheim und kümmere dich um den Bengel, bis der wieder Fuß gefasst hat.«

Viele meiner Mitarbeiterinnen und Mitarbeiter luden mich zur Einschulung oder zur Jugendweihe ihrer Kinder ein. Nicht aus Pflichtgefühl – sondern weil wir zusammengehörten.

Von der Großbaustelle zum Kombinat

Ein halbes Jahr nach ihrer Gründung war die Sonderbankfiliale im Zuge der Umgestaltung des Bankensystems dem Präsidenten der Deutschen Investitionsbank unterstellt worden. Zunächst konzentrierte sich ihre Arbeit ausschließlich auf den Bau des Erdölverarbeitungswerks, aus dem später das *Petrolchemische Kombinat* werden sollte.

Eine Besonderheit bestand darin, dass sämtliche Betriebe aus dem In- oder Ausland, die auf der Großbaustelle arbeiteten, ein Konto in der Sonderbankfiliale einrichten mussten, das den Stand jeglicher Vertragsbeziehungen – angefangen bei den Materiallieferungen bis hin zu vollbrachten Leistungen – widerspiegelte. Somit hatten wir stets eine präzise Übersicht über die tatsächliche Planerfüllung sowie die Inanspruchnahme der staatlich festgelegten Investitionsmittel. Sowohl dem Auftraggeber PCK als auch dem Auftragnehmer BMK war es also unmöglich, »Schönwetter-Berichte« abzugeben. Schließlich saß der Kontrolleur – sprich: die Bank – stets mit am Tisch.

Doch nicht nur wir konnten den Betrieben genau auf die Finger schauen. Ebenso hatte die Regierung – anders als zuvor beim Bau der *Schwarzen Pumpe* – ständig im Blick, ob wir effizient arbeiteten. Beantragten wir zum Beispiel höhere Refinanzierungsmittel als die staatlich veranschlagten Investitionen, bedeutete das, dass wir zu teuer bauten oder unvorhergesehene Verluste aufgetreten waren.

Als Direktor der Sonderbankfiliale war ich gegenüber der Regierung rechenschaftspflichtig und musste mich durch ständige Kontrollen auf der Baustelle vergewissern, dass die Verwendung der Mittel und Leistungen tatsächlich entsprechend der staatlichen Planung erfolgte.

In Schwedt wandten wir erstmalig das Prinzip der Generalauftragnehmerschaft an. Das heißt: Ein Betrieb, in unserem Falle das BMK, fungierte als Gesamtverantwortlicher für die Koordinierung sämtlicher Investitionen und damit als alleiniger Vertragspartner gegenüber dem Generalauftraggeber. Dieser war das Erdölverarbeitungswerk und spätere PCK. Der Generalauftragnehmer bediente sich des Generalprojektanten, der wiederum das Wirken sämtlicher nachgeordneter Projektanten organisierte.

Neben dem BMK arbeiteten auf der Großbaustelle über hundert weitere Betriebe aus dem In- und Ausland, welche jeweils *einem* übergeordneten Organ unterstanden. Der Generalauftragnehmer dagegen führte die gesamte Abnahme durch und rechnete später gegenüber dem Auftraggeber ab.

Während die ausführenden Betriebe auf ähnlich großen Baustellen bisher quasi nach Aufmaß gearbeitet hatten, erfolgte die Abrechnung in Schwedt konsequent nach Gebrauchswerten. Jeder Betrieb hatte am Ende eine Ware geschaffen, die dem nachfolgenden Betrieb als Ausgangsbasis für seine eigene Arbeit diente. Dazu bedurfte es ständiger Qualitätskontrollen. Da wir als Sonderbankfiliale den gesamten Aufbau des Werkes finanziell begleiteten, waren wir bei sämtlichen Abnahmen dabei. Konnte ich nicht selbst vor Ort sein, schickte ich meine Ingenieure.

Von jeder Teilabnahme wurde ein Protokoll angefertigt. Erst wenn dieses vom Nachauftragnehmer unterschrieben war, durfte der den Bau ausführende Betrieb gegenüber dem Auftraggeber abrechnen. Anhand des Abnahmeprotokolls konnte ich feststellen, ob der Rechnungssteller noch Restleistungen zu erbringen hatte. Nur wer seine Leistung vollständig erbracht hatte, bekam sein Geld von uns. Wer pfuschte, musste mit Preisabschlägen oder erhöhten Zinsen rechnen, die wir einsetzten, um die Mängel zu beheben.

Stellten wir bei Funktionsproben Mängel fest, hieß es nicht selten: »Ihr habt zwei Wochen Zeit, dann führen wir die nächste Abnahme durch.« Die Brigaden arbeiteten Tag und Nacht, um die Mängel zu beheben. Zog einer nicht mit, bekam er von seinen eigenen Leuten eins auf den Deckel, denn die wollten ihr Geld haben.

Dieses System, das wir bei allen späteren Investitionen in der Stadt beibehielten, bedeutete eine neue Invest-Gesetzgebung von unten. Geregelte Arbeitszeiten galten nur, wenn die Arbeit in dieser Zeit tatsächlich bewältigt wurde. Falls erforderlich, machten auch wir in der Bank die Nacht zum Tag. Besonders gegenüber Firmen aus dem westlichen Ausland durften wir uns keinerlei Blöße geben, ging es doch hier um harte Valuta.

So erzogen wir uns in Schwedt gegenseitig zu Qualität. Bank und Betriebe arbeiteten Hand in Hand. Mit vereinten Kräften zogen wir dieses gewaltige Werk hoch. Eine bessere Zukunft vor Augen, erschienen uns all die anderen Dinge nebensächlich.

Um den Fertigstellungstermin einzuhalten und die Arbeitsabläufe so effizient wie möglich zu gestalten, bedienten wir uns in Schwedt der Methode des kritischen Pfades (*Critical-Path-Method* [CPM]). Ihr Kern: der kürzeste Weg zur Erreichung des Ziels. Für jeden Arbeitsschritt mussten wir Schlupfzeiten einplanen – gesetzt den Fall, eine Lieferung blieb aus oder eine Havarie trat auf. Für solche Fälle zeigte das Netzwerk Alternativen auf, die garantieren sollten, dass der Endtermin gehalten wird. Notfalls musste das gesamte Netzwerk neu berechnet werden. Jeder dieser Pläne, von denen etliche in den Schränken unserer Bankbaracke lagerten, nahm auseinandergefaltet eine zimmergroße Fläche ein.

Dass die Netzwerktechnik in Schwedt zum Einsatz kam, war das Verdienst von Karlheinz Martini, dem Chef des Generalauftragnehmers BMK. Martini war klug und sympathisch. Ausgerüstet mit den in Schwedt gesammelten Erfahrungen leitete er später, als Staatssekretär im Ministerium für Bauwesen, den Aufbau des Palastes der Republik. Leider ging er nach der Wende völlig unter, wie viele, die den über sie hereinbrechenden Ereignissen seelisch nicht gewachsen waren.

Nachdem wir den Bau des Werkes erfolgreich abgeschlossen hatten, fassten wir unsere Erfahrungen in einem Forschungsbericht zusammen. Für diese Arbeit über die Invest-Tätigkeit der DDR erhielten wir eine Forschungsprämie. Von meinem Anteil kaufte ich meinen ersten Trabi. Mit noch größerem Stolz erfüllte mich die Verleihung der *Verdienstmedaille der DDR*, für die es zwar kein Geld gab, doch ihr symbolischer Wert war ungleich bedeutender.

Die Schwedter Sonderbankfiliale erlebte im Rahmen der Strukturveränderungen des Bankensystems in der DDR sämtliche Etappen mit: über die *Industrie- und Handelsbank* bis zur *Staatsbank*. Von 1967 bis 1974 wurde der kommerzielle Teil der *Noten-* und der *Investitionsbank* zusammengelegt. Die Filialen agierten unter dem Dach der *Industrie- und Handelsbank* als relativ eigenständige Geschäftsbanken. Unsere Aufgaben gliederten sich nach dem Regional- und dem Produktionsprinzip. So waren wir zugleich Industriebankfiliale für das BMK und Kreisfiliale für das Erdölverarbeitungswerk sowie einige weitere Betriebe der Stadt.

Ab Mitte der 60er Jahre bauten wir unsere Funktion als Kreisfiliale für die gesamte Stadt Schwedt aus. Damit finanzierten wir alle hier ansässigen Betriebe und waren voll in den Aufbau der Stadt, einschließlich des Wohnungsbaus, integriert. Das hieß, wir mussten als Banker weit über unseren Tellerrand hinausblicken.

Gewichtige Veränderungen kamen auf uns zu, als um das Jahr 1970 die *Vereinigungen der Volkseigenen Betriebe* (VVB) aufgelöst und in industrielle Kombinate umgewandelt wurden. Waren die VVB reine Verwaltungsorganisationen ohne einen eigenen, zentral geleiteten Produktionsablauf gewesen, besaßen die Kombinate eine jeweils eigene Produktionsstruktur, vergleichbar den Großkonzernen, die sich in der westlichen Welt entwickelten.

Was die *VVB Mineralöle* anbetraf, stand fest, dass sowohl das *Leuna-Werk* wie auch *Buna* ein eigenes Kombinat bilden würden. Alle übrigen erdölverarbeitenden Betriebe lagen über die gesamte DDR verstreut. Die größten befanden sich in Zeitz, Böhlen und Schwedt.

Nun entbrannte ein heftiger Streit zwischen Böhlen und Schwedt um den Sitz des Kombinats. Als Schwedter Bankdirektor mischte ich mich in diesen Streit ein. Da der Staatssekretär für Chemische Industrie, Karl Kaiser, früher als Präsident der *Industrie- und Handelsbank* mein Chef gewesen war, verfügte ich über einen guten Draht nach oben und konnte davon ausgehen, dass meine Argumente angehört wurden.

Für Schwedt sprach, dass bei uns die Erdölleitung *Freundschaft* endete, die längste Pipeline der Welt. Mit den anderen Chemiestandorten waren wir durch Erdöl- und Produktpipelines vernetzt. Zudem sollte ein Großteil der geplanten Chemie-Großanlagen am Standort Schwedt umgesetzt werden.

Meiner Argumentation folgend, wurde Schwedt zum 30. Dezember 1970 Stammbetrieb des neuen *Petrolchemischen Kombinats*. Damit stieg Betriebsleiter Werner Frohn zum Generaldirektor des Kombinats auf. Ihm oblag die Oberbefehlsgewalt über die nachgeordneten Betriebe: die Mineralölverbundleitung Heinersdorf, die Erdölverarbeitungswerke Böhlen und Zeitz, das Schmierstoffwerk Lützkendorf, das Teerwerk Erkner sowie die kleineren Betriebe Rositz, Klaffenbach, Mieste und Völpke.

Fortan waren wir als Industriebankfiliale für die finanzielle Betreuung des gesamten Kombinats zuständig. Als Schwedter Bankdirektor ging ich in allen nachgeordneten Betrieben ein und aus. Egal, was geschah, ich steckte immer mittendrin.

Währung und Wahrheit

Eines Nachmittags Ende der 60er Jahre, ich saß in meiner Baracke, klingelte das Telefon.

»Most.«
»Tach, hier ist Herbert Weiz.«
»Wer ist dort, bitte?«
»Herbert Weiz.«

Sofort stand ich stramm. Diese Situation muss man sich vorstellen: Ich junger Spund werde vom stellvertretenden Ministerpräsidenten Weiz, Minister für Wissenschaft und Technik, persönlich angerufen! Meiner Sekretärin hatte er nicht gesagt, wer er sei, und sie hatte das Gespräch einfach durchgestellt.

»Grete Wittkowski sagt: ›Die Chemie kriegt zuviel Geld, und es kommt dabei zu wenig raus.‹«

Grete Wittkowski war die Chefin der *Staatsbank*. Zwar unterstand die Schwedter Sonderbankfiliale bis 1967 der *Investitionsbank*, aber ihr Name war mir natürlich ein Begriff. Auf Ihren Vorschlag hatte das Politbüro beschlossen, eine Sonderkommission einzusetzen, die Wittkowskis Vorstoß näher untersuchen sollte.

»Die Genossen sind der Meinung«, teilte mir Weiz mit, »dass du in dieser Gutachterkommission mitarbeiten musst. Es sind zehn Mann berufen. Ihr habt vier Wochen Zeit. Melde dich am Montag im Ministerrat. Wir organisieren Übernachtung und alles Weitere. Papier brauchst du nicht mitzubringen. Das Gutachten wird als Geheime Verschlusssache hier ausgearbeitet.«

Also marschierte der kleine Edgar Most als Mitglied der Sonderkommission in den Ministerrat. Da saß ich nun im Haus der Ministerien: zu meiner Rechten und zur Linken Professoren der Akademie der Wissenschaften, von Universitäten und aus dem Staatlichen Büro für Begutachtung. Ich war der Einzige, der vor Ort für die Chemie tätig war.

Am ersten Tag verkündete uns Weiz die Aufgabenstellung: »Untersuchen Sie, ob das Urteil der Genossin Wittkowski richtig oder falsch ist – und welche Wege das Politbüro Ihrer Meinung nach beschreiten sollte! Jeder schreibt auf, was er für richtig hält, ohne Vorbehalte, ohne Namen. Lassen Sie sich nicht daran hindern, ihre persönlichen Einsichten darzulegen – auch nicht durch Parteibeschlüsse, wenn diese Ihrer Meinung nach falsch sind.«

Das war eine klare Ansage. Nach anderthalb Tagen sollten wir unsere Entwürfe diskutieren.

Für die Aufzeichnungen erhielt jeder ein rotes Buch, auf dem stand: »Geheime Verschlusssache, nur für das Zimmer X.« Wenn man das Zimmer verließ, blieb alles dort, man durfte nichts mit auf den Flur nehmen, keine Aufzeichnungen, gar nichts.

Ich schrieb mir alles von der Seele. So zumindest hatte *ich* die Aufgabenstellung verstanden. Zwei Tage später hieß es: »Genossen, ich denke, jeder trägt seine Grundgedanken hier mal vor.« Alle anderen waren zuvor in die Erarbeitung republikweit geltender Beschlüsse integriert gewesen. Ich war in dieser Beziehung völlig unerfahren, also sagte ich frei von der Leber weg meine Meinung: »Was die Produktion angeht, sollten wir sicher einige Standortfragen neu stellen. Wissenschaft und Technik dagegen müssen wir republikweit *noch mehr* fördern! Vor allem müssen wir dafür sorgen, dass die Forschungsergebnisse schneller materiell umgesetzt werden und nicht jahrelang in Laboren herumliegen.« Anschließend äußerte ich mich zu Schwedt und den anderen Chemiestandorten, soweit ich es mir meinem Kenntnisstand zufolge erlauben konnte. Das Credo meines Vortrags lautete: »Meiner Meinung nach bekommt die Chemie unterm Strich nicht zu viel, sondern zu wenig Geld.«

Hatte ich geredet, wie mir der Schnabel gewachsen war, formulierten meine Gremiumskollegen ihre Gedanken äußerst vorsichtig und ausgewogen. »Das kann ja was werden«, dachte ich.

Dann hieß es: »Wir bilden drei Arbeitsgruppen.« In diesen sollten wir unsere Einzelbeiträge in eine geschlossene, einheitliche Form gießen. Von nun an beehrte uns jeden Tag ein anders Politbüromitglied. Gerhard Grüneberg, Sekretär für Landwirtschaft, machte den Anfang. »Wie kann die Agrochemie noch mehr Düngemittel produzieren?«, wollte er wissen. »Und wie sind Landwirtschaft und Chemie miteinander verflochten?« Das waren immerhin wichtige Gesichtspunkte für die Landwirtschaftlichen Produktionsgenossenschaften. Dann kam Gerhard Schürer, der Chef der Plankommission – und schließlich Günter Mittag persönlich. Mittag war Leiter des Büros für Industrie- und Bauwesen beim ZK und seit 1966 Mitglied des Politbüros.

»Also, Genossen, ihr schreibt wirklich alles genau auf, klar?« Sofort fügte er hinzu: »Aber die Unterlagen zur synthetischen Eiweißgewinnung, die findet ihr bei Schürer, nicht bei mir.«

Ich dachte: »Was ist das jetzt?« Schließlich begann ich zu ahnen: Die hatten Angst, dass wir konkret sagen: »Dieser oder jener Beschluss ist falsch.«

Die synthetische Eiweißgewinnung war eine Pionierleistung der chemischen Industrie der DDR. Getrieben vom Mangel an Eiweiß aus Fischmehl und dem Sojabohnen-Embargo der Amerikaner hatten wir es als einziges Land der Erde geschafft, ein industrielles Herstellungsverfahren zu entwickeln. Die Eiweißgewinnung war für uns so wichtig wie für die Großmächte die Atombombe. Während letztere Menschenleben vernichtete, konnten wir mit den Ergebnissen unserer Forschung die Menschen ernähren. Forschung und Investition hatten jedoch immense Summen verschlungen. Hatte Mittag womöglich aufgrund der gewaltigen Kosten kalte Füße bekommen?

Die Besuche der hohen Genossen mit ihren ängstlichen Fragen und beiläufigen Bemerkungen bezüglich ihrer Politikerkollegen nahmen kein Ende. Tag für Tag wurde mir klarer: Die Herren haben vor allem Angst um ihren Stuhl. Von unserem Gutachten erwarten sie eine Bestätigung ihrer Politik. Das Schlimme daran war: Meine Kollegen aus der Gutachterkommission sahen die Sache genauso wie die Politiker.

»Weißt du was, Genosse Most«, bekam ich zu hören, »wenn du auf deiner eigenen Meinung bestehst, gib sie doch gesondert an den Genossen Honecker!« Der war seinerzeit 2. Sekretär des ZK der SED und hatte, erinnere ich mich richtig, die ganze Aktion angeleitet.

Ich dachte, ich höre nicht recht. Da bekam ich die Chance, die Obrigkeit von der Richtigkeit einer Sache zu überzeugen, und niemand wollte es hören. Das war bitter.

So schnell gab ich jedoch nicht klein bei. Ich ging zu Grete Wittkowski und sagte: »Soweit ich weiß, sorgten Sie als Chefin der *Staatsbank* mit dafür, dass ich in dieser Gutachterkommission sitze. Ich will ehrlich sein: Ich spüre, hier kommt unterm Strich nicht wirklich etwas raus. Jeden Abend besucht uns ein anderes Politbüromitglied und will hören, wie weit wir sind. Und jeder sagt, bei wem dies oder jenes, möglicherweise belastendes Material im Panzerschrank liegt.«

»Lassen Sie sich nicht einschüchtern, Genosse Most. Auf dem Gebiet der Petrolchemie sind Sie wohl der Einzige, der wirklich durchsieht.«

»Aber zu den anderen Punkten dieses Gutachtens habe ich auch eine Meinung.«

Dazu sagte sie nichts. So schloss ich mich in den wesentlichen Punkten den anderen an, erreichte noch, dass dieser und jener Satz in meinem Sinne abgeändert wurde, und das war's! Zähneknirschend setzte ich meine Unterschrift unter das von uns verfasste Papier.

Unser Gutachten wurde auf dem nächsten Parteitag lobend erwähnt: »Es ist gut, dass es Genossen gibt, die kritisch mit der Wahrheit umgehen und, davon ausgehend, neue Gedanken entwickeln.«

»Guck an«, dachte ich mir, »jetzt werden wir sogar noch gelobt. Und du wolltest dieses Gutachten nicht einmal unterschreiben, weil du es für nicht ausreichend hieltst.« Der schale Beigeschmack wegen des eher laxen Umgangs mit der Wahrheit blieb bestehen, und es sollte in dieser Hinsicht längst nicht mein letztes Erlebnis bleiben.

Ein- bis zweimal jährlich legte der Werkleiter des PCK auf einer von der Gewerkschaft organisierten Versammlung Rechenschaft ab. Dabei ging es um den Stand der Planerfüllung, konkret: um Plus oder Minus. Als Bankdirektor wusste ich, was die Kontostände anging, natürlich alles besser.

Auf einer dieser Versammlungen ging es um die Düngemittelfabrik. Aufgrund permanenter Produktionsausfälle war sie weit davon entfernt, das Plansoll zu erreichen. Im Gegenteil: Die Defizite in der Herstellung zogen eine stetig wachsende Überschuldung des Betriebs nach sich. Jeder aus der Leitung wusste es – doch niemand sprach es aus. Mich quälte die Frage: Wie kriege ich unter diesen Umständen jemals meine Kredite wieder rein?

Diesen Gedanken im Kopf, saß ich im Präsidium wie auf Kohlen. Endlich kam ich an die Reihe. Zunächst stellte ich fest, dass im Großen und Ganzen alles gut und schön war – um schließlich zur Düngemittelfabrik zu kommen. Ich schloss mit den Worten: »Was ihr hierzu vom Werkleiter gehört habt, könnt ihr getrost vergessen. Ihr seid praktisch pleite.«

Da erhob sich im krachend vollen Saal ein Arbeiter im blauen Monteursanzug und rief: »Was soll das, Bankdirektor, hören Sie nicht mittendrin auf! Jetzt wollen wir die ganze Wahrheit hören.«

»Ich bin weder Bauingenieur noch Chemiker«, erwiderte ich mit zitternder Stimme. »Ich kann Ihnen nur sagen, wie das Problem auf dem Konto aussieht, das ich in der Bank führe.«

Anhand der Zahlen fasste ich zusammen, wo es meiner Meinung nach nicht stimmte. »Ehrlich gesagt«, fügte ich hinzu, »weiß ich auch nicht, wie wir das lösen und jemals in die schwarzen Zahlen kommen sollen.«

Da brach im Saal Tumult aus. Den Arbeitern war klar: Wird der Jahresplan nicht erfüllt, gibt es keine Jahresendprämie. Und das war nur der Anfang ...

»Das gibt's ja wohl nicht!«, riefen sie ins Präsidium. »Wenn das so ist, müssen alle, die da vorne sitzen, abgelöst werden.«

Die Arbeiter waren fuchsteufelswild – und mir wurde mulmig. Völlig unüberlegt hatte ich meine Sorgen in den Saal hineingetragen und damit einen Erdrutsch ausgelöst. Aber die Wahrheit musste ans Licht!

Kein Wort mehr wollten die Arbeiter von ihrer Betriebsleitung hören. Auf ihren Druck hin wurde die Veranstaltung abgebrochen und der Werkleiter beauftragt, binnen vierzehn Tagen eine neue Versammlung einzuberufen, auf der die

Fakten auf den Tisch kamen. Das war Basisdemokratie pur, ausgelöst durch meinen unüberlegt ehrlichen Beitrag. Noch am selben Abend wurde ich mit einer Nierenkolik ins Krankenhaus eingeliefert, so sehr regte mich der Stein auf, den ich da losgetreten hatte.

Nun rollte er, und es musste etwas passieren. Die nächste Vollversammlung leitete der Minister persönlich. Er bedankte sich bei mir für meine Offenheit. Die Sitzung verlief in ruhiger Atmosphäre und ohne Schönfärberei. Anschließend wurde ein Spezialistenteam nach Schwedt beordert. Einige Monate später hatten sie dort sämtliche Probleme im Griff.

Ende 1971 – ich war gerade auf der Autobahn unterwegs – hörte ich im Radio, dass die Grenze zur Volksrepublik Polen für den visafreien Reiseverkehr geöffnet werden sollte. Zurück in Schwedt, erwartete mich der Anruf aus Berlin: »Ab 1. Januar ist die polnische Grenze offen. Hast du dir schon Gedanken über eine Wechselstelle gemacht?«

»Wo, bitteschön, soll ich hier eine Wechselstelle aufmachen?«, entgegnete ich. »Dazu muss ich in die Stadt ziehen, an die Straße nach Polen, am besten direkt vor die Oderbrücke.«

»In Ordnung, Edgar, mach mal. Aber vergiss nicht: In ein paar Tagen muss die Bude laufen.«

Wo sollte ich kurz vor Neujahr Panzerschränke auftreiben? Ich machte einen alten Privatbetrieb in Leipzig ausfindig, der schon in der Weimarer Republik Tresore gebaut hatte. Glücklicherweise kriegte ich dort jemanden an die Strippe.

»Wir haben noch zwei Schränke hier«, sagte der Mann, »die können Sie gern abholen.«

»Wunderbar, wie schwer sind die Dinger?«

»Ein paar Tonnen werden die schon haben, kommse am besten mit 'nem Tieflader.«

»Wunderbar.«

Doch wo bekam ich kurz vor Jahresende einen Tieflader her? Wenn überhaupt, dann über meine guten Beziehungen zum BMK: »Hört zu«, erklärte ich denen, »ich brauche dringend einen Tieflader nach Leipzig, der muss dort zwei Panzerschränke abholen. Außerdem muss ein Fundament gegossen werden, damit mir die tonnenschweren Kolosse nicht gleich in der Erde versinken.«

Das BMK ließ mich nicht im Stich. Quasi über Nacht rüsteten wir einen Zeitungskiosk zur Wechselstelle um und organisierten den Schichtbetrieb. Da wir viele Leute aus dem Westen und zahlreiche Reisekader – also Kollegen, die ins *Nichtsozialistische Währungsgebiet* (NSW) fuhren – auf der Baustelle hatten, benötigte ich nicht nur Zloty und DDR-Mark, sondern auch Dollar, Yen, Franc und Pfund. Pünktlich ab Neujahr 1972 konnte bei uns jeder tauschen oder Zahlungsmittel erwerben, so er konnte und durfte.

Für uns Bankleute war die Wechselstelle fortan *der* Anlaufpunkt nach jeder Mai-Demonstration. Wir saßen ja noch immer fernab auf dem Gelände des PCK – nun endlich hatten wir eine Außenstelle im Zentrum der Stadt. Mit einem Kasten Bier, ein paar Flaschen Schnaps und jeder Menge Bockwürste feierten wir unsere Aufbruchstimmung.

Neben dem Plan

Für die Beschäftigten des PCK war am Rand der Stadt, direkt am Wald, ein großes Neubaugebiet entstanden. Um vom Wohngebiet ins Werk zu gelangen, mussten alle einen großen Umweg fahren. Es fehlte eine Direktverbindung zur Kombinatsstraße – darüber waren sich alle einig. Eine solche Straße war jedoch im Plan nicht vorgesehen. Gemeinsam mit dem Schwedter Bürgermeister und Karlheinz Martini vom BMK beschloss ich: »Wir bauen die Straße trotzdem! Statt des Wohnungsbaukombinats baut das BMK die Straße – auf Eigeninitiative!«

Das musste natürlich unter uns bleiben. Kurzerhand »verpackten« wir unseren Straßenbau innerhalb des BMK-Plans.

Ich organisierte die Finanzierung. Für die Rückzahlung des Kredits unterbreitete ich Martini folgenden Vorschlag: »Bislang karrt ihr den Sand von der Kiesgrube Heinersdorf umständlich über Feld- und Waldwege zu euren Baustellen. Wenn ihr die neue Straße benutzt, verkürzt ihr den Transportweg um zwei Drittel. Aus dieser Einsparung heraus bezahlen wir die Straße.«

Genau so geschah es. Wir legten einen Teil der durch die Straße eingesparten Transportkosten auf jede Tonne Kies um. Keine anderthalb Jahre später war der Kredit zurückgezahlt. Wäre jemand über unsere Aktion gestolpert, hätte es einen Riesenkrach gegeben. So waren alle froh, dass die Straße existierte. Wir hatten bewiesen, dass man durch Eigeninitiative etwas bewirken konnte.

Nicht immer funktionierte das so reibungslos …

»Wir sind eine reine Schlafstadt«, beschwerte sich die junge Generation. Mit Aufbau Schwedt hatten wir eine Fußballmannschaft gegründet. Viel mehr hatte die Stadt nicht zu bieten. Wer ins Theater oder in die Oper gehen wollte, musste nach Berlin fahren. Als die Ruine des im Krieg zerstörten Schwedter Schlosses gesprengt wurde, hieß es: »Hier kommt irgendwann ein Theater hin, ein Kulturpalast.« Die Betonung lag auf »irgendwann«.

»Wir kriegen keine Leute mehr nach Schwedt, wenn wir ihnen nicht auch kulturell etwas bieten«, beschwerten wir uns bei der Bezirksleitung in Frankfurt/Oder. Die Genossen nickten zwar, stand jedoch die Jahresplanung und damit die Verteilung der Bilanztöpfe an, blieb für Schwedt und sein Kulturhaus nie etwas übrig. Also beschlossen wir, uns selbst zu helfen. Wieder trafen sich der Schwedter Bürgermeister, Martini und ich – dazu ein Volkskammerabgeordneter vom BMK und einige Vertreter großer Schwedter Betriebe. Schnell einigten wir uns: »Wir forcieren den Bau unseres Kulturhauses aus freien Kapazitäten des BMK heraus. Wir fangen jetzt einfach an und heben zumindest mal die Baugrube aus!«

Gesagt, getan. Um die Planerfüllung des BMK nicht zu gefährden, federten wir unsere Aktivitäten durch Überstunden ab. Niemand störte sich daran. Die Fundamente und der Rohbau standen bereits, als uns die Bezirksleitung auf die Schliche kam. Nun prasselten die Vorwürfe auf uns ein: »Wer hat das genehmigt? Wer hat das gebaut? Das gibt ein Parteiverfahren!«

Der Volkskammerabgeordnete vom BMK wurde abgestraft, mit ihm einige mittlere Leitungspersonen der beteiligten Betriebe. Sie bekamen einen Vermerk in ihrer Kaderakte – rausschmeißen konnte man sie nicht, waren sie doch zu hoch angebunden. Ich wurde zum Rapport nach Berlin beordert und schrammte haarscharf an einer Bestrafung vorbei. Letztlich kamen wir glimpflich davon. Immerhin hatten wir ein Zeichen gesetzt. Die Arbeit war begonnen. Und sie wurde fortgesetzt.

1978 öffnete in Schwedt eines der größten Volkstheater der Republik seine Pforten.

Auch wegen des Datschenbaus setzte ich mich beinahe in die Nesseln …

Jedes Wochenende fragten wir uns: »Wohin mit uns und den Kindern?« Wir sehnten uns nach einem Rückzugsort im Grünen. Wieder einmal galt es, sich selbst zu helfen.

Anfang der 70er Jahre pachtete die Bank vier Grundstücke am Üdersee in der Schorfheide, 50 Kilometer von Schwedt entfernt. Gemeinsam mit den Filialen in Frankfurt/Oder und Halle wollten wir auf dreien dieser Grundstücke Bungalows errichten. Doch woher sollte nichtbilanziertes Baumaterial kommen?

Eines Tages erhielt ich einen Anruf von einer Volkskammerabgeordneten aus Strausberg bei Berlin. Sie führte dort einen Handwerksbetrieb, der verstaatlicht werden sollte. »Herr Most, ich habe noch jede Menge Gasbetonsteine und -platten für Wände. Bevor die registriert werden, verkaufe ich sie lieber.«

»Ich nehme Ihnen alles ab«, erwiderte ich und rief im

BMK an: »Ich brauche dringend einen Lkw mit Hänger, der muss für mich eine Probefahrt machen.«

»Was für eine Probefahrt?«

»Sieh das mal so: Der Lkw war gerade in der Werkstatt und anschließend muss er eben eine Probefahrt machen. Verstehst du?«

Das BMK spielte mit. Wir fuhren das Baumaterial an den Üdersee. Glücklicherweise hatte ich nicht nur zwei Kraftfahrer in der Bank, sondern auch Ingenieure. Ich nahm meine Mitarbeiter beiseite und sagte: »Leute, wir legen alle Hand an, wir bauen unsere Datsche aus eigener Kraft.«

Meine Besatzung war sofort Feuer und Flamme. Die Ingenieure vermaßen alles, gemeinsam schachteten wir das Fundament aus. Ich besorgte einen Betonmischer. Auf einer unserer Touren rissen wir unterwegs eine alte Baracke ab und rüsteten deren Dachstuhl für unsere Datsche um. Ein halbes Jahr später stand unser Bungalow.

Obwohl wir die meiste Arbeit in unserer Freizeit geleistet hatten, bekamen wir Ärger. Vor Hans Taut, dem Präsidenten der *Investitionsbank*, musste ich mich für unseren eigenmächtigen Datschenbau verantworten.

»Wie kommst du dazu, eine Schwarzinvestition durchzuziehen?«, stellte er mich zur Rede. »Wo hast du so was bloß gelernt?«

»In Schwedt!«

Er schüttelte den Kopf. »Junge, wenn das einer mitkriegt, muss ich ein Disziplinarverfahren gegen dich einleiten, dazu ein Parteiverfahren.«

»Hans, was soll das?«, erwiderte ich. »Ich hab das Ding doch nicht für mich gebaut! Bei mir sitzen so viele junge Leute mit Kindern in der Bank. Die sind froh, wenn sie am Wochenende mal rausfahren können. Für die Bank bedeutet das eine höhere Produktivität.«

Zum Glück hatte ich keine kleinlichen Vorgesetzten. Taut nahm meine Erklärung schweigend entgegen.

Die Zauberformel

Parallel zu meiner Arbeit in der Bank trieb ich meine akademische Ausbildung voran. 1964 hatte ich das Fernstudium an der Fachschule Gotha als Betriebs- und Finanzwirt abgeschlossen. Mit dem Diplom in der Tasche bewarb ich mich an der *Hochschule für Ökonomie* (HfÖ) in Berlin-Karlshorst.

Dass ich mich während des vierjährigen Fernstudiums an der HfÖ auf die Fächer Geld- und Kreditwirtschaft konzentrierte, lag nahe. Erstaunlicher war schon, dass ich das für Banker eher untypische Wahlfach Chemische Technologie belegte. Bislang war ich den elitären »Weißkitteln« – den Chemie-Ingenieuren des PCK – in diesem Punkt hilflos ausgeliefert gewesen. Endlich verstand ich, *was* ich als Direktor der Sonderbankfiliale Tag für Tag finanzierte.

Alle zwei Wochen fuhr ich für einen Tag nach Berlin. Vormittags besuchte ich die Vorlesungen, am Nachmittag die Seminare. Eigentlich hätte ich vor oder nach jedem Tag in der Uni Anspruch auf einen Studientag gehabt. Das konnte ich mir angesichts meines Arbeitspensums in der Bank jedoch nicht leisten. Ich setzte mich stattdessen abends und am Wochenende hin. Dabei lernte ich vor allem eines: mich auf *den* Teil des Stoffs zu konzentrieren, der meine Berufspraxis betraf. Bei sämtlichen Hausarbeiten – selbst in Fächern wie Politische Ökonomie, Philosophie, Volkswirtschaft oder Statistik – suchte ich mir Themen, die mit meiner Arbeit in der Bank zusammenhingen. So konnte ich Theorie und Praxis miteinander verbinden.

Obwohl die Mathematik bislang zu meinen Stärken gezählt hatte, bekam ich in diesem Fach große Probleme. Kaum hatte ich eine Formel halbwegs erfasst, hatte der Professor sie auch schon wieder von der Tafel weggewischt und war längst ganz woanders – ich kam einfach nicht mit. Der Dozent kam von der Bergbauakademie Freiberg. Dort lehrten die besten Mathematiker der DDR. Ich ging zu ihm und sagte klipp und klar: »Zu Ihnen komme ich nicht mehr.«

»Hauptsache, Sie bestehen die Prüfung«, erwiderte er ungerührt.

Im Rechenzentrum des PCK arbeitete ein promovierter Mathematiker aus Angermünde, mit dem ich gelegentlich Schach spielte. Ich konnte gar nicht so schnell gucken, wie der mich matt setzte. Wenn mir einer helfen konnte, meine Matheprüfung zu bestehen, dann dieses Genie.

Ich ging zu meinem Kumpel Siegfried Janitzki, dem Chef des Rechenzentrums: »Du, ich brauch mal einen von deinen Leuten, und zwar den Heise. Mit dem spiele ich Schach. Der muss mir unbedingt helfen, ich hab ein Problem.«

»Heise? Das ist mein bester Programmierer«, erwiderte Janitzki. »Müssen wir irgendwo was optimieren und ich komme nicht weiter, frage ich ihn.«

»Optimieren? Passt großartig! Der Mann muss meine Matheleistungen optimieren. Wenn ich die Prüfung nicht bestehe, werde ich nicht zum Diplom zugelassen. Du kannst dir vorstellen, was mir blüht, wenn ich als Bankdirektor durch die Matheprüfung rausche.«

Als ich Heise die Lehrbriefe zeigte, meinte der: »Vergiss, was sie dir bisher eingetrichtert haben. Ich erkläre dir einen Rechenansatz, den du dir einprägst oder auf die Hand schreibst. Alles, was in den Textaufgaben steht, trägst du in diese Zielfunktion ein und rechnest sie aus. Damit sparst du mindestens zwanzig Minuten. Und hinten steht ein Ergebnis, das du zwar nicht verstehst, geschweige denn erläutern kannst – aber es stimmt immer.«

Das sollte hinhauen? Ich nahm mir einige Rechenaufgaben aus unseren Matheunterlagen vor, setzte alle Größen in jene Formel ein, rechnete – und siehe da: Das Ergebnis stimmte jedes Mal.

»Auf dieselbe Art ist die gesamte elektronische Datenverarbeitung aufgebaut«, erläuterte Heise. »Eines Tages wird jeder Mensch damit arbeiten, doch keiner kann dir mehr sagen, wie es funktioniert.«

Das Verrückte ist: Der Mann hatte recht.

Ausgestattet mit Heises Zauberformel, fuhr ich zur Prüfung nach Berlin – und war der Einzige im Seminar, der sie im ersten Anlauf bestand.

1972 schloss ich mein Studium als bester Absolvent des Studienjahrs ab.

Konten lügen nicht

Die Geldwirtschaft spiegelt die materiellen Prozesse einer Gesellschaft wider. Auch im Sozialismus konnte man überall lügen – nur nicht auf den Konten der Bank. Statistiken kann man je nach Wetterlage interpretieren. Konten hingegen verzeichnen entweder Guthaben oder Schulden.

Als Schwedter Bankdirektor musste ich regelmäßig vor dem Ministerrat Rechenschaft ablegen. Bei einem dieser Rapporte fragte mich der stellvertretende Ministerpräsident Kurt Fichtner: »Warum werden unsere ausländischen Investitionen eigentlich immer teurer?«

Die Antwort auf diese Frage war ebenso einfach wie schwierig: Im Wesentlichen ging sie zurück auf das Verhältnis der Binnenwährung zu den frei konvertierbaren westlichen Währungen. Dieses Verhältnis war ständigen Schwankungen unterworfen. Hieß es bei Gründung der DDR: »Wir sind nicht schlechter als der Westen«, sah die monetäre Situation ganz anders aus. Seit Mitte der 60er Jahre hinkte unsere Volkswirtschaft der westdeutschen zunehmend hinterher. Zu ungleich waren die Startbedingungen der beiden deutschen Staaten gewesen, zu unterschiedlich ihre Entwicklung verlaufen. Hatte Westdeutschland vom Marshallplan profitiert, mussten wir sämtliche aus dem Zweiten Weltkrieg resultierenden Reparationsleistungen an die Sowjetunion und Polen erbringen. Obendrein waren bis 1961 viele unserer Ingenieure und Fachleute über die offene Grenze in den Westen gegangen. Insgesamt hatten wir drei Millionen Menschen verloren. Nicht zu vergessen Embargo- und Boykottmaßnahmen des

Westens: Der Kalte Krieg wurde zu großen Teilen auf dem Feld der Wirtschaft geführt.

Trotz der widrigen Ausgangsbedingungen mussten wir uns dem Weltmarkt stellen. Um das zunehmende Missverhältnis zwischen unserer Binnenwährung und den westlichen Währungen auszugleichen, arbeiteten wir im westlichen Außenhandel seit Anfang der 60er Jahre mit dem sogenannten Richtungskoeffizienten. Zuvor hatte es länderspezifische Umtauschsätze für England, Frankreich, Japan etc. gegeben. Der Richtungskoeffizient, der sich an D-Mark und Dollar orientierte, regelte die Richtigstellung der Währung der Deutschen Demokratischen Republik gegenüber dem internationalen Niveau. Er wurde jedes Jahr neu bestimmt. Seine Berechnung galt als geheime Verschlusssache. Je höher der Richtungskoeffizient, desto gravierender unser Rückstand in der volkswirtschaftlichen Effektivität.

Innerhalb der im *Rat für Gegenseitige Wirtschaftshilfe* (RGW) zusammengeschlossenen Staaten arbeiteten wir ebenfalls mit einem spezifischen System: dem transferablen Rubel – einer fiktiven Währung, die wesentlich durch den sowjetischen Rubel und die Mark der DDR getragen wurde. Das lag daran, dass Ex- und Import zwischen Ostdeutschland und der Sowjetunion innerhalb des RGW die größten Außenhandelsposten bildeten und nicht alle Mitgliedstaaten die gleiche Produktivität erreichten. Wie der Richtungskoeffizient veränderte sich auch der Umrechnungsfaktor zwischen DDR-Mark und Rubel ständig. Im Jahre 1989 lag er bei knapp 1:5. Entsprechend werteten wir alles, was wir im Inland an Anlagen aus dem sozialistischen Wirtschaftsgebiet aktiviert hatten, um diesen Faktor auf.

Dass Kurt Fichtner mich Ende der 60er Jahre damit beauftragte, den Kostenanstieg unserer Investitionen zu analysieren, entlockt mir noch heute ein Schmunzeln. Schließlich hatte er die Einführung des Richtungskoeffizienten mit beschlossen – offenbar ohne die geringste Ahnung über dessen Hintergründe und Konsequenzen.

Da stand ich nun mit meinen 28 Jahren und erläuterte vor versammelter Mannschaft die Faktenlage. Doch wie erklärt man etwas, das man nicht aussprechen darf? Ich durfte ja nicht sagen: »Der Richtungskoeffizient bezeichnet den Rückstand der DDR gegenüber dem Westen.« In dieser Runde hieß es: »Grundlage der Verteuerung ist eine Richtigstellung der Währung der Deutschen Demokratischen Republik gegenüber dem internationalen Niveau.« Natürlich konnte sich jeder, der einigermaßen mitdachte, ausrechnen, was das bedeutete.

Lagen wir Mitte der 60er Jahre bei etwa 70 Prozent des westdeutschen Leistungs- und Effektivitätsniveaus, befanden wir uns 1989 bei wenig mehr als 30 Prozent. Der Hauptgrund für diese Entwicklung lag in der wirtschaftspolitischen Entwicklung der 70er und 80er Jahre. Walter Ulbricht war davon ausgegangen, dass die Akkumulationsrate – der Teil, der investiert wird – möglichst groß sein muss, um den Kapitalstock der Wirtschaft zu erhöhen. Er hatte Wert darauf gelegt, dass ein gewichtiger Teil des Nationaleinkommens für die produktive Erweiterung der Wirtschaft verwendet wird. So flossen unter seiner Federführung weit über 20 Prozent des Nationaleinkommens in die produktive Akkumulation. Damit lagen wir auch international gesehen weit vorn.

Das bedeutete jedoch auf der anderen Seite: Wir mussten den Gürtel enger schnallen. Das in die Wirtschaft investierte Geld konnte nicht mehr anderweitig ausgegeben werden.

Ulbrichts Nachfolger Erich Honecker war es dagegen wichtiger, die Konsumtionsrate – jenen Teil, der verbraucht wurde – stetig zu erhöhen. »Wir sind ein Arbeiterstaat«, sagten Honecker und seine Mannschaft. »Bei uns muss jeder eine bezahlbare Wohnung haben, eine gute medizinische Versorgung genießen und über eine gute Bildung verfügen.«

Dass Honecker mit seiner »Einheit von Wirtschafts- und Sozialpolitik« Ulbrichts Kurs der hohen Akkumulationsrate verließ, war nicht grundsätzlich falsch. Allerdings hätten die

Sozialausgaben erst einmal erwirtschaftet werden müssen. Honecker verteilte das Fell eines Bären, der noch gar nicht erlegt war. »Wie wir heute leben, haben wir nie gearbeitet«, lautete eine geläufige Verballhornung der Losung von Frida Hockauf aus den 50er Jahren »So wie wir heute arbeiten, werden wir morgen leben!«

Indem Honecker die Akkumulationsrate von Jahr zu Jahr herunterfuhr, fehlte der Wirtschaft zwangsläufig irgendwann das Geld, das wir in der Sozialpolitik ausgaben. Die Politik versäumte – übrigens nicht nur in der DDR – die Sozialsysteme auf ein solides Fundament zu stellen. Auch in der Bundesrepublik war der Sozialstaat bereits in den 70er Jahren im Grunde nicht mehr bezahlbar.

Die zu Beginn der 70er Jahre einsetzende Anerkennung der Deutschen Demokratischen Republik spielte Honecker und seinem neuen Kurs zunächst in die Hände. Jeder Staat, der die DDR völkerrechtlich anerkannte, gab ihr einen Wechsel. Die hohe Auslandsverschuldung führte dazu, dass wir plötzlich über genügend Geld im Inneren verfügten. Hätten wir dieses konsequent in Wirtschaft und Infrastruktur investiert, statt es einfach zu konsumieren, wäre eine ganz andere Entwicklung möglich gewesen.

Das hätte bedeutet: geringere Subventionen, höhere Lebenshaltungskosten. Werner Halbritter, der Leiter des Amtes für Preise, brachte – gemeinsam mit anderen Verantwortlichen – mehrere Vorschläge dazu im Politbüro ein. Die Dachdecker dieser Welt wollten davon nichts wissen. Sie fürchteten, es könnte wie 1953 kommen, als sowohl Arbeitsnormen als auch Marmeladenpreise derart anstiegen, dass die Leute auf die Straße gingen. Andererseits konnte es nicht sein, dass Bauern Brot an ihre Schweine verfütterten, weil es billiger war als Tierfutter. »Vorn alles geschenkt bekommen und hinten teuer verkaufen«, lautete vielerorts die Devise.

Doch über all den finanzstrategisch falschen Entscheidungen prangte die Losung: »Die Partei, die Partei, die hat immer recht!« Wie sollte man *das* kritisieren?

Wertschöpfung kontra Tonnenideologie

In den 60er Jahren hatten wir in Schwedt begonnen, das *Neue Ökonomische System der Planung und Leitung* – angeregt und durchgesetzt von Ulbricht, konzipiert von Erich Apel als oberstem Wirtschaftschef und Günter Mittag – in die Tat umzusetzen. Ziel des auf dem VI. SED-Parteitag 1963 beschlossenen Programms war die Reform der DDR-Volkswirtschaft. Apel betonte die herausragende Rolle des Geldes und der tatsächlichen Wertschöpfung. Aus heutiger Sicht würde ich sagen: Apel strebte eine sozialistische Marktwirtschaft an. Er wollte die Gesetze des Marktes unter sozialistischen Normen und Bedingungen wirken lassen.

Auch die von Apel geforderte höhere Eigenverantwortung der Betriebe und Kombinate sagte mir zu. Ich empfand die volle Verantwortung für die in Schwedt getätigten Investitionen als große Herausforderung. Schließlich richtete ich meine Kreditbilanz nach der Schöpfung materieller Werte aus. Stand am Ende des Produktionsprozesses eine Anlage, die eine hohe Wertschöpfung garantierte, war es richtig, dafür Geld auszugeben. War dies nicht der Fall, hätte ich das Geld zum Fenster rausgeworfen.

Apel hatte unter den Nazis als Chefingenieur bei der Entwicklung der V2 in Peenemünde mitgewirkt. Als die Amerikaner nach dem Krieg alle in ihrem Sektor lebenden namhaften Wissenschaftler in die USA abzogen, holten die Sowjets ebenfalls die besten Leute ihres Besatzungsgebiets nach Russland. Unter ihnen befanden sich Kapazitäten wie Manfred von Ardenne und Erich Apel.

Sechs Jahre war Apel in Russland gewesen. Während dieser Zeit hatte er mit eigenen Augen gesehen, was in der sowjetischen Wirtschaft funktionierte und was nicht. Auf der Grundlage dieses Wissens entwarf er sein System zum Aufbau des Sozialismus.

Zurück in der DDR stieg er, gefördert von Walter Ulbricht, schnell auf. Offenbar hatte der erkannt: Mit Apel kann ich einen eigenständigen sozialistischen Staat auf deutschem Boden aufbauen. Apel wurde Mitglied des Zentralkomitees, Kandidat des Politbüros, Wirtschaftssekretär im ZK, stellvertretender Ministerpräsident und schließlich Vorsitzender der Staatlichen Plankommission.

Unter Apels Einfluss konnte sich die DDR in den 60er Jahren wirtschaftlich enorm entwickeln. Entsprechend stark trat sie nach außen auf. Die Bürger lebten in bescheidenem, aber sozial gesichertem Wohlstand.

In Moskau beobachteten sie den von Ulbricht eingeschlagenen Reformkurs mit Argusaugen. Der sowjetischen Führung gingen die Bestrebungen der deutschen Genossen zur Veränderung ihres Sozialismus-Modells entschieden zu weit. Am 3. Dezember 1965, zwei Tage vor einer wichtigen Plenarsitzung der SED, tauchte Breschnew in Berlin auf. Der Hintergrund: Apel sollte das von der Sowjetunion diktierte Wirtschaftsabkommen für den Zeitraum 1966 bis 1970 unterschreiben, welches den wirtschaftlichen Sonderweg der DDR beendet hätte.

Zwischen den Plenarsitzungen ging Apel in sein Büro der Plankommission in der Leipziger Straße. Während des Mittagessens trank er des Öfteren einen Schluck Sekt für seinen Kreislauf. An jenem Tag war aus Apels Zimmer ein Knall zu vernehmen. »Ein Sektkorken«, dachte die Sekretärin. Sie täuschte sich. Apel hatte sich an seinem Schreibtisch in den Kopf geschossen.

Nach Apels Tod geriet die von ihm initiierte Entwicklung ins Stocken. Die Partei hatte endgültig über die Praxis gesiegt. Der Diktatur des Proletariats folgte die Diktatur der Partei. Ein Pyrrhus-Sieg, wie wir mittlerweile wissen.

Den Platz von Erich Apel besetzte nun Günter Mittag. Verkörperte Apel innerhalb des *Neuen Ökonomischen Systems* die Praxis, vertrat Mittag die Partei. Sämtliche wirtschaftspolitische Entscheidungen traf Mittag fortan persönlich – niemand sonst. Ulbricht verlor zusehends an Einfluss. Im Jahre 1971 wurde er gezwungen, »aus gesundheitlichen

Gründen« alle Ämter niederzulegen. Kurz bevor sie ihn ablösten, besuchte er noch einmal Schwedt. Die Leute vom ZK ließen uns wissen, wir bräuchten dem »Alten« gar nicht mehr zuzuhören. Zuvor hatte das Politbüro einen Brief zur Ablösung Ulbrichts an Breschnew geschrieben. Er triefte nur so vor Anbiederei gegenüber Moskau. Bei seinen Unterzeichnern handelt es sich genau um jene Leute, die bis 1989 am Ruder waren. Aus ihrer abgrundtiefen Unterwürfigkeit gegenüber Breschnew wird deutlich: Sie hatten mit einer eigenständigen DDR nichts am Hut. Unter Mittag und Honecker siegte die Tonnenideologie über die von Apel und Ulbricht favorisierte Wertschöpfung. Das bedeutete: Fortan zählte nur Quantität, nicht Qualität. Die Widersprüche zwischen den materiellen Bilanzen der Betriebe und den finanziellen Kennziffern wie Kosten, Gewinn und Kredit wurden immer größer.

Unter Druck

1972 – ich kam gerade von einer Kur zurück – fand ich einen Brief von meinem Kumpel Gerd aus Tiefenort, der inzwischen in Südafrika lebte. Als Bankdirektor hatte ich unterschreiben müssen, das ich keinerlei Westkontakte habe – und nun dieser Brief!

Vor den Jubiläumsfeierlichkeiten anlässlich des zehnjährigen Bestehens der Mineralöl-Verbundleitung fasste ich mir ein Herz und meldete mich bei den Sicherheitsbehörden. Dort erfuhr ich von einem Mitarbeiter, dass sie die Geschichte mit Gerds Brief längst kannten: »Wir warten schon auf dich.«

Bei der Feier am Abend saß jener Mann vom MfS neben mir im Ehrenpräsidium. Nach einigen Gläsern tat er mir seine Meinung über mich kund: »Du bist ein Opportunist.«

Als er mit mir anstoßen wollte, reichte es mir: »Danke. Ich trinke nicht.« Das stimmte sogar. Ich nahm ein starkes Nervenmedikament und durfte nicht trinken.

Das Alkoholverbot und die Kur hatten eine Vorgeschichte: In der *Internationalen Investitionsbank* in Moskau wartete eine hohe Funktion auf mich. Dass ich mit meinen 32 Jahren dazu auserkoren wurde, empfand ich als große Ehre.

Die *Internationale Investitionsbank* war keine reine RGW-Bank, an ihr beteiligten sich auch Länder, die nicht Mitglied im *Rat für Gegenseitige Wirtschaftshilfe* waren, etwa Jugoslawien und Schweden. Die Bank sollte als sozialistischer Gegenpol zum *Internationalen Währungsfonds* und zur *Weltbank* ausgebaut werden. In ihrer Satzung stand, dass ihre Gewinne der Dritten Welt zugute kommen sollten. Das imponierte mir. Nach den Jahren in Schwedt reizte mich das internationale Parkett.

Bevor ich den Posten in Moskau antreten konnte, musste ich einen Russisch-Intensivkurs absolvieren. Er dauerte etwa zwei Monate und sollte mich nicht nur in die Lage versetzen, Russisch zu verstehen, zu sprechen und zu schreiben, sondern auch russisch zu denken. Dazu wendeten sie in Brandenburg-Plaue, wo der Lehrgang stattfand, eine besondere Methode an: Jeden Tag lernte ich 32 Sätze. Diese wurden in immer kürzeren Abständen an die Wand projiziert – so lange, bis ich sie verinnerlicht hatte. Mittags gab es eine Stunde autogenes Training. Abends nahm ich die Sätze per Kopfhörer mit in den Schlaf – direkt ins Gehirn. Früh wurde ich auf Russisch geweckt. Tatsächlich hatte ich 70 Prozent des Pensums vom letzten Tag behalten.

Fuhr ich am Wochenende vom Lehrgang nach Hause, erledigte ich nebenbei meine Bankgeschäfte. Das ging vierzehn Tage gut, dann erlitt ich einen Nervenzusammenbruch, dazu eine Herzattacke – und hörte den Sargdeckel klappen.

Mein Körper wehrte sich gegen das, was ich ihm die vorangegangenen Jahre zugemutet hatte. Der Russisch-Lehrgang hatte das Fass zum Überlaufen gebracht. Ich war vollkommen kraftlos und seelisch derart am Ende, dass ich zu Hause aus dem Nichts heraus zu heulen anfing. In meiner Verzweiflung schloss ich mich in unserer Küche ein und drehte den Gashahn auf. Wäre meine Frau nicht zu Hause gewesen, würde ich heute nicht mehr leben ...

Im Krankenhaus schlugen sie die Hände über dem Kopf zusammen. Nicht nur der Lehrgang war für mich zu Ende: Gleich ein Dreivierteljahr wurde ich aus dem Verkehr gezogen. Meine Vorgesetzten bekamen Ärger, weil sie mich ohne Ruhephase nach Plaue geschickt hatten.

Folglich fuhr ich nicht zur *Internationalen Investitionsbank* nach Moskau, sondern zur Kur. Dort durfte ich weder fernsehen noch Zeitung lesen. Außerdem musste ich Pillen schlucken und komplett auf Alkohol verzichten.

Als ich zurückkam, erwarteten mich das Jubiläum der Mineralölverbundleitung, Gerds Brief und die Sicherheit.

Mit den Leuten vom MfS bekam ich nicht nur wegen Gerds Briefen zu tun. Auf der Großbaustelle, die von strategischer Bedeutung war, galten besondere Sicherheitsbestimmungen. Einmal wurde ich zum Privatleben meiner zweiten Sekretärin befragt. Sie hatte eine Oma im Westen, die ihre Garderobe mit Paketen aufbesserte. Nun hatte sie mit einem englischen Ingenieur angebandelt. »Der ruft gelegentlich bei uns an«, gab ich zu Protokoll.

»Und warum hast du das nicht weitergemeldet?«

»Entschuldigung, der Mann arbeitet hier auf der Baustelle. Außerdem kann ich nicht jedes Telefonat weitermelden. Da käme ich ja gar nicht mehr zum Arbeiten. Leute, da ist doch nichts weiter passiert.«

Auch Manfred Dehlers tragisches Schicksal gehört zum Thema Staatssicherheit in Schwedt. Bis zur Kombinatsgründung war er Chef des Erdölwerks. Das MfS legte ihm eine schöne Frau ins Bett, der er offenbar manches erzählte, über das er nicht hätte reden sollen. Er hatte den Test nicht bestanden. Dafür bekam er fünf Jahre. Absurd. Als er wieder rauskam, war ich bereits in Berlin.

»Mensch, Manfred!«, begrüßte ich ihn, als ich eines Tages seine Stimme aus dem Telefonhörer vernahm.

»Ich bin wieder draußen, alles okay soweit.«
»Hast du Arbeit?«
»Ja, ich fange im Bereich Chemie bei der Akademie der Wissenschaften an.«
»Ich ruf mal Martini an, dann gehen wir was trinken.«
Es sollte nicht mehr dazu kommen. Als Manfred Dehler am verabredeten Abend nicht erschien, schickten wir Martinis Kraftfahrer los. Der kam zurück mit der Nachricht: »Die Tür ist versiegelt.«
Anderntags stellte sich heraus, dass Dehler sich erhängt hatte. Ich kann das bis heute nicht fassen. Da hatte er die Jahre im Knast hinter sich gebracht und nahm sich das Leben? Ich erfuhr nie, was hinter seinem Freitod steckte.

Streit mit dem Staatsanwalt

Während einer der vielen Dienstfahrten zwischen Baustelle und Stadt kam uns ein Tieflader entgegen, der große Platten für den Wohnungsbau geladen hatte. Der Lkw hüllte die Straße in eine dicke Qualmwolke. Inmitten der Wolke knallte es, und ein Mopedfahrer lag auf unserer Motorhaube. Sofort wurde er mit Blaulicht ins Krankenhaus gebracht.
Der Kreisstaatsanwalt in Schwedt beantragte ein Schnellverfahren gegen meinen Kraftfahrer Kurt Drews und legte sich mächtig ins Zeug, um ihn so hart wie möglich zu bestrafen. Vermutlich wollte er ein Exempel statuieren, denn der Unfall ereignete sich kurz vor einer Wahl.
Das Verfahren verlief alles andere als ordnungsgemäß. Das fing schon damit an, dass der Unfall überhaupt nicht richtig aufgenommen worden war. Ich trat bei dem Prozess für meinen Kraftfahrer ein. Daraus wollte mir der Staatsanwalt einen Strick drehen: Wie konnte ich als Bankdirektor gegen den Staat antreten? Zumal die Anklage sich darauf eingeschossen hatte, meinen Kraftfahrer in die Pfanne zu hauen.

Ich wollte vor Gericht sachlich diskutieren, doch der Staatsanwalt zog sämtliche Register, um Drews und mir eins auszuwischen. Dabei ging es weder um Drews noch um den Mopedfahrer, der mir unheimlich leidtat, und schon gar nicht um den Unfall. Zufälligerweise arbeitete die Tochter einer Bankmitarbeiterin in dem Krankenhaus, in dem der Verunglückte lag. Meine Kollegin erzählte mir, der Mopedfahrer, der sich ein Knie verletzt und etliche Knochen gebrochen hatte, habe ihrer Tochter am Krankenbett gestanden, es sei seine Schuld gewesen. Er beschrieb ihr den Unfallhergang genau so, wie wir ihn dargestellt hatten. Das konnte ich vor Gericht natürlich nicht vorbringen. Immerhin bestärkte mich ihre Erzählung darin, dass mein Kraftfahrer unschuldig war.

Das Urteil indes lautete: Schuldig! Zwei Jahre Haft in Stendal, ohne Bewährung.

Als ich Drews im Gefängnis besuchte, war ich schockiert. Bislang war er ein lebenslustiger Mensch gewesen. Jetzt traf ich auf einen gebrochenen Mann. Er hatte bei der Gefängnisarbeit sämtliche Normen verbessert und sich dadurch den Zorn seiner Mithäftlinge zugezogen. Es war offensichtlich, dass sie ihm nicht nur gedroht hatten ... Nach meinem zweiten Besuch in Stendal wusste ich: Das steht er nicht durch, der Mann geht kaputt. Ich muss was tun!

Als ich das nächste Mal in Berlin zu tun hatte, suchte ich Generalstaatsanwalt Josef Streit auf. Mit meinem roten Ministerratsausweis, den ich als Bankchef in Schwedt besaß, gelangte ich bis in sein Sekretariat.

»Ich muss unbedingt den Staatsanwalt sprechen«, ließ ich seine Sekretärin wissen.

»Sind Sie angemeldet?«

»Nein, aber ich wäre nicht hier, wenn ich nicht ein Anliegen hätte, das keinen Aufschub duldet. Glauben Sie mir, es geht um Leben und Tod!«

Die Sekretärin wollte mich nicht durchlassen. Da öffnete Streit die Tür: »Was gibt's denn?«

»Mein Name ist Most, ich bin der Bankdirektor von Schwedt an der Oder und benötige dringend Ihren Rat.«

»Dann kommen Sie mal rein«, wies er mir den Weg in sein Büro.

Nachdem ich ihm den Fall geschildert hatte, stellte er mir drei Fragen: »War der Mann vorbestraft?«

»Nein.«

»War er besoffen?«

»Nein.«

»Hatte er zuvor schon andere Verkehrsdelikte?«

»Nein.«

Der Generalstaatsanwalt schüttelte den Kopf: »Ja, warum ist er dann überhaupt eingesperrt worden?«

»Der hätte überhaupt nicht verurteilt werden dürfen«, erwiderte ich, »höchstens auf Bewährung. Aber wir haben da einen Staatsanwalt in Schwedt, der will Sie wahrscheinlich mal ablösen. Bei der Gerichtsverhandlung stauchte er mich zusammen, als ich versuchte, Ordnung in die Sache zu bringen.«

»Ich hole mir die Akten. Wenn es sich so verhält, wie Sie sagen, verspreche ich Ihnen, wird das Urteil revidiert. Die Freilassung aus dem Gefängnis kann allerdings nur der Staatsanwalt beantragen, der Klage erhoben hat.«

Seit diesem Tag war ich nicht mehr gut gelitten in Schwedt. Der Fall sprach sich bei Partei- und Staatsfunktionären schnell herum, von der Kreisleitung angefangen. Manch einer trug mir noch lange nach, dass ich den Generalstaatsanwalt eingeschaltet hatte. Plötzlich hatte ich in Schwedt etliche Leute gegen mich, die zuvor auf meiner Seite gestanden hatten.

Die Freilassung indessen zog sich hin. Weil sich nach einer Weile noch immer nichts tat, rief ich beim Schwedter Staatsanwalt an: »Streit hat mir zugesichert, die Entlassung meines Kraftfahrers soll kurzfristig über die Bühne gehen.«

»Also, wann der rauskommt, das entscheide immer noch *ich*, Genosse Most!«, wies der mich zurecht.

»Deswegen rufe ich Sie ja an. Wenn Sie die Rehabilitierung meines Kraftfahrers weiter hinauszögern, stelle ich einen Strafantrag gegen Sie!«

Im Herbst hatte die Geschichte begonnen, mittlerweile war es kurz vor Weihnachten. Dieser Kerl brachte es tatsächlich fertig, meinen Mann über Weihnachten im Knast schmoren zu lassen. Zwischen Weihnachten und Neujahr bequemte er sich, nach Stendal zu schreiben: Der Mann darf entlassen werden – allerdings erst, wenn Herr Most nachweist, dass es eine neue Arbeit für ihn gibt.

Nun hatten sie ihm den Führerschein weggenommen, und es dauerte eine Weile, bis er einen neuen beantragen durfte. Ich konnte ihn also nicht als Kraftfahrer einstellen, was ich andernfalls sofort getan hätte. Also rief ich im BMK an: »Ihr müsst mir helfen. Ihr braucht doch sicher Großgerätefahrer. Dazu benötigt man keine Fahrerlaubnis, und ich habe da einen Mann, der braucht dringend Arbeit.«

Sie stellten meinen Kraftfahrer ein. Damit war die letzte Hürde genommen, und Kurt Drews kam zwei Tage nach Silvester aus der Haftanstalt.

Die Haft hatte ihn indes derart mitgenommen, dass sein Körper nicht mehr mitspielte. Mit fünfzig Jahren kippte er um und war auf der Stelle tot. Diese Geschichte lehrte mich gründlich das Gruseln.

Nichtsdestotrotz: Was ich in Schwedt im lebendigen Zusammenspiel von Theorie und Praxis gelernt habe, lasse ich mir von niemandem nehmen oder schlechtreden! In vielerlei Hinsicht war Schwedt meine wahre Universität. Die Widerspruchsdialektik und Kybernetik, die man mich lehrte, konnte ich in der Praxis erproben. Bauernschläue, dickes Fell und den Willen, etwas durchzusetzen und zu verändern, habe ich in diesen Jahren erworben. Wie wichtig das für mein späteres Leben war, sollte ich erst später begreifen.

Als ich den DEFA-Spielfilm *Spur der Steine* mit Manne Krug in der Hauptrolle sah, wusste ich: Ja, genau *so* war unsere Zeit! Im Geiste sah ich mich noch einmal als jungen

Bankdirektor – unrasiert, in Wattejacke und Filzstiefeln – über die Baustelle stapfen, um mitten im eisigen Winter meine Kontrollen durchzuführen.

Wir wollten als erste Generation nach dem Krieg die Welt vom Kopf auf die Füße stellen und etwas Neues schaffen. In uns spürten wir eine unbändige Kraft. Ich zehre noch heute von diesem Gefühl. Dabei wollte ich anfangs gar nicht in jene trostlose Gegend gehen.

Heute denke ich: Was wäre wohl aus mir geworden – *ohne* dieses Schwedt?

Nach Berlin!

Im Kollegium der »Staatsbank«

Nachdem sich die Sache mit der *Investitionsbank* in Moskau zerschlagen hatte und ich wiederhergestellt war, erhielt ich 1973 von Kurt Morgenstern, dem stellvertretenden Präsidenten der *Staatsbank*, den Auftrag, nach Berlin zu gehen. Ich sollte das *Berliner Stadtkontor* übernehmen, die Hauptstadtfiliale der *Staatsbank*. Ich zögerte, doch meine Frau war froh, wieder nach Berlin zu kommen, wo ihre Mutter lebte.

Als ich das nächste Mal nach Berlin bestellt wurde, hieß es: »Du bist nicht durch die Bezirksleitung bestätigt!« Der Posten war eine Nomenklaturfunktion der Bezirksleitung der SED. Deren Vorsitzender, Konrad Naumann, wollte einen Berliner für dieses Amt, keinen Thüringer. »Der kennt ja die Innereien von Berlin nicht«, hieß es.

Inzwischen hatte ich mich bereits nach Wohnung und Garage umgesehen, was alles andere als einfach gewesen war – und nun war alles für die Katz. Ich blieb in Schwedt.

1967 hatten wir das zweistufige Bankensystem eingeführt. Es bestand aus einer Zentralbank sowie Geschäftsbanken. Die Industrie- und Handelsbank sollte die Wirtschaft finanzieren – und kontrollieren. Damit war sie einflussreicher als die Staatsbank, die sich nur mehr mit Währungs- und Geldpolitik beschäftigte. Das passte einigen Genossen nicht. Es hieß, die Partei dulde keine selbstständigen Geschäftsbanken. Alles müsse wieder unter das Dach der *Staatsbank* zurück. So kam es auch. 1974 wurde die *Staatsbank* neu strukturiert – und ich wiederum nach Berlin beordert.

»Du kommst in die Zentrale«, hieß es nun. »Du wirst Sektorenleiter Chemische Industrie und stellvertretender Abteilungsleiter Grundstoffindustrie.«

So also kam ich, ehe ich mich's versah, doch nach Berlin. Fürs Erste zog ich in die Einzimmer-Plattenbauwohnung meiner Schwiegermutter und nächtigte auf einem sogenannten Russenbett. Meine Frau und die Kinder blieben in Schwedt. Ich besuchte sie, sofern es mir die Arbeit ermöglichte, an den Wochenenden.

Nun hieß es seitens der *Abteilungs-Parteiorganisations-Leitung*: »Erstens wirst du stellvertretender APO-Sekretär, und zweitens gehst du in die Kampfgruppe!«

»Ich gehe erst da rein, wenn ich eine Wohnung in Berlin habe«, erwiderte ich. Damit war die Kampfgruppe vom Tisch.

Drei Jahre später stand ich trotz Antrag beim Ministerrat noch immer ohne Wohnung da. Ich ging zu Horst Kaminsky, dem Präsidenten der *Staatsbank,* und erklärte ihm: »Ich habe alle meine Verpflichtungen ohne Murren erfüllt und stets getan, was ihr von mir wolltet. Nach drei Jahren ist jetzt Schluss. Ich gehe zurück nach Schwedt.«

»Ich bitte dich um einen Tag Bedenkzeit«, antwortete er.

Anschließend sprach er bei Willi Stoph vor. 24 Stunden später hatte ich eine Vierzimmerwohnung in der Leipziger Straße, im sechzehnten Stock mit Blick in alle Himmelsrichtungen, direkt gegenüber von Axel Springer. In dem Haus wohnte reichlich Prominenz, in der Wohnung über uns zum Beispiel der Staatssekretär für Kirchenfragen, Klaus Gysi. Es gab aber natürlich auch Mieter, die bei den Sicherheitsorganen waren.

Meine Familie war glücklich, dass es nun endlich nach Berlin ging. Ich selbst fühlte mich in der Hauptstadt nicht ganz so wohl, hatte mich aber inzwischen an vieles gewöhnt. Im Jahre 1977 zogen wir endgültig um.

Nun kamen die Genossen wieder: »Genosse Most, jetzt musst du in die Kampfgruppe.«

»Wenn ich umgezogen bin«, vertröstete ich sie. So viel Zeit musste nach den Jahren des Wartens sein.

Ich gab schließlich ein neunmonatiges Gastspiel, dann schied ich aufgrund meiner neuen Funktionen aus. So war ich auch schon um den Wehrdienst in der NVA herumgekommen: Als man mich in Schwedt mit 26 Jahren zum Reservedienst einberufen wollte, war ich inzwischen Bankdirektor und damit auch zum Chef der Zivilverteidigung avanciert, womit ich vom Wehrdienst freigestellt war.

Fortan leitete ich die Abteilung Planung und Analyse der Industrie. Mir unterstand die Kredit- und Kassenplanung der gesamten Industrie. Außerdem war mir die Devisenkreditkommission unterstellt. Später wurde ich darüber hinaus Chef der Kreditkommission.

1976 war ich Mitglied des Kollegiums der *Staatsbank* geworden. Das Kollegium bildete das oberste Leitungsgremium der Staatsbank. An der Spitze der *Staatsbank* stand der Präsident, welcher einen Vizepräsidenten und sechs Stellvertreter hatte. Diese acht bildeten die Geschäftsleitung. Dem Kollegium gehörten darüber hinaus der Präsident der *Landwirtschaftsbank*, der Präsident der *Außenhandelsbank* sowie ausgewählte Abteilungsleiter an. Zu diesem illustren Kreis gehörte ich nun. War ich zehn Jahre zuvor jüngster Bankdirektor der Republik gewesen, war ich mit meinen nunmehr 36 Jahren auch hier der Jüngste.

Als Abteilungsleiter Planung und Analyse der Industrie war ich für sämtliche Kontrollen der *Staatsbank* in den Betrieben und Kombinaten zuständig. Wir entwickelten die Arbeitsprogramme für die Finanzierung und Kontrolle der Wirtschaft, analysierten den Stand der Planerfüllung und überprüften den zentralen Plan für Investitionen sowie Wissenschaft und Technik.

Wir wussten genau, wo es lief und wo nicht. Wir schrieben alles auf und forderten die daraus resultierenden Schlussfolgerungen ein. Unsere Berichte gingen oft bis ins Politbüro, zumindest jedoch in den Ministerrat. Vieles von dem, was wir einbrachten, wurde umgesetzt. Durchgreifende Veränderungen hingegen gelangen uns nicht.

Bereits in den 70er Jahren wies die *Staatsbank* in umfassenden Geldanalysen darauf hin, dass die Kreditbilanz des

Staates schneller wuchs als das Nationaleinkommen. Ebenso gut hätten wir sagen können: Wir verwalten eine Inflation. Doch dieser Begriff war tabu. Dennoch hätte man offen und ehrlich über den ständig wachsenden Verschuldungsgrad der Wirtschaft nachdenken müssen. Dabei waren wir nicht die Einzigen, die diese Disproportionen benannten. Finanzminister, Außenhandelsministerium und staatliche Plankommission schlugen in dieselbe Kerbe.

Hätten sie unsere Analysen im Politbüro aufmerksam gelesen, hätten wir umgehend neue Proportionen aufstellen, also eine neue Wirtschaftspolitik und damit einhergehend eine neue Konsumtionspolitik betreiben müssen. Weil die Spitze der Partei sich der Realität verschloss und davor zurückschreckte, die Bevölkerung auf härtere Lebensbedingungen einzuschwören, marschierten wir schnurstracks in die falsche Richtung.

Über viele Probleme diskutierten wir im Kollegium natürlich nicht in voller Breite und Tiefe. Schließlich saßen auch immer der Parteisekretär und die Stasi mit am Tisch. Abends beim Bier stritten wir uns dafür umso heftiger. Privat lösten wir so manche Nacht Partei und Regierung ab. Morgens knallten wir die Hacken zusammen, um weiterzumachen wie bisher.

Mit Marx in Kuba

Während einer der regelmäßig in Moskau stattfindenden Tagungen des RGW-Bankenrates erhob sich der Nationalbankpräsident von Kuba: »Ich brauche dringend jemanden, der meinen Leuten das Wesen der Ware-Geld-Beziehungen beibringt.« Die Kubaner hatten Mitte der 70er Jahre auf Mao Tse-tung gehört, der verkündet hatte: »Wenn wir das Kapital vergesellschaften, brauchen wir kein Geld mehr.« Das Problem war: Die Kubaner nahmen das fast wörtlich und versuchten das Geld abzuschaffen.

Es hatte daraufhin einigen Ärger mit Moskau gegeben, weil sich Kuba zu sehr den Chinesen zugewandt hatte. Auch für uns, die wir darum kämpften, dass den Ware-Geld-Beziehungen eine *größere* Aufmerksamkeit zukam, war es wie ein Schlag ins Gesicht, als die Kubaner behaupteten, sie könnten auch ohne Geld leben.

Den größten Schaden hatten sie sich indes selbst zugefügt. Denn infolge dieser Entscheidung war es der kubanischen Nationalbank nahezu unmöglich, die Wirtschaft auf der Insel zu finanzieren oder zu kontrollieren.

Nun also ertönte der Hilferuf des kubanischen Bankpräsidenten, ein Fachmann möge nach Kuba kommen und Aufklärungsarbeit leisten. Der RGW betraute die Staatsbank der DDR mit dieser Aufgabe. Und dort hieß es: »Ja, wer kann das? Edgar Most!«

Ich werde nie vergessen, wie die gute, alte *IL 18* mit mir an Bord gegen den Wind anflog. Ich wurde derart durchgeschüttelt, dass ich glaubte, meine letzte Stunde hätte geschlagen. Als ich die Bahamas unter mir ausmachte, dachte ich: Das Bermuda-Dreieck – das war's dann wohl.

Trotz aller Befürchtungen unversehrt auf Kuba gelandet, wurde im Flugzeug durchgerufen: »Genosse Most, Sie werden am Hinterausgang erwartet.«

Zunächst wurde ich in die DDR-Botschaft gefahren, wo sie mich gründlich instruierten. Die wichtigste Regel lautete: »Sie haben sich täglich zu melden.«

Anschließend traf ich mit Raúl Castro zusammen. Der Vizepräsident des Staatsrates begrüßte mich mit den Worten: »Herr Most, ich hätte gerne bis morgen eine Liste über die Vorlesungen, die Sie bei uns halten.«

Erst da merkte ich – dafür schlagartig –, *wie* schlecht ich auf diesen Einsatz vorbereitet war. Ich hatte keinerlei Unterlagen mitnehmen dürfen, da wir in Neufundland zwischenlandeten. Womöglich hatten sie Angst gehabt, dass ich dort stiften gehe. Vor meiner Reise hatte das MfS in meinem

Freundeskreis diesbezügliche Nachforschungen angestellt. Auch hatten einige Genossen Zweifel geäußert: »Dürfen wir den Most überhaupt nach Kuba schicken?«

Nun aber stand ich dumm da. Ich konnte Raúl Castro schlecht sagen: »Ich habe kein Material dabei.« Aus dem Stegreif legte ich fest, in welcher Rang- und Reihenfolge ich welche Themen behandeln wollte. Meine Dolmetscherin beauftragte ich damit, mir *Das Kapital* zu besorgen. Anhand des Inhaltsverzeichnisses von Marx' Werk stellte ich in Windeseile meine Vorlesungsreihe zusammen: »Was ist Ware, was ist Geld, was ist Wert?«, lautete die erste Lektion.

Natürlich wollte ich nicht einfach *Das Kapital* rezitieren. Aber Marx lieferte mir die Struktur. Die einzelnen Abschnitte untersetzte ich mit Beispielen aus meiner praktischen Arbeit.

Meine Vorlesungsreihe wurde von der kubanischen Regierung groß aufgezogen. Im Saal des Zentralkomitees fanden sich Minister, Vertreter der Plankommission sowie hohe Parteifunktionäre ein. Gelegentlich versammelten sie sich, meinem Wunsch der Praxisnähe folgend, in der Nationalbank.

Vormittags hielt ich meine Vorlesung. Ihr folgte die Siesta. Dass sie länger dauerte als die Mittagspause in Deutschland, befremdete mich zunächst. Doch bald gewöhnte ich mich an den Lebensrhythmus der Kubaner.

Nachdem ich vormittags die Theorie abgehandelt hatte, besuchten wir am Nachmittag jeweils einen Betrieb. Wir besuchten Rum- und Zigarrenfabriken, sahen uns die Zuckerrohr- und Tabakfelder an und ein Zementwerk in Cienfuegos, das die DDR gemeinsam mit Polen erbaut hatte. Erich Honecker hatte diese größte Zementfabrik Lateinamerikas feierlich in Betrieb genommen.

Nun kalkulierten wir anhand der Formel $p = c + v + m$ den mit einem Sack Zement erzielten Preis p. Dabei bezeichnet c das konstante Kapital (die Investition), v das variable Kapital (unter anderem den Lohn) und m den Mehrwert.

Der von uns anhand der aktuellen Koordinaten kalkulierte Sack wurde nach Mexiko verkauft. Zum bestehenden

Preis nahmen die Mexikaner den Kubanern den Zement mit Kusshand ab.
»Und ihr müsst gar nicht verhandeln?«, hakte ich nach.
»Nein, müssen wir nicht.«
»Wenn dem so ist, stimmt für euch der Profit nicht.«
»Wir können doch nicht den Profit erhöhen«, protestierten die Kubaner. »Das ist ein Begriff des Kapitalismus, nicht des Sozialismus!«
»Wie wir es nennen, ist egal«, erwiderte ich. »Jedenfalls müsst ihr mehr aus dem Sack Zement rausholen.«
»Und wie?«
»Ihr kalkuliert so lange, bis die Mexikaner stutzig werden. Dann wisst ihr: Das ist die Grenze. Außerdem geht es beim Preis um die Frage: Ist unser Produkt besser oder haben im Weltmaßstab andere die Nase vorn? Nach diesen Kriterien wird der Preis bestimmt, und zu diesem verkauft ihr euren Zement an Mexiko und in die übrige Welt.«
Genauso exerzierten wir das Ganze für die verschiedenen Geschäftsfelder durch. Es bedurfte einiger Überzeugungsarbeit. Schließlich gelang es mir, bei den Kubanern Verständnis für dieses Grundprinzip zu wecken. Später folgten sie mir und nahmen dadurch eine Menge Geld ein.

Aufgrund meiner Lehrtätigkeit waren meine Tage auf Kuba prall gefüllt. Nichtsdestotrotz organisierten meine Gastgeber Abend für Abend Empfänge und Partys.
Die Nächte verbrachte ich im *Hotel Capri*. Von meinem Zimmer aus konnte ich den Malecón überblicken. Die breite Uferpromenade – das berühmte Wahrzeichen Havannas – ist nach Angaben von Kubanern zugleich die romantischste Liebesstraße der Welt. Sie ist einige Kilometer lang und wie geschaffen für die jungen Leute.
Der Nationalfeiertag ist den Kubanern heilig. Als ich am 7. Oktober meine Vorlesung halten wollte, schüttelten meine Gastgeber verwundert die Köpfe. »Herr Most, heute ist doch Ihr Republikgeburtstag!«

»Aber ich bin jetzt nicht in der DDR, sondern bei Ihnen – und auf Kuba wird am 7. Oktober gearbeitet.«

»Wir ja, aber doch nicht Sie!«

Ich hielt wie gewöhnlich meine Vorlesung. Zum Mittag bekam ich eine Torte geschenkt. Das war mir zu Hause noch nicht passiert.

Als ich an jenem Nachmittag aus dem *Capri* guckte, fiel mir auf, dass alle Flaggen auf Halbmast gesetzt waren. Abends war ich anlässlich des Republikgeburtstages als Ehrengast zu einem großen Empfang in die DDR-Botschaft geladen. Ich wurde mit Blaulicht quer durch Havanna kutschiert. In der Botschaft war alles versammelt, was Rang und Namen hatte, und ich erkundigte mich: »Was ist los? Warum hängen die Flaggen auf Halbmast?«

»Anwar as-Sadat wurde gestern umgebracht«, bekam ich zur Antwort. »Wir unterhalten diplomatische Beziehungen mit Ägypten.«

So erfuhr ich am Abend dieses schönen Tages von der Ermordung des ägyptischen Staatspräsidenten.

Ich wurde auf Kuba hofiert wie ein Präsident. Mir standen ein eigener Kraftfahrer, eine persönliche Betreuerin sowie eine Dolmetscherin zur Verfügung. Letztere stammte aus Frankfurt/Oder, hatte an der HfÖ in Karlshorst studiert und dort ihren Mann kennengelernt, der inzwischen Vizepräsident der kubanischen Nationalbank war.

Damit nicht genug, hatte mir die kubanische Regierung einen Freischeck ausgestellt. Der funktionierte wie eine Kreditkarte. Zumindest was meine Person betraf, hatten sie das Geld also tatsächlich abgeschafft. Als die Kubaner an meiner Seite bemerkten, dass ich dieses Papier in der Tasche hatte, wurde der Rattenschwanz hinter mir immer länger. Kehrten wir unterwegs ein, musste ich sämtliche Rechnungen unterschreiben. Vor allem mein Erwerb an Zigarren stieg immens. Dabei rauchte ich – als überzeugter Nichtraucher – keine einzige *Havanna* selbst.

Beim Besuch des Museums an der Schweinebucht, wo Fidel am 17. April 1961 die Amerikaner in die Flucht geschlagen hatte, machte mich ein Kubaner auf eine Vitrine aufmerksam, in der ein Granatsplitter lag. Darauf hatte ein Kämpfer mit Blut geschrieben: »Ich sterbe für Fidel!«

»Das war mein Freund«, sagte mein Begleiter. Ich spürte seine Trauer um den gefallenen Kameraden, zugleich diesen ungeheuren Enthusiasmus: »Wir haben die mächtigen, waffenstarrenden Amerikaner in die Flucht geschlagen.«

Bis heute planen die Amerikaner quasi jeden Tag ein Attentat auf Fidel. Deshalb wusste niemand, wo er sich gerade aufhielt. Ich fragte zigmal – es war nicht rauszukriegen. Er steckte jeden Tag woanders – und tauchte unvermittelt irgendwo auf.

Bedenklich fand ich, wie sehr er vergöttert wurde. In jenen Tagen hatte der »Maximo líder« seinen Landsleuten verkündet: »Ihr müsst euch öfter die Zähne putzen! Ihr habt alle so schlechte Zähne. Tut etwas dagegen!« Bis dato hatte es keine Zahnpasta auf Kuba gegeben. Jetzt hatten sie plötzlich Zahnbürsten und Pasta en masse. In der Bank putzten sie sich von einem Tag auf den anderen dreimal täglich die Zähne. Hätte Fidel gesagt: »Wir rauchen ab jetzt keine Zigarren mehr«, hätten die Kubaner auf der Stelle aufgehört zu rauchen. Ich warnte sie: »Der Mann mag noch so groß sein und noch so gut, aber ihr müsst aufhören, ihm derart blind zu folgen.«

Ich betrachte das kubanische Volk bis zum heutigen Tage mit Hochachtung. Vor allen Dingen bewegt mich der ungeheure Stolz der Kubaner auf ihre Revolution – auch wenn mir dieser ein paarmal Probleme bereitete. Einmal sagte ich: »Che Guevara hatte ein Verhältnis mit Tamara Bunke.« Die Ostdeutsche war mit ihm nach Bolivien gegangen.

Mit dieser Bemerkung brachte ich mich bei den Frauen der Nationalbank in Havanna in Verruf. »Das ist gelogen«, ließen sie mich verärgert wissen. »Che hat nie eine Freundin gehabt.«

»Ich kann euch die Zeitung schicken, in der ich das gelesen habe«, verteidigte ich mich. »Und in Ches *Bolivianischem Tagebuch* steht das auch drin, glaube ich.«

Ernesto Che Guevara war der erste Präsident der Nationalbank gewesen. Im Eingangsfoyer der Bank hing ein riesiges Porträt von ihm. Er war der Held aller Frauen. Ein Heiliger, dem keine Freundin zugebilligt wurde.

In diesem Zusammenhang merkte ich, wie sehr gerade die älteren Kubaner die Frage bewegte: Ist nun Fidel der Größte oder Che? Klar, Fidel ist es, was die praktische Umsetzung der Revolution angeht, aber für die Idee der Revolution steht vor allem Che.

Kurz vor meinem Rückflug erklärten sie mir in der Botschaft: »Genosse Most, wir geben Ihnen etwas mit. Liefern Sie das bitte bei der *Interflug* ab.« Derartige Kurierdienste waren nichts Außergewöhnliches. Allerdings bekam ich besagtes Gepäckstück nicht zu sehen. Als ich in die Maschine stieg, war das Gepäck längst verladen.

Ich konnte nicht 1. Klasse fliegen. Dort saß eine Delegation der FDJ. Der 1. Sekretär des Zentralrats Egon Krenz belegte alle Plätze mit seinem Tross. Er kam gerade aus Mexiko von einer Dienstreise.

Neben mir saß ein Hamburger. Ich dachte: Westkontakt – so ein Mist! Jetzt musst du auch noch Meldung machen.

Das war jedoch noch harmlos. Richtig schlimm wurde es bei der nächtlichen Zwischenlandung in Gander auf Neufundland. Als wir weiterfliegen wollten, stellte sich heraus: Zwei Kubaner hatten sich abgesetzt. Aus Sicherheitsgründen – womöglich befand sich im Gepäck der Entflohenen eine Bombe – wurde das gesamte Flugzeug entladen, und wir mussten unser Gepäck identifizieren.

Nun stand ich dumm da. Meinen Koffer kannte ich ja, aber welches war nun das Botschaftsmaterial? Es war ja nicht mit »Botschaft« beschriftet. Eine prekäre Situation, noch dazu in einem fremden Land. »Greife ich das falsche Gepäckstück, nehmen die dich womöglich als Bombenleger fest«, schoss es mir durch den Kopf.

Ich entschied mich, als Erster rauszugehen. Nachdem ich meinen Koffer identifiziert hatte, fiel mir ein großes, mit Klebeband umwickeltes Gepäckstück auf. Es sah nicht aus wie das eines Touristen und war obendrein das Einzige seiner Art. »Das ist es«, sagte ich zu den Sicherheitskräften – und sollte zum Glück recht behalten.

Eine Reisegruppe von *Jugendtourist*, die sich ebenfalls an Bord unserer Maschine befunden hatte, verkürzte uns die Nacht auf dem Flughafen mit ihren Liedern.

Gern denke ich an die Zeit auf Kuba zurück. Auch die Kubaner vergaßen mich nicht. Noch viele Jahre lang bekam ich alljährlich zum 1. Januar, dem kubanischen Nationalfeiertag, vom Präsidenten der Nationalbank eine Gedenkmünze geschickt.

Die Partei hat immer recht!

Kaum aus Kuba zurück, ereilte mich der Ruf an die Parteihochschule *Karl Marx* in Berlin. Dorthin kam man nur auf Beschluss des Politbüros. Absolvierte man diese Kaderschmiede, war man automatisch in dessen Nomenklatura eingeordnet und war für eine hauptamtliche Funktion in Partei, Staatsapparat oder Wirtschaft prädestiniert. In meinem Fall lautete die Perspektive: Stellvertreter des Präsidenten der *Staatsbank*.

Als mir die Bank den Beschluss des Politbüros mitteilte, erwiderte ich: »Ich habe bereits die Bezirksparteischule hinter mir, was soll ich jetzt noch auf der Parteihochschule?«

Doch dem Befehl des Politbüros konnte ich mich kaum widersetzen. Ich war froh, dass ich nicht nach Moskau musste, sondern das Dreivierteljahr in Berlin hinter mich bringen konnte.

Jedes Frühjahr und jeden Herbst trommelte Günter Mittag einen Tag vor Beginn der *Leipziger Messe* die Wirtschaftslenker der Republik zusammen: Generaldirektoren, Zentralkomitee-Beauftragte, Minister und ihre Stellvertreter. Ich kannte das Theater seit meiner Berufung in die *Staatsbank*. Mittag hielt das Hauptreferat. Alle Anwesenden zitterten und hofften, nicht namentlich von Mittag erwähnt zu werden – egal ob im Positiven oder im Negativen. Von Mittag zur Sau gemacht zu werden war ebenso unangenehm wie sich vor denjenigen rechtfertigen zu müssen, die abgestraft wurden.

Zu den Ritualen dieses Messe-Theaters gehörte, dass die Generaldirektoren verbindliche Erklärungen unterschrieben: »Lieber Genosse Erich Honecker, wir verpflichten uns, soundso viele Kühlschränke, soundso viel Oberbekleidung mehr zu produzieren …«

Mein Studienkollege von der Parteihochschule Norbert Krolop, seines Zeichens stellvertretender Generaldirektor vom *Oberbekleidungskombinat Berlin*, sagte bezüglich dieses Prozederes leichtfertig vor sich hin: »Na, da wird meinem Generaldirektor ja wieder mächtig die Hand gezittert haben.«

Jemand meldete Krolops Worte weiter und die Sache nahm ihren Lauf: Einer unserer Hardliner, Militärkader und Vorsitzender des Rates des Bezirks Magdeburg, plusterte sich fürchterlich auf. Auf der eilends einberufenen Sonderparteigruppenversammlung forderte er Krolop auf: »Nimm deine Worte zurück, sie sind Ausdruck parteischädigenden Verhaltens!«

»Das nehme ich nicht zurück«, erwiderte Krolop. »Was stört dich denn daran? Dir zittert doch auch die Hand, wenn du dich zu etwas verpflichten musst. Das ist ganz normal«, versuchte er, das Ganze ein wenig abzumildern.

Der Streit eskalierte zur Prinzipienfrage. Nun meldete ich mich zu Wort. Hatte ich doch – als Einziger aus unserer Seminargruppe – oft genug an Mittags Tagungen anlässlich der *Leipziger Messe* teilgenommen. Ich ergriff Krolops Partei:

»Wieso belügen wir uns selbst? Wenn ich nichts habe, kann ich nicht unterschreiben: ›Ich verpflichte mich zu mehr!‹«

Damit fiel ich ebenfalls in Ungnade. Zu uns gesellte sich der Zentralkomitee-Beauftragte vom *Stahl- und Walzwerk Hennigsdorf*: »Es ist in der Tat eine Sauerei, wie mit uns verfahren wird: Die da oben bestimmen was, und wir müssen's unterschreiben!«

Jetzt waren wir schon drei. Ein Vertreter vom Fernsehen, Jörg Povermin, der oft mit Partei- und Regierungsdelegationen im Ausland gewesen war, und einer aus dem Handel stießen ebenfalls in unser Horn. Somit war unsere Parteigruppe gespalten. Wir waren 20 Mann – fünf auf der einen Seite, fünfzehn auf der anderen. Einige ließen hinterm Rücken durchblicken: »Ihr habt ja recht«, aber in der Diskussion bekamen sie ihre Gusche nicht auf.

Die Debatte spitzte sich zu. Die Hardliner forderten unsere Relegation. »Wenn wir uns nicht mal auf der Parteihochschule ehrlich unterhalten dürfen«, wandte ich ein, »was sollen wir dann überhaupt hier?«

Einige Professoren bemühten sich, die Wogen zu glätten. Die Spaltung unserer Seminargruppe indes hielt bis zum letzten Tag. Selbst auf der Abschiedsfeier gab es einen »Tisch Most« – ich war plötzlich der Rädelsführer, weil ich von uns Fünfen am höchsten angebunden war – und einen Tisch unserer Widersacher.

So erfuhr ich, dass »die Partei immer recht hat«. Ich verabscheute diesen ideologischen Fanatismus. Es wurde der DDR zum Verhängnis, dass die Partei überall ihre Finger drin hatte. Keine Ministerratsvorlage ohne Genehmigung des Parteiapparats! Freies Denken wurde erstickt. Im Grunde muss man sich wundern, dass es uns so lange gut ging. Es gab eben trotz Parteidisziplin in vielen Bereichen Verantwortliche, die das Wachstum der Volkswirtschaft vorantrieben. Das Gros der Gesellschaft bekam davon jedoch nichts mit.

Das aber war nicht das einzige absurde Erlebnis an der Parteihochschule.

Im Foyer der Schule hing ein Bild Willi Sittes. Es trug den Titel »Die Trompeten von Jericho«. Mit gefiel es. Nicht nur mir. Das Thema hatte auch etwas Aufrührerisches. Eines Tages war das Bild verhängt. Auf Weisung von Hanna Wolf, der Rektorin. Das blieb so, auch wenn sich sanft Protest in Gestalt von Fragen der Parteischüler regte. Die wurden nicht beantwortet. Basta, ich entscheide, hieß das. Und ihr habt es zu schlucken und zu parieren.

Hanna Wolf war in einem Alter, in welchem andere schon sehr lange in Rente waren. So, wie das Bild verschwand, sollte offenkundig auch sie verschwinden. Eines Tages hieß es, sie werde durch einen Rektor ersetzt. Dazu sollte jede Seminargruppe drei Genossen in den Saal delegieren, in welchem der Personalwechsel hinter verschlossenen Türen vollzogen wurde. Kurt Hager hielt die Rede. Nach ihm sprach Hanna Wolf. Ich hatte nicht den Eindruck, dass die Greisin begriffen hatte, nun nicht mehr Rektorin der Parteihochschule zu sein. Ihre Rede empfand ich als tragikomisch.

In meiner Abschlussarbeit nahm ich mir unseren Außenhandel vor. Meinen praktischen Erfahrungen folgend, schrieb ich, was wir alles produzierten – ohne es absetzen zu können. Außerdem analysierte ich an konkreten Beispielen, warum unsere Exportrentabilität zurückging.

Anschließend kam der Professor zu mir: »Genosse Most, Sie haben die beste Arbeit geschrieben. Durch Ihre klaren Worte habe ich eine Menge gelernt. Ihre Arbeit muss der Mittag auf den Tisch kriegen. Dafür bekommen Sie eine Auszeichnung.«

»Im Gegenteil!« Ich schüttelte den Kopf. »Wenn Sie das tun, schmeißt mich Mittag achtkantig aus dem Kollegium der *Staatsbank* raus. Niemals darf er diese Arbeit sehen! Ich wollte nur mal aufzählen, was wir für den Export produzieren – und dann darauf sitzenbleiben. Es ist ein Schweinegeld, das wir da verschleudern.«

Ich konnte alles mit Zahlen belegen, weil ich als Leiter der Kreditkommission und Mitglied der Regierungskommission bei Gerhard Beil die Exportwarenbestände außerhalb des Plans hatte finanzieren müssen. Mittag hätte mich »aufgehangen«. Meine Arbeit kritisierte Seite für Seite seine Wirtschaftspolitik.

Höhen und Tiefen lagen nahe beieinander, und ich musste rechtzeitig erkennen: Überziehe ich jetzt? Freue ich mich möglicherweise über etwas, das mich morgen in den Keller bringt? Oder sehe ich lieber zu, dass ich im Hintergrund bleibe? Es war ein Eiertanz. Wollten wir das Experiment DDR sinnvoll fortsetzen, mussten wir lernen, unsere Ideen *zwischen* den Mühlsteinen Parteidisziplin und Praxis einzubringen.

In Teufels Küche

Angesichts meiner Eskapaden an der Parteihochschule wurde aus der Beförderung zum Vizepräsidenten der *Staatsbank* vorerst nichts. Enttäuscht fragte ich mich: Wozu habe ich das dreiviertel Jahr auf der Parteihochschule gesessen?

Kurz darauf rief mich der Parteisekretär der *Staatsbank* zu Hause an und sagte mir, dass ich sein Stellvertreter werden soll. Lust hatte ich nicht, doch was blieb mir anderes übrig. Immerhin war es kein Hauptamt.

Als kurz darauf sowohl Präsident als auch Parteisekretär in Urlaub gingen, schrillten bei mir die Alarmglocken. Einen Tag nachdem sie weg waren, legte mir die Staatssicherheit ein paar dicke Akten auf den Tisch. Ihre Untersuchungen hatten ergeben, ein gewisser Herr Dorsch, seines Zeichens Chef des Protokolls des Präsidenten der *Staatsbank*, sei bei der Waffen-SS gewesen. Die Stasiakten enthielten eine Liste mit geschwärzten Namen. Nur in der Mitte war einer zu lesen: seiner.

Nun saß ich in Teufels Küche. Ich durfte statt des Präsidenten und des Parteisekretärs meinen Kopf hinhalten. Wie sollte ich mich verhalten? Was wusste ich über SS, Wehrmacht, den Zweiten Weltkrieg? »Junge, nur über das, was du selbst erlebt hast, kannst du urteilen«, hatten mir Vater und Großvater eingeschärft. »Bei allem anderen sei vorsichtig!«

Ich studierte die Unterlagen. Dorsch war Ende 1944 bis Mai 1945 bei der SS gewesen. Ich entnahm den Akten, dass er bereits als 17-Jähriger eingezogen worden war – und zwar gleich zur SS, zur sogenannten Elite des Reichs. Ich versuchte mir das vorzustellen: Du bist ein junger Mensch, hast von nichts eine Ahnung – und wirst ohne eigenes Verdienst zur Elite gezählt!

Von seinem Wohnort aus versetzten sie ihn in die Tschechoslowakei – direkt an die Front. Gleich beim ersten Einsatz erlitt er eine Verwundung und kam ins Krankenhaus nach München. Bei seiner Entlassung war der Krieg vorbei, nahe Weimar befreiten die Amerikaner gerade das Konzentrationslager Buchenwald. Zusammen mit einem KZ-Häftling lief er nach Hause und trat 1946 in die KPD ein. Mit diesem Schritt fing sein *eigentliches* politisches Leben an.

In der Partei war er nie aufgefallen. Er gehörte aus Überzeugung dazu und erledigte seine Arbeit ordentlich. Auch in der Bank, als Protokollchef des Präsidenten, hatte er stets solide gearbeitet.

Zusammen mit Udo Jahr, Stellvertreter des Präsidenten für den Bereich Außenwirtschaft, führte ich Dorschs Befragung durch. Von der Führung eiskalt im Stich gelassen, standen wir vor der Entscheidung: Eröffnen wir ein Parteiverfahren? Tut er sich womöglich etwas an? Wie reagiert die Familie? Sein Sohn gastierte gerade mit dem Staatszirkus in Japan. Ich fragte mich: Türmt er womöglich? Es galt, alle Eventualitäten zu berücksichtigen.

Während der Tage, in denen ich diese Entscheidung zu fällen hatte, fühlte ich mich wie in der Folterkammer. Allein über die Zukunft eines Menschen zu entscheiden, der gewiss kein krummer Hund war, ist hart.

Nun saß dieser Mann vor mir in meinem Büro. Er hätte mein Vater sein können. Im Nachbarzimmer hockten zwei

Männer von der Staatssicherheit, die alles mit anhörten. Ich weiß bis heute nicht, ob das eine Prüfung meiner Person war oder eine des Herrn Dorsch. Zum Glück hatte ich Udo Jahr dabei.

Zunächst hoffte ich, Dorsch würde von sich aus reden. Doch den Gefallen tat er mir nicht. »Wieso, da war doch gar nichts«, beteuerte er.

Ich sagte: »Wir brauchen was Schriftliches von dir. Geh mal rüber in dein Zimmer und schreib auf, wie das Ende 1944 gewesen ist.«

Ich wollte ihn weg von den Stasileuten haben, doch kaum war er draußen, peitschte mich die Angst: Tut der sich womöglich was an? Ich war verantwortlich – für ihn, für alles hier! Ich rannte rüber in sein Zimmer und fand ihn am Schreibtisch. Er schüttelte den Kopf: »Ich kann das nicht schreiben.«

»Pass auf, wenn wir hier mit heiler Haut rauskommen wollen, brauchen wir diesen Wisch«, sagte ich und diktierte ihm Satz für Satz. »Das bleibt unter uns!«, schärfte ich ihm ein, als wir fertig waren.

Als amtierender Parteisekretär schlug ich vor, ihn seiner Funktion beim Präsidenten der *Staatsbank* zu entheben. Die Begründung lautete: »Wenn die Westpresse erfährt, dass der Protokollchef des Präsidenten der *Staatsbank* Mitglied der SS war – ob nun freiwillig oder nicht –, haben wir ein Problem.« Dorsch kam seinen Fähigkeiten entsprechend bei einer Rückversicherungsgesellschaft unter.

Anschließend lief ich Spießruten. Ich sei zu leichtfertig gewesen, hieß es seitens des Zentralkomitees, hätte das alles zu schnell entschieden und so weiter. Doch ich bereute meine Entscheidung mit keiner Faser. Hatte ich mir doch zuvor den Rat eines Kollegen eingeholt, der genauso alt war wie der Angeklagte und, wie ich, Mitglied der Parteileitung.

»Bruno, du bist doch genauso alt, wie lief das denn ab, Ende 1944?«, hatte ich ihn gefragt.

»Das war nicht so, wie wir heute drüber reden«, begann er. »Du kannst das nicht mit der normalen SS vergleichen, die den Hitler aufgebaut und all die Gräuel angerichtet hat. Alle, die Ende 1944 eingezogen wurden und halbwegs gesund waren, steckten sie in die Waffen-SS. Wenn die mich damals eingezogen hätten, wäre ich ebenfalls bei denen gelandet.«

Er bestätigte, was mir Vater und Großvater mit auf den Weg gegeben hatten. Ich konnte und durfte nicht anders handeln. Meine Entscheidung sicherte dem ehemaligen Protokollchef die Rente – einem alten Genossen, der bereits 1946, noch vor der Vereinigung mit der SPD, in die Kommunistische Partei eingetreten war. Damit war das Thema beendet. Keiner verlor je wieder ein Wort darüber.

Im »Lada« durch die Sowjetunion

Statt mich theoretisch mit deutsch-sowjetischer Freundschaft zu beschäftigen, wollte ich dieses Riesenland mit seinen vielen Völkerschaften während einer fünfwöchigen *Lada*-Tour Mitte der 80er Jahre endlich selbst kennenlernen. Es öffnete sich vor meinen Augen wie der Garten Eden: Endlose Weiten blühender Wiesen, unerreichbar ferne Bergketten, gewaltige Ströme, glasklare Wasserfälle und nicht zuletzt die vorbehaltlose Gastfreundschaft der Menschen ließen meine Liebe zu diesem unbeschreiblich schönen Land entbrennen. Allein mit den Erlebnissen in der Sowjetunion könnte ich mühelos ein Buch füllen.

Mit meiner Frau Charlotte fuhr ich Richtung Moskau. Dort erwarteten uns mein Freund Werner Bümann – Mitarbeiter im RGW – und seine Frau, eine sowjetische Staatsbürgerin. Ihr Großvater war einst von Lenin als Justizminister in Nowgorod eingesetzt worden. Ihren Vater hatte Stalin auf die Militärakademie nach Paris geschickt. Er liegt auf dem bekannten Moskauer Nowodewitschi-Friedhof, auf dem neben Stalins Ehefrau auch Chruschtschow, Molotow, Tolstoi sowie zahlreiche andere Größen begraben wurden.

An der sowjetischen Grenze erlebten wir die erste Überraschung: Wir wurden gefilzt und um unsere selbstgepflückten Kirschen sowie eine ungarische Salami erleichtert – vermutlich zum Eigenverzehr.

Auf dem Weg in die Kaukasusregion sahen wir das Schlachtfeld bei Kursk, auf dem vermutlich mein Onkel Walther gefallen war. Betroffen registriere ich, was menschlicher Wahnsinn anrichten kann: Vierhundert Kilometer Schlachtfeld und viele der Schützengräben noch wie im Krieg.

Die nächste Schwierigkeit bestand darin, ins Dombaital zu gelangen. Am Eingang des unter Naturschutz stehenden Areals war erst einmal Schluss. Vor uns fuhren Busse ein, die schrecklich qualmten. Nur wir mussten warten, obgleich wir mit unserem *1500er Lada* das beste und sauberste Auto fuhren, das die Russen bauten. Trotz deutsch-sowjetischer Freundschaft bedurfte es einer Sondergenehmigung. Erst nach erbitterten Diskussionen mit den Behörden ging für uns die Schranke hoch.

In Tschetschenien besuchte ich das Lager bei Grosny, in dem mein Vater in Kriegsgefangenschaft gewesen war. Von dort aus fuhren wir auf der Grusinischen Heerstraße in den Kaukasus. Ich staunte über den Reichtum und die Vielfalt der Kulturen. In jedem Tal pfiff der Vogel anders. Manchmal schienen zwei benachbarte Täler völlig unterschiedlichen Welten anzugehören. In manchen Gegenden waren die deutschen Truppen im Zweiten Weltkrieg freudig empfangen worden, ein paar Kilometer weiter durften wir noch jetzt nicht erwähnen, woher wir kamen.

Wir folgten der Grusinischen Heerstraße bis nach Tbilissi und wunderten uns über die umgeackerten grusinischen Weinländereien. Entsprang dieses Wüten Gorbatschows Alkoholverbot? Aber so funktionierte der Kommunismus: Entweder scharf links oder scharf rechts, einen Mittelweg gab es nicht. Zwei Jahre später importierten die Georgier – bis ihre Plantagen nachgewachsen waren – ihre Weine aus Ungarn, Bulgarien und Italien.

In Tbilissi wohnten wir bei einem georgischen Bekannten von Bümanns Frau. Er arbeitete unter Eduard Schewardnadse, dem sowjetischen Außenminister, als Abteilungsleiter. Was mich verwunderte: Die georgischen Sitten lebten im Sozialismus weiter. Beim Essen saßen die Frauen in der Küche. Wir durften unsere Frauen mit in die Stube nehmen, weil wir Gäste waren, aber reden durften sie bei Tisch nicht. Unser Gastgeber saß vorn an der Tafel. Wir bekamen unsere Plätze zugewiesen. Festgelegt wurde auch, wer wann reden und seinen Trinkspruch ausbringen durfte.

Anschließend führte uns der Gastgeber den Action-Film *Rambo* vor, den er aus Frankreich mitgebracht hatte. Das war schon ein starkes Stück für einen Funktionär der oberen Führungsebene.

Von Tbilissi fuhren wir gen Süden bis nach Jerewan, der Hauptstadt der Armenischen Sowjetrepublik. Unterwegs hielten wir am Sewansee. Der größte See Armeniens dient als Süßwasserreservoir für den gesamten Südkaukasus. Da aus ihm über lange Zeit viel mehr Wasser abgezogen wurde, als von den Gletschern des Kaukasus nachfloss, drohte er in den 80er Jahren aus dem ökologischen Gleichgewicht zu geraten.

Auch in Armenien erlebten wir die alten Sitten, etwa Blutopferstände, auf denen Hähnen nach traditionellem Ritus der Kopf abgehackt wurde.

In Jerewan übernachteten wir im Auto in der Altstadt. Mir fielen die Witze über den *Sender Jerewan* ein, die in der DDR sehr populär waren, weil sie auf satirische Weise Probleme des sozialistischen Alltags behandelten. Jeder von ihnen begann mit dem Satz: »Anfrage an *Sender Jerewan* …« Zum Beispiel: »Stimmt es, dass eine Atombombe die ganze DDR vernichten kann?« – »Ja. Aber wozu der Aufwand, wenn drei Zentimeter Neuschnee genügen.«

Als Wahrzeichen Jerewans gilt der Ararat. Majestätisch erhebt sich der Berg in der Ferne. Auf ihm soll einst die Arche

Noah gestrandet sein. Heute ist der heilige Berg der Armenier der höchste Gipfel der Türkei. Beide Länder verbindet eine lange, blutige Geschichte. Zahlreiche steinerne Bögen in der Stadt geben die Sicht auf den heiligen Berg frei – ein erhabener Anblick. Während unten in der Stadt vierzig Grad Hitze herrschten, glitzerte sein schneebedeckter Gipfel in der Sonne.

Auf der Rückfahrt besichtigten wir Gori, den Geburtsort Stalins, nordwestlich von Tbilissi. Mitten in der Stadt stand ein großes Monument des ehemaligen Staatschefs. Jeder Taxifahrer hatte ein Bild von ihm im Wagen. Sein Geburtshaus beherbergte ein Museum. Bei uns war nach Chruschtschows Rede auf dem XX. Parteitag der KPdSU die Berliner Stalinallee umbenannt und sein Name aus sämtlichen Städtebildern sowie den wichtigsten Schriften getilgt worden. Hier lebte er fort. Mochte er auch Millionen Menschen auf dem Gewissen haben – für seine Georgier war Stalin nach wie vor ein großer Mann.

Auf dem Weg in die Region Stawropol, in der Breschnew als Soldat gedient hatte und aus der Präsident Gorbatschow stammt, überquerten wir zum zweiten Mal das Kaukasusmassiv. Tagelang fuhren wir durch Gegenden, in denen wir nicht wussten: Befinden wir uns auf einer Straße? Das Feuer, über dem wir unsere Kartoffeln kochten, zündeten wir oft direkt neben dem Auto an.

Die Gastfreundschaft der Einheimischen ist unbeschreiblich. »Was, ihr kommt aus der DDR? Ich habe in Magdeburg gedient«, sprach uns ein Mann in gebrochenem Deutsch an. »Ihr fahrt nicht weiter, ihr schlaft heute bei mir!« Schließt dich ein Russe in sein Herz, gibt er dir sein letztes Hemd.

Wir waren von einer strapaziösen Elbrus-Besteigung zurückgekehrt. Meine Frau hatte in 4200 Metern Höhe kaum noch Luft bekommen und auch mir hatte der Aufstieg in Turnschuhen große Mühe bereitet. Nun wollten wir auf die Rückseite des Elbrus-Massivs. Da kam uns die Einladung gerade recht. Der Mann lud uns zu Tee, Trockenfisch und Brot ein – doch damit nicht genug. Alles, was an Autos mit Lebensmitteln vorbeikam, hielt er an: »Abladen, abladen!«

Die Tafel bog sich unter Speisen, und von allem mussten wir probieren. Dazu flossen Unmengen selbst gebrannten Wodkas. Als sie im Wetterbericht ein Gewitter ankündigten, entschied er: »Ihr könnt unmöglich über den Pass fahren. Das ist euer sicherer Tod.«

Wir dachten, der Mann übertreibt. Dann ging das Unwetter los. Gleich einem dichten Vorhang fiel der Regen, mächtige Sturzbäche brachen die Berge hinunter – Tiere, Bäume und anderes mit sich reißend. Angesichts dieses apokalyptischen Anblicks sagten wir uns: »Was für ein Glück, dass wir auf den Mann gehört hatten und geblieben waren.«

Als wir anderntags weiterfuhren, schenkte unser Gastgeber jedem von uns einen Sack grusinischen Tee. Außerdem mussten wir mit ihm ein paar Gläser von seinem Selbstgebrannten trinken. Erst dann hieß es: »Gute Fahrt! Hoffentlich kommt ihr wieder! Von da oben sind nicht alle zurückgekehrt.«

Seine gut gemeinte Warnung in den Ohren, fuhren wir los. Im zweiten, höchstens im dritten Gang ging es über das Kaukasusmassiv hinweg nach Swanetien. Nach Stunden erhob sich vor uns eine Mauer aus Erdsteinen. In ihrer Mitte ein Haus mit dem typischen Wehrturm. Weiter unten hatte die Regierung Neubaublöcke gebaut, die jedoch größtenteils leer standen. Doch hier oben, in diesen uralten Hütten aus längst vergangener Zeit, wohnten tatsächlich Menschen.

Auf dem nahe gelegenen Friedhof besichtigten wir die stummen Zeugnisse der swanetischen Kultur. Dicht an dicht reihten sich die Gräber aneinander. Ganze Generationen hatte die Blutrache nahezu ausgelöscht – obwohl sie bereits 1917 verboten worden war. Auch diese Kultur hatte man mit der Revolution nicht einfach tottreten können. Erst ab dem zehnten Toten einer Sippe – so lautet ein bis heute gültiges archaische Stammesgesetz – schaltet sich ein Schlichter ein. Ich war heilfroh, als wir die Gegend verließen.

Die Beschaffenheit des Straßenbelags wurde indes nicht besser. Unterwegs rief ich mehrmals: »Ich küsse die Straßen der Deutschen Demokratischen Republik, falls ich die Heimat je wiedersehe.«

Ab Stawropol wurden die Straßen besser, die Kolchosen gepflegter. Vom Gebirge fuhren wir ans Schwarze Meer nach Sotschi – zurück in die Zivilisation.

Die 13000 Kilometer durch die Sowjetunion ließen mich eine vollkommen andere deutsch-sowjetische Freundschaft als jene offiziell verkündete Völkerbrüderschaft erfahren.

Zurück in Berlin, hielt ich zwei Vorträge über meine Reise – einen davon hinter verschlossenen Türen. Ungeschminkt schilderte ich, was ich in jenen fünf Wochen erlebt hatte.

Nach unserer Tour war mir klar: Dieses Land ist nicht zentral regierbar. Die von Moskau eingesetzten lokalen Chefs waren stets Russen. Dadurch herrschte an der Oberfläche Ordnung und überall wurde halbwegs die gleiche Linie gefahren. Die verschiedenen Kulturen lebten jedoch weiter. Sie waren von Moskau aus gar nicht kontrollierbar. Auf der anderen Seite konnte man nicht jeden kleinen Kanton als selbstständigen, überlebensfähigen Staat organisieren. Insofern hielt ich die Grundidee der Sowjetunion für gar nicht so schlecht.

Vom Umgang mit der Wahrheit

Während meiner Zeit im Kollegium der *Staatsbank* wurde ich einige Male vom stellvertretenden Ministerpräsidenten Alfred Neumann zu Vier-Augen-Gesprächen ins Ministerratsgebäude eingeladen. Unter den Mitgliedern des Politbüros zählte »Ali« Neumann zu den ganz Alten. Er war für das Verkehrswesen zuständig. Wusste er an irgendeiner Stelle nicht weiter, bat er mich um Rat.

Meine Chefs erteilten Order: »Sag dem ja nicht zu viel!«

Da mir »Ali« Neumann jedoch wie ein väterlicher Freund entgegentrat, beschloss ich, offen mit ihm zu reden – und diese Offenheit gereichte mir nie zum Nachteil. Das war keineswegs selbstverständlich. Schließlich hätte ich mich einige Male beinahe in die Nesseln gesetzt ...

Ende der 70er Jahre bestellte mich Günter Ehrensperger, der von 1974 bis 1989 die Abteilung Planung und Finanzen im Zentralkomitee leitete, zu sich. Die DDR befand sich in einer kritischen Phase. Entweder die Engpässe drückten uns an die Wand oder die Bevölkerung verweigerte die Gefolgschaft. Uns musste schleunigst etwas einfallen. Sämtliche wirtschaftlichen Symptome für einen großen Knall, der dann 1989 kommen sollte, zeichneten sich deutlich ab. Diejenigen, die ein bisschen in der Welt rumkamen, spürten das.

Ich ging also hinüber ins Große Haus, wie wir den Sitz des Zentralkomitee nannten. »Genosse Most«, begrüßte mich Ehrensperger, »schreib mir doch mal deine Gedanken zum Bankensystem auf. Wie stellst du dir die zukünftige Bank vor? Was würdest du anders machen?«

Er gab mir eine Woche Zeit und nahm mir das Versprechen ab, mit niemandem über diese Angelegenheit zu reden. Zurück in der Bank, informierte ich als Erstes meinen unmittelbaren Vorgesetzten, Kurt Morgenstern, den stellvertretenden Präsidenten der *Staatsbank* für Industrie.

»Ich darf es dir eigentlich gar nicht sagen, aber da du mein väterlicher Freund bist, kann ich nicht anders. Du hast mich nach Berlin geholt, erzogen und aufgebaut, ich kann nicht gegen dich arbeiten. Ich soll für das ZK meine Gedanken zur Umgestaltung des Bankwesens notieren. Das bedeutet, ich müsste dich umfassend kritisieren. Das kann ich nicht.«

Morgenstern sah mich an: »Edgar, warum sagst du mir das?«

»Weil ich das nicht mit mir herumtragen kann. Warum fragen die ausgerechnet mich? Ich gehe zu Kaminsky. Ihn betrifft das schließlich erst recht.«

Morgenstern schüttelte den Kopf. »Du hast doch Order, mit keinem drüber zu reden.«

Morgenstern hatte wie viele altgediente Parteiaktivisten diese brutale stalinistische Parteidisziplin verinnerlicht. Selbst wenn etwas dreimal Murks war – auf Parteibefehl war es Schokolade. So funktionierten wir Jüngeren nicht. Wir wollten auch, dass es vorwärts ging, aber wir verabscheuten diesen blinden Gehorsam.

Ich sprach also mit Kaminsky: »Ich komme gerade aus dem ZK. Sie haben mich damit beauftragt, eine neue *Staatsbank* zu erfinden. Wenn denen gefällt, was ich aufschreibe, schmeißen die dich raus.«

Kaminsky zuckte mit den Schultern. Er hatte einen schlechten Stand bei Mittag. Als ehemaliger Hauptbuchhalter des *Geräte- und Reglerwerks Teltow* war er äußerst pingelig, allerdings mit einem weiten Horizont. Die anderen sahen mal über einen Fehler hinweg, nicht Horst Kaminsky. Schließlich war er für die Fehler der anderen der Prügelknabe. Auch deshalb hatte es mich zu ihm getrieben. Ich wollte nicht, dass er aufgrund meiner Äußerungen eins auf den Deckel bekam.

»Horst, ich stehe vor der Gretchenfrage: Du oder ich?«
»Wieso?«
»Ich darf mit dir nicht drüber reden, ist das nicht eine unmögliche Situation?«
»Warum redest du dann mit mir?«

So erteilten mir an einem einzigen Tag meine beiden Vorgesetzten eine satte Abfuhr. Sie wollten nichts von der Geschichte wissen. Nun stand ich wirklich alleine da.

Missmutig machte ich mich ans Werk. Ich sagte mir: »Wenn du etwas Neues entwickelst und denen ganz oben gefällt das, kannst du morgen *Staatsbank*-Präsident sein und musst das Ganze umsetzen. Zuvor aber hat dein Papier etliche Hürden zu nehmen, und ob du dann noch die Truppen hinter dir hast, die du brauchst, um etwas Neues auf die Beine zu stellen, weißt du nicht. Finden die hingegen ein

Haar in der Suppe, die du ihnen da anrührst, liegst du morgen selbst am Boden.« Das Ganze konnte ebenso gut eine Prüfung sein: Was ist der Most wirklich wert?

Da kam mir die goldene Idee: »Bei allem, was du anführst, schreibst du oben drüber: ›Die Partei hat beschlossen ...‹« Auf diese Weise stellte ich all das, was an Parteitagsbeschlüssen zum Finanzwesen formuliert worden war, vorneweg. So schrieb ich: »Der VIII. Parteitag hat beschlossen ... Dazu stehen wir. Doch verfügen wir hier und da noch über Reserven.«

Dieses Pamphlet lieferte ich im »Großen Haus« ab.

Ehrensperger war vor allem enttäuscht: »Von dir hätten wir Grundlegenderes erwartet!«

»Dann hättet ihr mir genehmigen müssen, dass ich gegen Parteibeschlüsse verstoße«, verteidigte ich mich.

Wäre es nach mir gegangen, hätte ich als Erstes eine Zentralbank und Geschäftsbanken gegründet, letztere mit Kapital ausgestattet und eigene Gewinne erwirtschaften lassen. Genauso hatten wir es ja schon einmal gehabt, aber 1974 – als ich nach Berlin kam – war die *Industrie- und Handelsbank* mit der *Staatsbank* verschmolzen worden. Da wagte ich mich nicht ran. Außerdem hätte ich Apels Wertkategorien wieder in den Mittelpunkt der Entscheidungen gestellt. Da wäre Mittag die Wände hochgegangen.

Was so dramatisch begonnen hatte, verlief letztlich im Sand. Ein paar meiner Ideen wurden aufgegriffen, aber nichts grundlegend verändert. Ich blieb im Kollegium der *Staatsbank*, Kaminsky und Morgenstern ebenfalls.

Als Anfang der 80er Jahre auf den Weltmärkten schlagartig der Ölpreis stieg, wäre es für uns als rohstoff- und devisenarmes Land ein ökonomischer Fehler gewesen, weiterhin teures Erdöl zu verheizen. Verkauften wir es weiter oder spalteten es auf zu Produkten wie Plaste, Elaste oder Fasern, erhielten wir unterm Strich mehr Valuta. Also beschloss das Politbüro auf Vorschlag von Mittag die sogenannte Heizölablösung. Mit Öl beheizte Kraftwerke wurden umgebaut beziehungsweise durch Kohlekraftwerke ersetzt, ein Milliardenprogramm. Wenig später stürzte der Ölpreis wieder, wir jedoch folgten unbeirrt dem einmal eingeschlagenen Weg.

Während einer Parteiversammlung stand ich auf und sagte: »Wir werfen mal wieder mit der Wurst nach dem Schinken! Allein der Abtransport der Braunkohlenasche steht in keinem Verhältnis zum aktuellen Erdölpreis.«

Anderntags erhielt ich einen Anruf aus dem Ministerium für Staatssicherheit: »Genosse Most, es geht um Ihre Äußerungen bezüglich der Heizölablösung. Wir hätten das gerne im Detail mit Ihnen besprochen.«

Einen Tag später saßen zwei Unbekannte in meinem Büro, die von der Materie etwas verstanden. »Sie haben die Heizölablösung aus ökonomischer Sicht kritisiert«, ließen sie mich wissen, »wir beschäftigen uns ebenfalls mit dem Thema. Können Sie uns an Ihren Überlegungen teilhaben lassen?«

Ich begann mit dem Stand des Dollars zur Westmark und ging von dort zum einst gestiegenen Ölpreis. »Aber was vor kurzem oben war, ist jetzt wieder unten. Warum also fahren wir nicht wieder unsere alte Politik, sondern ziehen diese sündhaft teure Heizölablösung durch? Das kostet Milliarden!«

Neugierig geworden fragte ich sie, in wessen Auftrag sie mich konsultierten: »Mielke will im Politbüro zu diesem Thema gegen Mittag antreten.«

Und ich hatte gedacht, Mittag hätte sie geschickt, weil er die Heizölablösung im Politbüro zur Disposition stellen wollte. Dass sie mit meinen Informationen Mielke ausstatteten, damit er Mittag wirtschaftspolitisch eins auswischte, empfand ich als inneren Vorbeimarsch.

Sieh an, sagte ich mir, die da oben sind sich auch nicht ganz grün.

125

Kriegsspiele im Bunker

Während des Kalten Krieges rechneten beide Seiten mit der Möglichkeit einer militärischen Auseinandersetzung. Am *Point Alpha* in der Rhön, zwanzig Kilometer von meinem Heimatort entfernt, befand sich ein vorgelagerter Posten der NATO. Unweit davon, auf der Ostseite der innerdeutschen Grenze, lag ein NVA-Stützpunkt.

In dem NATO-Posten, welcher heute ein Museum beherbergt, wurden am 17. Juni 2008 Gorbatschow, Kohl und einige andere Leute ausgezeichnet. Bis zu diesem Tag konnte man dort eine Tonbandaufnahme hören, deren Inhalt ich als Hirngespinst abtun würde, hätte ich jenes historische Band nicht mit eigenen Ohren gehört.

Ihm war zu entnehmen, wie die Amerikaner ihre Lage einschätzten: »Wenn sich die russischen Panzer in Bewegung setzen, sind sie bei uns, bevor unsere Soldaten aus ihren Kasernen kommen.«

Ihnen war klar, dass sie angesichts der in Ostdeutschland, Polen und der Tschechoslowakei stationierten sowjetischen Streitkräfte keine Chance hatten. Deshalb lagerten sie in Hessen Atomsprengköpfe ein, mit denen sie die heranrückenden Truppen des Warschauer Vertrags zu bekämpfen trachteten. Ich erinnere mich gut an den Wortlaut der auf jenem Band festgehaltenen Aussage: »Damit nehmen wir in Kauf, dass ein Teil Bayerns, Hessen und die Hälfte Ostdeutschlands vernichtet werden.«

Parallel zu den Rüstungsaktivitäten der beiden Blöcke vollzog sich eine Militarisierung der gesamten Gesellschaft. In allen Ministerien und Kombinaten wurde geübt: Wie muss ich mich im Fall einer Eskalation des Konflikts zwischen den beiden Blöcken verhalten?

Zu diesem Zweck gab es den Bereitschaftsdienst, den sogenannten B-Dienst. Als ich in der Berliner Zentrale der Staatsbank anfing, wurde auch ich dazu verpflichtet. Sie stuften mich für den Ernstfall als »Chef operativ« ein. Das heißt:

Wäre es zu einem Krieg der Warschauer Vertragsstaaten gegen die NATO gekommen, hätte ich als oberster Finanzchef fungiert – als General für die Finanzen.

Die für den B-Dienst zu besonderer Vertraulichkeit verpflichteten Mitarbeiter hatten regelmäßig Übungen durchzuführen. Während dieser erarbeiteten wir sämtliche für den Ernstfall notwendigen Dokumente: ein eigenes, unter Kriegsbedingungen funktionierendes Überweisungssystem, operative Kredit- und Finanzpläne, spezielle Genehmigungsverfahren zur Ausreichung von Darlehen und so weiter.

Die meisten Menschen wussten gar nicht, dass es diese Übungen gab. Ich durfte nie sagen: »Ich habe dieses Wochenende B-Dienst.« Die wenigen Leute, die involviert waren, wussten untereinander Bescheid, das musste genügen.

Per Telefon erhielt ich eine codierte Nachricht, welche besagte: »Du hast dich am Tag X um 16 Uhr in der *Staatsbank* zu melden.« Damit war klar: Es ist mal wieder so weit. Die Übungen begannen meistens am Freitagnachmittag und dauerten bis zum Sonntag – wie die Manöver der Kampfgruppen. Während des B-Dienstes waren wir in der Bank eingeschlossen und für niemanden von außerhalb zu sprechen.

Zunächst versammelten wir uns im Haus 1 beim Präsidenten. In diesem Moment hatte dieser quasi die Generalhosen an. Er trug zwar keine Uniform, aber er wusste sich so zu verhalten, als hätte er die roten Streifen am Hosensaum. Denn hohe Finanzoffiziere aus dem Verteidigungsministerium in Strausberg überwachten die Übung.

Der Raum, in dem wir uns einfanden, war eigens für den B-Dienst hergerichtet. Die Wand war bedeckt von einer riesigen Deutschlandkarte aus Metall. An dieser Magnettafel wurde der jeweilige Frontverlauf mit Fähnchen markiert.

Hier erhielten wir unsere Aufträge. Zunächst kriegten wir ein Papier ausgehändigt, welches eine angenommene Kampfsituation skizzierte, die aber stets von der Annahme eines Überfalls durch die Gegenseite ausging. Darin hieß es zum

Beispiel: »Die Armeen des Warschauer Vertrags befinden sich in Alarmbereitschaft, die NATO greift in Kürze an ...«

Wenig später wurde verkündet: »Die amerikanischen Piloten steigen jetzt in Kassel in ihre Maschinen. Sie fliegen nach Thüringen, bombardieren unsere Städte.«

Es folgten Befehle für unser weiteres Handeln.

Zu unseren für den Ernstfall getroffenen Maßnahmen gehörte die Einlagerung von sogenanntem Militärgeld in besonderen Depots. Stalin hatte gesagt, jeder Soldat müsse Geld in der Tasche haben, auch wenn es nichts wert ist. Er müsse schließlich an etwas glauben. Und der Mensch glaubt eben vor allem an Geld.

So ließ er die Soldaten der Roten Armee mit Geld ausstatten. Seine Erkenntnis wurde nach dem Krieg von den Staaten des Warschauer Vertrags übernommen. Demzufolge lagerten wir in den Tresoren der *Staatsbank* Militärgeld für die NVA und ihre »Bruderarmeen« ein. Die Depots befanden sich in Berlin und Leipzig. Wir waren – bedingt durch die geografische Lage – nun mal der Brückenkopf.

Im jetzigen Außenministerium, der einstigen Direktion der Reichsbank des Dritten Reichs und späterem ZK-Gebäude, befinden sich unter der Erde auf zwei Etagen Tresore. Dort unten kann man mit dem Auto herumfahren, so groß sind die Räumlichkeiten. Sie können im Bedarfsfall mit dem Wasser der Spree geflutet werden. Dort lagerte das Berliner Militärgeld. Die Bevölkerung bekam es nie zu Gesicht.

Eines Nachts, das werde ich nie vergessen, hieß es: »Das Leipziger Militärgeld-Depot ist ausgebombt, das dort eingelagerte Geld steht uns nicht mehr zur Verfügung.«

Neben den Militärs aus Strausberg, die unser Handeln minutiös verfolgten, schaute uns auch das Politbüro auf die Finger. Für uns war Alfred Neumann zuständig. In jener Nacht erteilte mir Ali, nachdem uns jene Botschaft erreicht hatte, den Befehl: »Wir brauchen sofort Lösungen. Wie können wir das Depot in Leipzig ersetzen? Mit welchem Geld rüsten wir die bereits anrückenden Armeen des Warschauer Vertrags aus? Chef Operativ, ich erwarte deine Lösungen!«

Da saß ich nun – alle anderen schliefen – und zermarterte mir das Hirn: Woher sollte ich dieses Militärgeld nehmen? Schließlich fiel mir ein, dass wir in unseren Tresoranlagen auch Schalck-Golodkowskis *Forumschecks* liegen hatten. Seit 1979 waren alle DDR-Bürger per Gesetz verpflichtet, jegliche Art frei konvertierbarer Währungen in *Forumschecks* umzutauschen. Sie waren in jener Nacht meine Rettung. »In allen Bankfilialen sämtliche *Forumschecks* requirieren, aus ihnen machen wir Militärgeld«, befahl ich.

So probten wir für den Ernstfall. Notfalls hätten wir das Bankgeschäft unter extremen Bedingungen weitergeführt – auch ohne EDV. Die Leute mussten die Handbuchführung beherrschen.

Nach der Wende erfuhr ich in Gesprächen mit hochrangigen Funktionären aus der Bundesrepublik, dass es ähnliche Übungen auch im Westen gegeben hatte.

Die Geschichte meiner Stasiakte

Ich war fünfzehn Jahre alt, als man mich in Bad Salzungen nach meiner Mitgliedschaft in der Jungen Gemeinde befragt hatte. Das war während meiner Lehrzeit.

In Schwedt hatte mir Gerds Brief aus Südafrika Ärger bereitet. Als er später wieder in Deutschland lebte, sollte ich ihn gar für die Auslandsaufklärung von Markus Wolf anwerben. Dazu wollten sie ihn nach Leipzig auf die Messe einladen. Über die Informationskanäle meines Vaters und seiner Bekannten im Westen ließ ich Gerd ausrichten, er solle besser bleiben. Er kam nicht, obwohl das Hotelzimmer für ihn bereits reserviert war.

Heute lache ich darüber – damals waren das Verrenkungen, bei denen ich mich fragte: »Kannst du das riskieren, kommt das womöglich raus?« Ich war im Zwiespalt mit mir.

In Sachen Wirtschaftskriminalität arbeitete ich mit der Staatssicherheit über all die Jahre eng zusammen, denn für diesen Bereich war nur sie, nicht die Kriminalpolizei, zuständig. In dieser Hinsicht war das MfS für mich ein Ministerium wie jedes andere auch. In Schwedt arbeiteten über hundert Firmen aus dem In- und Ausland. Neueste Technologien kamen zum Einsatz. Dort ging es zwangsläufig um nationale Sicherheitsinteressen.

In Berlin begegnete ich dem MfS auf gänzlich neue Art. Ich wohnte unmittelbar an der Staatsgrenze. In meinem Arbeitszimmer war ich bestens unter Kontrolle: Direkt auf meinen Schreibtisch schaute eine jener Kameras, die außen installiert worden waren, um die Leipziger Straße und das Grenzgebiet zu überwachen.

Um das Jahr 1982 versuchte das MfS, mich als IM zu gewinnen. Immer wieder kreuzten sie in der *Staatsbank* auf. »Ich weiß gar nicht«, was ihr von mir wollt«, sagte ich.

Doch so leicht ließen die sich nicht abwimmeln. Nun brachten sie meine Familie ins Spiel. Meine ältere Tochter war inzwischen achtzehn Jahre alt. In jenem Jahr bot die *Humboldt-Universität* erstmals den Studiengang Molekularbiologie an, für den sie sich interessierte. »Deine Tochter will Molekularbiologie studieren?« Ich verstand die Andeutung so, wie sie wohl auch gedacht war: Das müsse sie ja nicht, hieß

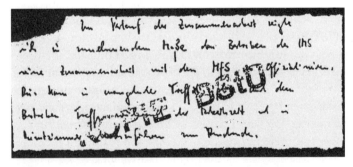

Verbrannter »IM Heinrich«: »mangelnde Treffdisziplin« und überdies habe er die Zusammenarbeit »offizialisiert«

das, wir können's unter Umständen auch verhindern. – Bislang hatte ich meine Familie immer heraushalten können. Das sollte auch so bleiben. Und damit hatten sie mich.

Nach langem Sträuben setzte ich im Haus 1 der *Staatsbank* meine Unterschrift auf ihr Papier. Allerdings unterschrieb ich nur mit »Heinrich«, meinem zweiten Vornamen. Meinem Gegenüber war offenbar entgangen, dass ich Edgar Heinrich hieß.

»Die können mich mal«, sagte ich mir und ging hinüber ins Haus 2, wo die Industrie saß. Dort verkündete ich meinen Kollegen: »Stellt euch vor, ich musste gerade bei der Stasi unterschreiben. Unsere normale Zusammenarbeit reicht ihnen nicht.« In der Folgezeit ließ ich noch viele an dem großen Geheimnis teilhaben. Damit war ich fürs MfS »verbrannt«. Mit einem inoffiziellen Mitarbeiter, der sich allen offenbarte, konnten sie nichts anfangen. Meine Rechnung – so simpel sie war – ging auf. Im Abschlußbericht heißt es, »Im Verlaufe der Zusammenarbeit zeigte sich in zunehmendem Maße das Bestreben des IMS, seine Zusammenarbeit mit dem MfS zu offizialisieren«, womit gemeint war: Ich hatte über diesen Kontakt öffentlich Mitteilung gemacht.

Sie brachen, bedingt durch meine Funktion, den Kontakt nicht ab. Kamen sie mit Sachfragen, zum Beispiel zur neuen Kreditreform, hielt ich mit meiner Meinung nicht hinterm Berg: »Ich erzähle euch alles, was ich dazu zu sagen habe, aber lasst mich mit dem anderen Zeug in Ruhe.« In der Bank wussten sie: »Der Most hat unterschrieben, aber er wird keinen anschwärzen.« Somit war ich ehrlich und frei.

Jene Episode mit dem MfS verfolgte mich bis in die 90er Jahre. Ich gehörte mittlerweile zum Leitungsgremium der Deutschen Bank in Berlin, als eines Tages zwei Journalisten in meiner Tür standen: »Herr Most, wir schreiben für *Die Welt* und möchten gern ein Interview mit Ihnen führen.«

Nachdem ich sie hereingebeten hatte, rückten sie mit der Sprache heraus: »Wir haben Einsicht in Ihre Stasi-Unterlagen genommen.«

»Wie kommen Sie dazu?«, fuhr ich sie an. »Die kenne ich selbst nicht einmal. Das ist doch nicht auszuhalten, wie man hier behandelt wird! Ist das die deutsche Einheit, dass jetzt jeder in meinem Leben rumkramen und Akten einsehen kann, die Leute verfasst haben, die mich nicht mal kannten?«

Die Journalisten schauten mich betreten an, als ich fortfuhr: »Ich weiß nicht, was die über mich aufgeschrieben haben – und ich habe keine Ahnung, unter welchen Bedingungen sie das taten. Ich weiß jedoch, dass so mancher keine Wahl hatte zu unterschreiben und denen irgendwelchen Mist erzählte, um endlich Ruhe zu haben. Und das ist für Sie heute das Gottgegebene?

Wenn Sie mich fragen: Der Umgang mit den Akten ist eine einzige Sauerei! Ich selbst werde mir meine niemals ansehen. Ich will nicht wissen, wer was über mich gesagt hat. Ich will meine Freunde behalten.«

Die Welt *rettete am 16. Juli 1996 Most vor einem möglichen Rufmord, indem sie den Vorgang öffentlich machte. Anderen erging es in vergleichbarer Lage nicht so gut*

Als die Journalisten wieder zu Wort kamen, sagten sie: »Bitte, Herr Most, beruhigen Sie sich! Ihre Akte ist absolut sauber. Die Stasi selbst hat das vermerkt. Und diesen handschriftlichen Vermerk werden wir veröffentlichen.«

Ich stand in jenen Tagen im Mittelpunkt des deutschen Finanzwesens. Ich hatte die *Deutsche Kreditbank AG* gegründet, Joint Ventures mit der *Deutschen* und der *Dresdner Bank* in die Wege geleitet, war in die Führungsetage der *Deutschen Bank* aufgestiegen und hatte tagtäglich mit den Managern zu tun. Es gab viele, denen ich auf diesem Parkett als Ossi ein Dorn im Auge war. Ohne Zweifel gab es auch Leute, die mich mit Hilfe meiner Akten hochgehen lassen wollten. Ausgerechnet die Akten hatten nun den Gegenbeweis erbracht.

Eines Tages fuhr ich früh in unsere Zentrale in der Otto-Suhr-Allee zu einer Geschäftsleitungssitzung. Als ich zur Tür hereinkam, applaudierten alle – die gesamte Geschäftsleitung, all meine Westberliner und westdeutschen Kollegen. Ich wusste nicht, was los war. Sie traten auf mich zu und sagen: »Herr Most, haben Sie nicht die Zeitung gelesen?«

Die hatten alle schon die Presse auf dem Tisch – und ich noch immer keinen Schimmer.

»Herr Most, wir können anstoßen. Die Staatssicherheit selbst hat Sie freigesprochen.«

Sie hielten mir die Zeitung unter die Nase: Ich, Nahaufnahme im DDR-typischen *Präsent 20*-Anzug in der *Staatsbank*. »Ausgerechnet die Stasi-Akte rettet den guten Ruf«, stand in dicken Lettern über dem Artikel.

Mitten im Text hatten sie einen Ausriss aus einem Originaldokument platziert. Es enthielt jenen Sechszeiler eines MfS-Offiziers, welcher mich komplett entlastete. Das war praktisch meine Reinwaschung. Es hatte sich ausgezahlt, ehrlich zu bleiben. Doch wie viele hatten solches Glück nicht!

Jener Zeitungsartikel hatte ein privates Nachspiel. Erst jetzt erfuhr meine Familie von dieser Geschichte. All die Jahre hindurch hatte ich sie aus der Sache herausgehalten. Nun aber war was los! Am längsten brauchte meine jüngste Tochter, um darüber hinwegzukommen. Ihr Mann, der aus den alten Bundesländern kommt, meinte zu ihr: »Ich weiß gar nicht, was du willst. Du kannst doch stolz sein auf deinen Vater. Der hat denen doch ein Schnippchen geschlagen.«

Staat im Staate: Alexander Schalck-Golodkowski

Im Auftrag von Kurt Morgenstern, Stellvertreter des Chefs der Staatsbank, saß ich in der Regierungskommission Industrie/Außenhandel, die dem Minister für Außenhandel Gerhard Beil unterstand. Dort lernte ich auch Alexander Schalck-Golodkowski kennen, der soeben Staatssekretär für den Bereich *Kommerzielle Koordinierung (KoKo)* geworden war, welcher ebenfalls dem Ministerium für Außenhandel unterstand. Schalck genoss umfassende Sondervollmachten. Er war ein Staat im Staate – betraut mit der Aufgabe, Devisen zu beschaffen. Zu diesem Zweck war es ihm jederzeit möglich, DDR-Vermögen einzusetzen.

Praktisch existierten in der DDR zwei Zahlungsbilanzen: die des Finanzministers, die wir der Welt präsentierten, und eine zweite: die von Schalck. Der Verschuldungsgrad unseres Landes war hauptsächlich in jener zweiten, nicht für die Öffentlichkeit zugänglichen Bilanz zu ersehen.

Ich lernte Schalck Ende der 70er Jahre kennen, als wir zwei Millionen Tonnen Erdöl im Iran erwerben wollten. Ich war an den Gesprächen zwischen dem Generaldirektor des *PCK Schwedt*, Werner Frohn, und Schalck, der die Verhandlungen führte, beteiligt.

In Berlin hatte ich öfter mit Schalck zu tun. Der Anlass war meist der gleiche: Immer, wenn wir bei der Zahlungsbilanz Probleme bekamen, folgte der Regierungsbeschluss: »Alles, was nicht niet- und nagelfest ist, wird schnellstens in den Westen verkauft.«

Schalck verscherbelte diese Produkte dann in aller Welt, um Valuta einzuspielen. Dabei verkauften wir unsere Produkte in der Regel weit unter dem marktüblichen Preis, aber letztlich zählte, was unter dem Strich dabei herauskam. Als Leiter der Kreditkommission war ich dafür verantwortlich, die von Schalck zu requirierenden Bestände zu analysieren. Deshalb landeten viele der von Schalcks *KoKo* betriebenen Geschäfte auf meinem Tisch. Dazu führten wir gemeinsam mit der staatlichen Finanzrevision in Betrieben und Kombinaten Bestandsaufnahmen nicht benötigter Materialien und Erzeugnisse durch. Jeder Betrieb verfügte über festgeschriebene Planbestände.

Waren diese nicht groß genug, sprach man von Unterplanbeständen. Hatte er dagegen zu viel, waren das Überplanbestände. Diese zeigten an, dass wir etwas auf Halde produzierten – vergeudete Werte, die von der Bank sonderfinanziert werden mussten. Über die Kreditkommission finanzierten wir Geschäfte, die außerhalb des Plans liefen, aber im Interesse des Staates lagen.

Persönlich traf ich Schalck, wenn es um den Bereich der sogenannten Kompensationsgeschäfte ging. Aus Japan kamen zum Beispiel Spaltanlagen für Leuna oder Schwedt sowie eine Harnstoffanlage für Piesteritz. Schalck regelte mit den Japanern: »Ihr baut uns die Fabrik. Mit den dort produzierten Erzeugnissen zahlen wir die Investition zurück.«

Die Anlage musste demzufolge groß genug sein, dass sie unseren Bedarf deckte *und* zur Rückzahlung der Kredite reichte.

Auch die Ausstattung der Intershops fiel in Schalcks Zuständigkeitsbereich. Zwar brachten sie uns Devisen, doch hatten wir damit bald das Problem der zweiten Währung – samt all ihrer Nebenwirkungen: Man erhielt bestimmte Waren oder Leistungen nur noch mit D-Mark.

Das konnte sich der Staat auf Dauer nicht leisten, also beschloss die Regierung: Alle Bürger müssen ihre D-Mark oder andere frei konvertierbare Währungen in *Forumschecks* umtauschen. Nur mit diesen konnten sie im *Intershop* einkaufen. Die *Forumschecks* lagen bei uns in der *Staatsbank* –

und »retteten« mich, wie bereits erwähnt, bei einer unserer nächtlichen B-Dienst-Übungen.

Schalck war stets damit beschäftigt, die vom Westen aufgestellten Cocom-Listen zu unterlaufen – jenes von den Amerikanern im Kalten Krieg initiierte Embargo, das den RGW-Staaten den Erwerb westlicher Technologie erschweren sollte. Der Westen wollte verhindern, dass unsere Wirtschaft wuchs. Sie wollten uns ganz unten sehen. Schalck gelang es dank seiner internationalen Beziehungen – vielleicht auch durch seine Tätigkeit als Staatssicherheitsoffizier – immer wieder, diese Einfuhrbeschränkungen zu umgehen.

Einmal kaufte er für umgerechnet 400 Millionen Mark Festplattenspeicher aus Japan, die bei *Robotron* in Zella-Mehlis zwischengelagert wurden. Über diese gewaltige Investitionssumme – außerhalb des Plans – sollte ich allein entscheiden.

Mein siebenter Sinn sagte mir: Mensch Edgar, das geht meilenweit über deine Kragenweite hinaus, das lässt du von anderen gegenzeichnen.

Bei mir in der Kreditkommission saßen ein paar Leute vom Ministerium für Außenwirtschaft. Von denen ließ ich zunächst einmal ein Protokoll anfertigen und Minister Beil zur Unterschrift vorlegen. Des Weiteren saß in nahezu jeder Regierungskommission Wolfgang Rauchfuß, der Minister für Materialwirtschaft, also ließ ich das Papier auch von ihm unterschreiben. Es folgten Gerhard Schürer von der Staatlichen Plankommission, Finanzminister Ernst Höfer und der Präsident der *Staatsbank*, Horst Kaminsky. Schließlich hatten alle, die auf dem Gebiet der Finanzen etwas zu melden hatten, mein Papier unterzeichnet.

Mit diesem Protokoll nun konfrontierte mich nach der Wende der Generalstaatsanwalt der Bundesrepublik. »Herr Most, das haben Sie genehmigt«, sagte er, »klären Sie uns bitte mal auf: Existierten die darin aufgelisteten Waren wirklich oder wurde da geschummelt?«

»Ich selbst habe die Ware nie gesehen«, erwiderte ich, »das lief als geheime Verschlusssache. Wir hatten GVS-verpflichtete Leute, die diese Waren kontrollierten.«

»Wie aber konnten die in Thüringen das refinanzieren?«, wollte der Generalstaatsanwalt wissen.

»Die haben das nicht refinanziert, das haben *wir* in Berlin gemacht.«

»Ach so?«

Ich erklärte ihm in Kurzform das Bank-System der DDR. Daraufhin fragte er: »Besagte Investition wurde doch in die von Ihnen gegründete *Kreditbank* übernommen und anschließend durch die Bundesrepublik Deutschland entschuldet?«

»Genau«, bestätigte ich, »per Genehmigung des Aufsichtsamtes für Kreditwesen, das war in Ordnung.«

»Wieso aber bestehen dann Verpflichtungen gegenüber einer Firma in Österreich? Die wollen 80 Millionen von uns. Verstehe ich Ihr Kontensystem richtig, bedeutet das, dass wir 80 Millionen von den Österreichern bekommen.«

Die vorgesehene Anweisung des Finanzministers wurde gestoppt und alles neu aufgerollt. Nachdem verschiedene Prozesse geführt worden waren, erhielt der Finanzminister tatsächlich Geld zurück.

Meine Bekanntschaft mit Schalck hatte noch ein anderes gesamtdeutsches Nachspiel: Anfang der 90er Jahre wurde ich als Zeuge vor den Schalck-Untersuchungsausschuss des Deutschen Bundestags nach Bonn geladen. Vor mir war Walter Siegert drin, der letzte Finanzminister der DDR. Als er rauskam und mich sah, sagte er: »Edgar, sei vorsichtig, die sind uns nicht wohlgesinnt!«

Im Untersuchungsausschuss saßen mir zwölf Mann gegenüber.

»Sie haben ja eine sozialistische Karriere par excellence hingelegt«, begannen sie die Befragung.

»Muss ich mich dafür entschuldigen?«

Statt einer Antwort hieß es: »Und jetzt sitzen Sie bei der *Deutschen Bank* in der obersten Chefetage? Sie arbeiteten in der DDR im höchsten Gremium der *Staatsbank*. In einer Bank können weder das Parteivermögen der SED noch Schalcks Millionen einfach so verschwinden. Als einer der letzten Mandatsträger der DDR wissen Sie sicherlich, wo diese Gelder geblieben sind ...« Die wollten mir tatsächlich anlasten, ich hätte als letzter Vizepräsident der *Staatsbank* mitgeholfen, die Schalck- und Partei-Gelder um die Ecke zu bringen.

Ich weiß nicht, wie ich von dort nach Hause kam. Während des Flugs versank ich in heilloses Grübeln. Wenn schon in meinen Stasiakten kein belastendes Material gegen mich zu finden gewesen war, wollten sie mich nun mit dem verschwundenen DDR-Vermögen in die Pfanne hauen!

Spätabends rief ich Kopper an, den Vorstandssprecher der *Deutschen Bank*: »Ich komme gerade aus dem Schalck-Untersuchungsausschuss. Die wollten mir anhängen, ich hätte, weil ich der letzte Mann in der *Staatsbank* war, das Parteivermögen und Schalcks *KoKo*-Millionen verhökert.«

Kopper dachte, ihn trifft der Blitz, als er hörte, dass ich ohne Anwalt vor den Untersuchungsausschuss gegangen war. Er gebot mir, in dieser Sache fortan den Mund zu halten.

Ich dachte: »Aha, das Erste, was man in unserem Rechtsstaat benötigt, ist das Geld für einen guten Anwalt, und dafür benötige ich eine Rechtsschutzversicherung.«

Das Ende der DDR

Anfang Oktober 1989 bestellten mich Günter Ehrensperger, Mittags Stellvertreter, und sein Sektorenleiter Robert Lerch ins Zentralkomitee. »Genosse Most, die Partei hat beschlossen, du wirst oberster Finanzchef der Deutschen Demokratischen Republik – noch über dem Finanzminister und dem Präsidenten der *Staatsbank*.«

»Eine solche Funktion gibt es doch nicht«, wandte ich ein.

»Doch. Es ist keine staatliche, sondern eine hauptamtliche Parteifunktion.«

Ich sollte den verlängerten Arm von Günter Mittag spielen. Mir lief es eiskalt den Rücken runter. »Ich vertrete die Partei in meinem Beruf«, entgegnete ich, »eine solche Funktion zu bekleiden kann ich mir, ganz ehrlich, nicht vorstellen.«

»Du weißt Bescheid: Bei uns hat ein Genosse zwei Minuten Zeit, sich zu entscheiden. Dir geben wir zwei Tage.« Mit diesen Worten entließ mich Ehrensperger.

Daheim heulte ich Rotz und Wasser. Dann rief ich meinen Kumpel Kutte an. Er kam wie ich aus Tiefenort und war nicht in der Partei. »Wenn du nicht davon überzeugt bist, mach es nicht«, riet er mir. »Es herrscht so eine Unruhe im Land – das geht sowieso nicht mehr lange gut.«

Ich sprach mit Walter Halbritter, dem Leiter des Amtes für Preise. Er sagte: »Wenn du Bedenken hast, lass es!«

Vorsichtshalber rief ich Werner Frohn an, den Generaldirektor des PCK in Schwedt: »Gesetzt den Fall, die schmeißen mich aus der *Staatsbank*, vielleicht sogar aus der Partei – fängst du mich auf?«

»Na klar. Ich verstecke dich hier, und nach einem Jahr bist du mein Stellvertreter.«

Auch andere Freunde aus der Wirtschaft versicherten mir: »Mach dir keine Sorgen, wenn sie mit dir Schlitten fahren, kommst du zu uns.« Mit dieser Unterstützung im Rücken ging ich nach zwei Tagen ins Zentralkomitee und sagte: »Es bleibt bei meiner Entscheidung, ich mache das nicht.«

Ich höre sie noch heute sagen: »Bei dir stimmen Wort und Tat nicht überein. Wir haben Genossen Kaminsky bereits beauftragt, dich aus der *Staatsbank* zu entfernen.«

Obwohl ich mit dieser Reaktion gerechnet hatte, war ich geschockt. Völlig am Ende mit meinen Kräften, ging ich zum Arzt, der einen Blutdruckwert von 240 maß. Kopfschüttelnd befand er: »Sie müssen auf der Stelle zur Kur!« Ich folgte seinem Rat, zumal das sowieso geplant war.

Während meines Kuraufenthalts im Regierungskrankenhaus Bad Liebenstein trat Honecker zurück und wurde die Staatsgrenze durch einen Versprecher Schabowskis geöffnet. In dieser Zeit trafen sich viele Führungsleute im Sanatorium und stimmten sich über ihr weiteres Verhalten ab. In der Sauna wurden Reden vorbereitet.

Nach der Maueröffnung entschied die Regierung der DDR: Jeder Bürger darf in beschränktem Umfang D-Mark erwerben. Zunächst gab es für jeden maximal 15 Deutsche Mark zum Kurs 1:1.

Daraufhin hatten die grenznah gelegenen Filialen allesamt das gleiche Problem: »Woher kriegen wir genügend Westgeld?« Ich fuhr zu meiner Heimatfiliale nach Bad Salzungen. Auf dem Marktplatz hatten sich über tausend Menschen versammelt, die ihre 15 D-Mark einforderten. Dieser aufgebrachten Menge zu erklären: »Wir haben kein Geld«, wäre der blanke Wahnsinn gewesen – die hätten die Bank gestürmt. Gemeinsam mit Filialleiter Dieter Döll trat ich vor die Menge und bemühte mich, die Leute zu beruhigen: »Wir haben nicht genügend D-Mark vorrätig, aber wir werden Geld beschaffen. Seid vernünftig und wartet solange!«

So konnten wir fürs Erste etwas Ruhe stiften. Dennoch, die Zeit drängte.

Das Nächstliegende erschien mir, bei der *Sparkasse* in Philippsthal anzurufen. Dort, knapp zwanzig Kilometer von Bad Salzungen entfernt, befand sich der nächste Grenzübergang. »Hören Sie zu, wir haben hier den Marktplatz voller Leute. Die treten uns die Tür ein, wenn wir ihnen nicht schnellstens D-Mark herausgeben.«

»Wie viel brauchen Sie?«, fragten die Philippsthaler.

»Keine Ahnung, vielleicht drei Geldsäcke voll, klein gestückelt – das Ganze auf Schuldschein der *Staatsbank der DDR*. Sobald ich in Berlin bin, werde ich die Rückzahlung veranlassen.«

Wie überrascht war ich, als sie mir darauf erwiderten: »Wir sind bereit, Ihnen zu helfen, aber so viel Bargeld haben wir nicht. Sie müssen zur Kreisfiliale nach Bad Hersfeld. Wir lassen alles vorbereiten. Dann kommen Sie mal rüber.«

Das nenne ich gelebte deutsche Einheit.

Doch wie schafften wir das Geld hierher? Ich konnte schließlich keinen Geldtransport mit Eskorte der Volkspolizei in den Westen schicken.

Um sicherzugehen, dass das Geld wirklich in Bad Salzungen ankam, setzte ich zwei junge Frauen mit ins Auto. Ich ging davon aus: Die lassen ihre Kinder nicht sitzen, die kommen wieder. Und schon sauste der *Moskwitsch* Richtung Bad Hersfeld.

Spätabends brachten sie die Säcke voller Geld. Nun konnten wir den auf dem Marktplatz Ausharrenden ihre D-Mark auszahlen. Mit den Geldsäcken leerte sich der Platz. Fürs Erste kehrte Ruhe ein.

Die Verrechnung klärten wir mit der Zentrale in Berlin. Dort waren sie froh, dass wir uns selbst geholfen hatten, und

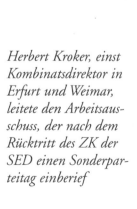

Herbert Kroker, einst Kombinatsdirektor in Erfurt und Weimar, leitete den Arbeitsausschuss, der nach dem Rücktritt des ZK der SED einen Sonderparteitag einberief

beglichen die Schulden bei der *Sparkasse* in Bad Hersfeld. Dass dies so reibungslos lief, erscheint mir als Wunder.
Für die Wochenenden 8./9. und 16./17. Dezember 1989 wurde ein Sonderparteitag der SED einberufen. Hauptinitiator war mein alter Mitstreiter Herbert Kroker.

Die zentralen Finanz- und Bankorgane, zu denen das Finanzministerium, die *Außenhandelsbank*, die *Handelsbank*, das DDR-Versicherungswesen – also alles, was mit Geld zu tun hatte – gehörten, durften drei Delegierte zum Sonderparteitag schicken. Auf der Liste standen achtzehn Kandidaten. Ich war der Einzige, der im ersten geheimen Wahlgang von 80 Prozent der Stimmberechtigten nominiert wurde. Statt mich aus der *Staatsbank* zu entfernen, hatten mich meine Kollegen zum Vertreter der zentralen Finanz- und Bankorgane für den Sonderparteitag der SED auserkoren. *Staatsbank*-Präsident Kaminsky sagte darauf zu mir: »Jetzt bist du endlich da, wo du immer sein solltest.«

In Vorbereitung des Parteitags redete ich im *Kabelwerk Oberspree* und bei *Elektrokohle Lichtenberg* mit Arbeitern der Nachtschicht. Ich wollte die Stimmung an der Basis sondieren, herausfinden, was die Leute bewegte. Doch die Arbeiter sahen mich krumm an. Wie sollte ich ihre Fragen beantworten? Wusste ich doch selbst nicht, was auf uns zukam. Ich war froh, dass ich keinen Knüppel ins Kreuz kriegte.

Auch was die Zukunft der Partei betraf, wusste keiner, wohin es ging. Seit Öffnung der Mauer herrschte das absolute Chaos. Keiner wusste so recht: Wer hat eigentlich noch etwas zu sagen? Wir konnten froh sein, dass zumindest in der Bankenwelt, die die täglichen Finanzgeschäfte abwickelte, Ordnung herrschte.

In der *Akademie für Gesellschaftswissenschaften* in Berlin-Mitte fanden regelmäßig Vorbereitungssitzungen der Delegierten des Sonderparteitags statt. Ich hatte in meiner Schulzeit so manches über revolutionäre Situationen gehört. In diesen nächtlichen Diskussionsrunden steckte ich mittendrin. Ich erfuhr am eigenen Leibe: In einer solchen Phase ticken die Uhren anders. In jenen Tagen und Nächten bekam ich ein deutliches Gespür dafür: Auf welche Menschen in meinem Umfeld darf ich blind vertrauen – und wen kann ich, kommt es hart auf hart, schlichtweg vergessen?

Einige Hardliner verfielen auf die Idee: »Auf unsere Soldaten können wir uns nicht mehr verlassen. Wir müssen dafür sorgen, dass die Kampfgruppen bewaffnet werden.«

Mir sträubten sich die Nackenhaare. Sofort fiel mir nämlich ein, dass wir in der *Staatsbank* über hundert MPi Kalaschnikow und einige leichte Maschinengewehre (lMG) liegen hatten. Dort wurden nicht nur unser Geld und die Devisen, sondern auch die Waffen der 23. Kampfgruppen-Hundertschaft verwahrt.

»Wer hat die Schlüssel für die Waffenkammer?«, hieß es in der nächtlichen Runde. Ich bekam eine Heidenangst.

Daraufhin erhob sich Mischa Wolf. Der ehemalige Leiter der Hauptverwaltung Aufklärung war bereits drei Jahre zuvor von seinem Amt zurückgetreten. Er war Delegierter wie ich. Ich bewunderte seinen Mut, am 4. November 1989 auf der großen Demonstration vor Tausenden von Menschen ans Rednerpult zu treten. Er war verhasst bis zum Letzten, obwohl die meisten der Versammelten nie etwas mit dem ehemaligen Auslands-Spionagechef zu tun gehabt hatten.

Nun forderte er mit seiner markigen Kommandostimme: »Genossen! Ich rate euch, setzt eure besten Männer vor die Waffenkammer. Wer auch nur eine Waffe rausgibt, muss standrechtlich erschossen werden.«

Das meinte er nicht wörtlich, aber er wollte damit klarmachen, wie wir mit diesem Thema umzugehen hatten. Nach seinem Auftritt herrschte Ruhe im Saal.

Mir war klar: Gelangten die Gewehre aus den Waffenkammern, auch jene aus der *Staatsbank,* in die falschen Hände, hätten wir morgen Weltkrieg. Allein die Vorstellung, jemand könnte sich eine Waffe besorgen und damit

143

zum wenige hundert Meter entfernten Checkpoint Charlie marschieren, trieb mir in jenen Tagen den Angstschweiß auf die Stirn. Wenig später nahm sich die Volkspolizei jener Kampfgruppenwaffen an.

Ich wollte auf dem Parteitag zu Geld- und Wertfragen sprechen, doch sie gestanden mir meine Redezeit erst weit nach Mitternacht zu. Da sagte ich: »Da hört keiner mehr hin, das nützt nichts.«

Einige Leute aus der Wirtschaft, allen voran einige Generaldirektoren, stellten den Antrag, die gesamte SED aufzulösen und eine neue Linke zu gründen.

Daraufhin hielt Ministerpräsident Hans Modrow eine Brandrede hinter verschlossenen Türen. Danach war das Thema einer Neugründung vom Tisch.

Die Auflösung der SED hätte zwangsläufig die Entlassung der Regierung und die Auflösung der Volkskammer nach sich gezogen. Und was würde dann mit dem Parteivermögen geschehen? Das waren überzeugende Argumente. Modrow schlug die Wahl eines neuen Parteivorstands vor.

Auf der zweiten Tagung am Wochenende vor dem Weihnachtsfest 1989 gab sich die Organisation einen neuen Namen: Partei des Demokratischen Sozialismus, PDS. Und um die Wurzeln nicht zu kappen, setzte man das Kürzel SED davor. Also SED-PDS. Das »SED« verschwand per Beschluss des Parteivorstandes am 5. Februar 1990 ganz aus dem Namen. Nur Gregor Gysi kokettierte damit später, er sei Chef dreier Parteien gewesen: erst Vorsitzender der SED, dann Vorsitzender der SED-PDS und schließlich der der PDS. Zur vierten langte es dann nicht mehr, da stahl ihm Oskar Lafontaine die Pointe.

Von Parteiarbeit und Parteidisziplin hatte ich genug. Im Februar 1990 trat ich aus der SED-PDS aus.

Gleichwohl muss man objektiv anerkennen, was die Geschichtsschreibung beharrlich ignoriert und in der öffentlichen Behandlung jener Jahre noch immer ausgeblendet wird: Diese SED und ihre Mitglieder haben die Kraft aufgebracht, nicht nur ihre eigene Führung auf allen Ebenen – von der kleinsten Parteigruppe bis hin zum Politbüro – abzuwählen und damit eine politische Neuordnung für eine demokratische Entwicklung zu ermöglichen, sondern auch die Grenze zu öffnen und einen Bürgerkrieg zu verhindern. Vergessen wir nicht, wie viele Menschen – von NVA und Grenztruppen über MfS, MdI und Kampfgruppen – unter Waffen standen! Wenn heute immer von »friedlicher Revolution« geredet wird, darf darüber nicht geschwiegen werden.

Für eine Partei hatte ich zudem keine Zeit mehr, ich musste ich mich um meine Arbeit kümmern – denn auch im Bankwesen ging es heiß her. Im Januar 1990 folgte der nächste »Run« auf die Banken. Nun durfte jeder DDR-Bürger einhundert Mark zu einem Kurs von 1:1 und weitere einhundert D-Mark zum Kurs von 1:5 erwerben. Mithin: Für 600 DDR-Mark bekam man 200 DM, was einem Verhältnis von 1:3 entsprach. (Im Gegenzug entfielen das sogenannte Reisezehrgeld von 15 DM und das Begrüßungsgeld von 100 DM.)

Damit sie dem Ansturm der Bürger gewachsen waren, arbeiteten sämtliche Wechselstellen dreischichtig.

Mitgestalter der deutschen Einheit hinter den Kulissen

Vom gesellschaftlichen zum privaten Kapital

Nicht nur auf der Straße – auch in der Bank herrschte eine revolutionäre Situation.

Im Dezember 1989 berief *Staatsbank*-Präsident Horst Kaminsky seine Stellvertreter zu einer Sonderleitungssitzung ein, auf der er verkündete: »Edgar wird mein erster und Wolfried Stoll mein zweiter Stellvertreter.«

Nach einer heftigen Diskussion votierten alle Kollegiumsmitglieder für den Vorschlag des Bankpräsidenten. Damit war ich ab Dezember Kaminskys erster Stellvertreter. Meine offizielle Berufung Anfang Februar durch Ministerpräsident Hans Modrow war nur noch Formsache.

»Jetzt bist du endlich in *der* Funktion, die ich – hätte sich die Parteiführung damals nicht quergestellt – schon vor Jahren für dich vorgesehen hatte.«

Womöglich war es sogar besser, dass ich erst jetzt zu diesem Amt kam. Andernfalls hätte ich nicht über genügend Kraft verfügt, meinen neuen Aufgaben gerecht zu werden.

Zunächst beantragten wir beim Ministerrat die Wiederherstellung des 1974 auf Druck der Parteiführung abgeschafften zweistufigen Bankystems. Kurz zuvor hatte ich gemeinsam mit Hans Taut und Wolfried Stoll einen Artikel zu diesem Thema im *Neuen Deutschland* verfasst. Eine zentrale Staatsbank organisiert Geld und Abrechnungen – also die Geldpolitik des Staates. Die Geschäftsbanken widmen sich der Geldpolitik der Wirtschaft sowie der Bevölkerung. Nicht nur in der Bundesrepublik, in der ganzen nichtsozialistischen Welt war das Bankwesen seit jeher so organisiert.

Als wir diesen Artikel schrieben, ahnten wir nicht, dass in absehbarer Zeit die Mauer fallen würde. Die Genehmigung des Ministerrats in der Tasche, trieben wir unser Vorhaben mit allem Nachdruck voran.

In meiner neuen Doppelfunktion als Vizepräsident der *Staatsbank* und Gründer der ersten privaten Geschäftsbank auf ostdeutschem Boden – der späteren *Kreditbank* – verbrachte ich fast Tag und Nacht in der Bank. Um mich hatte ich eine kleine engagierte Truppe versammelt: die Sektorenleiter Konrad Seeling und Dieter Hannewahr, die Abteilungsleiter Friedhelm Tuttlies und Lothar Höpfner sowie die Leiterin der Rechtsabteilung, Barbara Willma. Die Koordination übernahmen meine Sekretärin Barbara (»Babsi«) Walther und meine persönliche Mitarbeiterin Sylvia Diederich.

Herausragende Dienste leistete auch Ulli Krause, stellvertretender Präsident für Bau, Verkehr und Handel. »Wir gründen unsere eigene Bank, klar«, lautete sein Standpunkt. Ich sollte Sprecher werden, er mein Stellvertreter oder zumindest einer von mehreren. Ulli war ein richtiger Haudegen. Jene Kollegen, denen unser Vorstoß ein Dorn im Auge war, verwies er schonungslos in die Schranken. Diesen Mut brachte ich nicht auf. Auch Horst Kaminsky gegenüber nahm er kein Blatt vor den Mund, was mir nie eingefallen wäre. Kaminsky war für mich eine unangreifbare Respektsperson.

Gemeinsam erarbeiteten wir alle zu unserer Neugründung erforderlichen Unterlagen und bereiteten den Absprung vor.

Das Bankensystem der DDR am 1. Januar 1990

Das war eine Heidenarbeit. Schließlich hatten wir innerhalb weniger Monate das gesamte Bankensystem der DDR auf die Marktwirtschaft umzustellen.

Wie sollten wir diese neue Bank aus der *Staatsbank* herauskaufen – und welche Rechtsform sollte sie haben? Vor der gleichen Frage standen die *Landwirtschaftsbank* und die *Außenhandelsbank*. Der *Ostdeutsche Sparkassenverband* musste gebildet werden. Unsere Entscheidung lautete: Wir gründen eine Aktiengesellschaft. So können wir später als selbstständige Banken agieren. Dazu brauchten wir nach geltendem Aktienrecht fünf Aktionäre. Die zu finden war nicht schwierig, allerdings war zu bedenken: Wer wird überleben? Schließlich entschieden wir uns für die *Interhotels*, die *Centrum*-Warenhäuser, die *Handelsorganisation*, den *Konsum*-Verband sowie das *Chemiekombinat Schwarzheide*. Hauptaktionär wurde die Treuhandanstalt.

Um die von uns vorangetriebene Herauslösung aus der *Staatsbank* umzusetzen, musste nach geltendem DDR-Recht die gesamte Belegschaft zustimmen. Die große Frage hieß: Wer bleibt in der *Staatsbank* und wer geht in die Privatbank? Viele sagten: »Es ist jetzt alles so unsicher, da halte ich mich lieber an die *Staatsbank*. Staat bleibt Staat, und für dessen Mitarbeiter müssen sie was tun. Gehen wir dagegen als Privatbank pleite, habe ich alles verloren.«

Deshalb war große Überzeugungsarbeit nötig. Für mich stand fest: Ich gehe in die Privatwirtschaft! Wer aber ging mit mir? Alle, die im operativen Bereich tätig waren, also Industrie, Bau, Handel und Verkehr, wollten mit in die neue Bank. Besonders in den nichtoperativen Bereichen war es jedoch ungleich schwieriger, die Leute zu überzeugen. Und zwar nicht nur in der Berliner Zentrale, sondern in der gesamten Republik.

Voraussetzung war, dass sich Leiter und Belegschaft für uns entschieden. Vor allem die jungen Bezirksdirektoren, die noch nicht so lange in ihren Chefsesseln saßen, unterstützten mich: Hartmut Klatt in Neubrandenburg, Uwe Senf in

Magdeburg, Martin Unger in Cottbus sowie Kurt Felsch in Halle. Ich wollte möglichst viele Filialen mitnehmen – in ihnen fand schließlich das tatsächliche Geschäft statt.

Um die Menschen für uns zu gewinnen, mussten wir an die Basis gehen. Das lag mir durchaus im Blut: *Staatsbank*-Chef Kaminsky hatte mich deshalb halb anerkennend, halb scherzhaft Volkstribun getauft – und auch nach der Wiedervereinigung blieben mir Ruf und Titel erhalten. Ich besuchte unzählige Filialen. Am Ende überzeugten wir tatsächlich die erforderliche Mehrheit der *Staatsbank*-Mitglieder von unserer Idee. Über 90 Prozent stimmten für uns! So kam es, dass wir 13000 von über 14000 Mitarbeitern der *Staatsbank* in die *Kreditbank* übernahmen.

Als besonders schwierig erwies sich die Neugestaltung unseres Filialnetzes. Was bleibt *Staatsbank*, was wird *Kreditbank*? Bisher war ja alles unter einem Dach untergebracht gewesen. Hauptsächlich in den Bezirksstädten mussten wir die Direktionen auseinandernehmen und die Aufteilung in *Kredit-* und *Staatsbank* festlegen. Ein Streit entbrannte – um Gebäude, Geschäftsräume, Büros. Wir sahen zu, dass loyale Mitarbeiter vor Ort unsere Interessen durchsetzten. Schließlich konnten wir das nicht vom fernen Berlin aus steuern.

Im Namen der neuen Bank unterschrieb ich schließlich einen Wechsel zur Sicherung der Liquidität, mit welchem wir uns per Ministerratsbeschluss für 280 Milliarden DDR-Mark aus der *Staatsbank* herauskauften. Wir benötigten acht Prozent Eigenkapital für alle Kredite. Über diese verfügten weder wir noch die *Staatsbank*. Deshalb entschieden wir in Abstimmung mit dem Finanzminister, die zur Unterstützung unserer Bilanzsumme nötigen Eigenmittel aus dem Sonderkonto des Richtungskoeffizienten zur Verfügung zu stellen.

Der Rest der *Staatsbank* wurde später von der *Kreditanstalt für Wiederaufbau* (KfW) übernommen, einer staatlichen Förderbank der Bundesrepublik.

Verhandlungen mit dem Klassenfeind

Im Westen vermittelte ich stets und überall den Eindruck: Wir sind die größte Geschäftsbank der DDR und kommen als Einzige für eine Partnerschaft mit einem großen, westlichen Finanzhaus infrage. Ohne diese anmaßende Haltung wären wir gnadenlos untergegangen.

In der Gründungsphase gaben sich bei mir, vom Weltbankpräsidenten angefangen, alle europäischen Bankchefs die Klinke in die Hand. Ich galt in der westlichen Welt als unbeschriebenes Blatt. Jeder wollte diesen Neuen kennenlernen, der die Finanzwelt des Ostens beherrschte. Ständig kamen neue Gäste, manchmal drei am Tag. Ich kam gar nicht hinterher, Aktenvermerke bezüglich all meiner Gespräche anzufertigen.

Viele Besucher sprachen kein Deutsch – und ich kein Englisch. Ich stellte jedoch fest, je ehrlicher ich mit diesem Problem umging, desto mehr Verständnis fand ich auf der Seite meiner Verhandlungspartner.

Am 31. Januar lernte ich in Berlin Axel Osenberg, den Generalbevollmächtigten der *Deutschen Bank* für Personalfragen, kennen.

Wir kamen miteinander ins Gespräch. Osenberg stammte aus Kleinmachnow. Zur Grundsteinlegung für das Hüttenwerk in Eisenhüttenstadt 1951 hatte er noch im FDJ-Chor mitgesungen. Nach dem Abitur war er in den Westen gegangen.

Wir sprachen über die Möglichkeit, aus unseren beiden Häusern heraus eine Joint-Venture-Bank zu gründen. Angesichts des Tempos der politischen Entwicklung war uns klar, dass es bis zur Wiedervereinigung nicht mehr lange dauern würde – und dann brauchte die von uns zu gründende Privatbank einen starken Partner.

Wir verabredeten ein Treffen mit Vorstandssprecher Hilmar Kopper und seinem Vorstandskollegen Georg Krupp.

Im *Präsent-20*-Anzug machte ich mich am 11. Februar auf den Weg ins *Steigenberger* in Westberlin. »Weißt du, wie mir die Beine schlackern?«, verabschiedete ich mich von meiner Frau. »Heute verhandle ich mit dem Klassenfeind!«

»Was ist Kapitalismus?«, hieß es einst im Parteilehrjahr. Die Antwort lautete: »Die *Deutsche Bank* und Hermann Abs.« Plötzlich sollte ich mit westdeutschen Bankern über eine Zusammenarbeit reden?! Eines war mir indes klar: Wollte ich mit meiner Bank erfolgreich sein, kam ich an diesen Leuten nicht vorbei.

Das Gespräch mit Kopper und Krupp dauerte mehrere Stunden. Meine Ängste und Vorbehalte verflogen. Kopper und ich hatten vieles gemeinsam. Wie ich hatte er keine Stufe in seiner Banker-Laufbahn ausgelassen. Obendrein stammte auch er von einem Bauernhof. Wir redeten nicht nur über Wirtschaft, Geld und Banksysteme, sondern über Gott und die Welt. Wie nebenbei ebneten wir per Handschlag den Weg für eine marktwirtschaftlich orientierte Bank in der DDR. Denn nach unserem Treffen stand fest: Wenn die *Deutsche Bank* in die Deutsche Demokratische Republik geht, dann nur zusammen mit uns.

Von nun an flog ich des Öfteren nach Frankfurt am Main, meistens am Wochenende. Die Gespräche mit Kopper und anderen Leuten aus der Führungsetage der *Deutschen Bank* gaben mir das Rüstzeug für die Gründung unserer eigenen Bank an die Hand.

Diese Gespräche liefen streng geheim. Von Berlin aus standen wir mithilfe eines Feldfernsprechers, den mir die *Deutsche Bank* zu diesem Zweck überlassen hatte, telefonisch in Kontakt. So konnte ich von meinem Schrebergarten oder aus dem Kornfeld – abhörsicher – mit der Zentrale am Main telefonieren.

Bis zu meinem ersten Gespräch mit Kopper hatte die *Deutsche Bank* darüber nachgedacht, mit der *Deutschen Außenhandelsbank* zu kooperieren. Sie war die einzige über die Grenzen der DDR hinaus bekannte Bank. Die *Staatsbank* selbst konnten sie ja nicht kaufen. Auf der nächsten Vorstandssitzung schwor Kopper seine Leute auf den neuen Kurs ein. Fortan stand mir der gesamte Apparat der *Deutschen Bank* einschließlich Rechtsabteilung zur Verfügung.

Im Frühjahr traf ich mich mit Jürgen Bielstein, einem der Generalstrategen der *Deutschen Bank*, am Müggelsee. Ich zeigte ihm sämtliche Unterlagen der *Staatsbank* und skizzierte, wie unsere neue Bank in etwa aussehen würde. Er gab mir viele Ratschläge hinsichtlich meiner Bilanzen.

Um meine Verhandlungen mit Frankfurt auf sichere Füße zu stellen, mussten wir die Gründung unserer Bank so schnell wie möglich zu Ende bringen. Ja, wie sollte unsere neue Bank überhaupt heißen? »Du brauchst dringend einen Namen«, durchfuhr es mich. Wieder einmal im Flugzeug zwischen Berlin und Frankfurt kam mir die Erleuchtung: *Deutsche Bank* nennen die sich – dann nennen wir uns *Deutsche Kreditbank*.

Ab sofort reichten wir alle weiteren Unterlagen auf den neuen Namen ein. So wurde in meinen Gesprächen mit dem ehemaligen »Klassenfeind« der Name unseres Geldinstituts geboren.

Am 19. März 1990 – einen Tag nach den ersten und zugleich letzten freien Wahlen in der DDR – unterschrieb ich die Gründungsurkunde der *Deutschen Kreditbank AG*. Damit konnten wir die erste Privatbank auf ostdeutschem Boden ins Handelsregister eintragen lassen.

Am 27. März bekundete der Vorstand der *Deutschen Bank* gegenüber dem Präsidenten der *Staatsbank* offiziell sein Interesse, zusammen mit der *Deutschen Kreditbank* eine Universal-Geschäftsbank mit Sitz in Berlin Ost zu gründen. Wie bei anderen Betrieben musste der DDR-Anteil bei einem Joint Venture der *Kreditbank* mit der *Deutschen Bank* 51 Prozent betragen.

Das hieß, es war nicht möglich, die Mehrheit der *Deutschen Bank* zu überlassen.

Zuvor hatte die *Staatsbank* der *Deutschen Bank* genehmigt, in fast allen Bezirksstädten Ostdeutschlands Repräsentanzen zu eröffnen. Diese tätigten noch keine Geschäfte, sondern sondierten erst den Markt.

Für einige Unruhe innerhalb unserer Belegschaft sorgte indes, dass die *Deutsche Bank* mehrmals in Fachblättern der Finanzwelt verlauten ließ, sie beabsichtige nicht, mit einer DDR-Bank zusammenzugehen.

Der Vorstand der ersten ostdeutschen Privatbank (»Deutsche Bank – Kredit Bank AG«), ein Joint Venture mit der Deutschen Bank. Von links nach rechts: Osenberg, Krause, Nestler, Geller, Kellert und Most

Noch immer durfte ich mich nirgends mit Kopper, Krupp, Osenberg und anderen Vorständlern zeigen. Zwar flogen wir gemeinsam zur Frühjahrsmesse nach Leipzig. Doch vom Flugplatz fuhren wir getrennt zur Veranstaltung.

Anfang April gingen Kopper und ich mit einer gemeinsamen Presseerklärung an die Öffentlichkeit. Ich erklärte in Berlin, Kopper in Frankfurt: »Die *Deutsche Bank AG* und die *Deutsche Kreditbank AG* haben eine Absichtserklärung über die Gründung eines gemeinsamen Kreditinstituts unterzeichnet. Dessen Gründung soll gemäß den in der Deutschen Demokratischen Republik geltenden gesetzlichen Voraussetzungen erfolgen. Beide Beteiligten gehen davon aus, dass das gemeinsame Institut keine marktbeherrschende Stellung innehaben wird. Die *Deutsche Bank AG* und die *Deutsche Kreditbank AG* wollen mit dieser Gemeinschaftsgründung einen Beitrag zum Aufbau eines leistungsfähigen Bankensystems in der DDR leisten.«

Es folgte ein Aufschrei. Der Aktienkurs der *Deutschen Bank* stieg binnen kürzester Zeit.

Noch heute behaupten einige Leute, ich hätte dank meiner Stellung in der Staatsbank einen Batzen Geld auf die Seite gebracht und anschließend von der Deutschen Bank eine bombastische Prämie kassiert. Was ich tatsächlich bekam, war eine Perspektive für die Kreditbank. Somit konnte ich meinen 13000 Mitarbeitern weiterhin in die Augen schauen …

Von ihnen hatte ich im Vorfeld unserer Absichtserklärung zur Gründung eines Joint Venture mit der *Deutschen Bank* die Zustimmung einholen müssen. Dazu war ich nach DDR-Recht verpflichtet. In sämtlichen Filialen hatten geheime Urabstimmungen stattgefunden. Das war eine pikante Angelegenheit. Meine Bankdirektoren waren allesamt Mitglieder der SED gewesen. Ob gewollt oder ungewollt, sei dahingestellt. Die meisten waren hervorragende Fachleute, da war die Parteifrage nicht entscheidend. Doch wusste ich, wie stark das Bild vom »Klassenfeind« in ihren Köpfen umherspukt?

»Jetzt kommt der große Kapitalist und frisst dich auf«, mochten sie denken. Ich selbst hatte die *Deutsche Bank* inzwischen in allen Facetten kennengelernt und mein einstiges Bild vom »Flaggschiff des Kapitalismus« korrigiert. Ich war erstaunt, wie fair und konstruktiv sie mir entgegengetreten waren. Diese Erfahrung stand in krassem Widerspruch zu meinen Erwartungen.

Allerdings hatte ich der *Deutschen Bank* mit unserem Filialnetz und den qualifizierten Mitarbeitern etwas zu bieten, was sie gut gebrauchen konnten. Man kann ein solches Geschäft auf formeller oder emotionaler Ebene abwickeln. In unserem Falle war Letzteres geschehen. Ich war von allen zwölf Vorstandsmitgliedern und Generalbevollmächtigten der *Deutschen Bank* positiv aufgenommen worden. Sie hatten sich meine Sorgen, Warnungen und Nöte angehört und versucht, darauf zu reagieren.

Manchmal frage ich mich: Wäre dasselbe unter heutigen Bedingungen denkbar? Als am Ende des Kalten Krieges die Fronten aufbrachen, waren auch große westliche Kapitalgesellschaften wie die *Deutsche Bank* bereit umzudenken. Ich erlebte dasselbe wenig später bei *Siemens*, die dreizehn Betriebe in Ostdeutschland übernahmen – auch wenn es einige von ihnen heute nicht mehr gibt. Ich erlebte es bei *Alcatel*. Deren Vorstand, ein ehemaliger Ossi, war nach seinem Abitur abgehauen und drüben ein großer Mann geworden. Ich lernte jeden Tag dazu und wurde stets aufs Neue mit Dingen konfrontiert, die ich höchstens aus der Theorie – und dort oftmals unter vollkommen anderen Vorzeichen – kannte.

Für uns in der *Kreditbank* stand nun die Frage: Wie schaffen wir es, die Mehrheit unserer Belegschaft zu überzeugen, mit der *Deutschen Bank* zusammenzugehen? Gerade hatten sie mit mir die *Staatsbank* verlassen – jetzt kam ich schon wieder und sagte: »Lasst uns mit der *Deutschen Bank* kooperieren.« Und das in einer derart turbulenten Zeit.

Dabei kam mir einmal mehr zugute, dass ich weit über das Kollegium der *Staatsbank* hinaus einen hohen Bekanntheitsgrad in den Bezirks-, Kreis- und Industriebankfilialen genoss. Ich kam ja von unten und war all die »Treppenstufen« selbst gestiegen. Viele im Westen denken, die Führungskräfte Ost wären allesamt Parteifunktionäre gewesen. Natürlich war die SED interessiert, dass Führungskräfte der Wirtschaft auch Mitglieder der Partei waren, aber sie besaßen in der Regel die fachliche Qualifikation.

Ich redete vor Ort mit den Leuten, hörte mir ihre Sorgen und Nöte an – und bekam als Antwort: »Edgar, wir gehen mit dir, aber denk später auch an uns!« Das war eine enorme Gewissensbelastung.

Ich war mir im Klaren darüber, das wir diesen Schritt – wollten wir nicht untergehen – tun mussten. Zugleich war mir bewusst: Hinter mir stehen 13 000 Menschen, für die ich verantwortlich bin. In der ostdeutschen Bankenwelt, vor allem beim Rest der *Staatsbank*, wurde direkt oder indirekt die Meinung verbreitet: »Der Most mit seiner Bank überlebt die Veränderungen sowieso nicht.« Das hat unsere Überzeugungsarbeit bei vielen Menschen nicht einfacher gemacht.

Glücklicherweise konnte ich die überwiegende Mehrheit unserer Belegschaft auf unseren Kurs bringen. Mehr als 80 Prozent signalisierten für die Verhandlungen mit den Finanzherren im Westen grünes Licht.

Der Franke und der Thüringer

Im Februar 1990 hatte sich Rudi Puchta, der Westberliner Chef der *Dresdner Bank* bei mir gemeldet. Wie Hilmar Kopper hatte er sein Handwerk von der Pike auf gelernt. Als ich Puchta im Sitz der *Staatsbank* empfing, musste man am Einlass noch den Ausweis des Ministerrates vorzeigen, mit dessen Hilfe ich bereits in Schwedter Zeiten zu Generalstaatsanwalt Josef Streit hatte vordringen können.

Rudi Puchta von der Dresdner Bank – der erste Wessi, mit dem sich Most duzte

Nun kam ich mit meinem roten Ausweis herunter, um Puchta ins Haus zu holen. Kurz darauf saßen wir in meinem Zimmer und guckten auf den Bebelplatz, auf dem die Nazis ihre Bücherverbrennung zelebriert hatten. Mein Gegenüber war sichtlich gerührt.

»Was ist denn?«, fragte ich besorgt.

»Wissen Sie überhaupt, dass wir hier in *dem* Gebäude sitzen, von dem jeder Mitarbeiter unserer Bank, wenn er fünfzig wird, ein Bild geschenkt bekommt?« Das Gebäude der *Staatsbank* hatte bis 1945 der *Dresdner Bank* gehört.

Puchta lud mich in die Uhlandstraße ein, den Hauptsitz der *Dresdner Bank* in Westberlin. Wir machten einen Kasten fränkischen Sekt nieder und tranken Brüderschaft.

»Was können wir dafür, was die großen Mächte dieser Welt fabriziert haben?«, sagte Rudi. »Ich bin Franke, du bist Thüringer. Nun haben wir uns wiedergefunden.«

Tatsächlich hatten wir unsere Kindheit und Jugend nur ein paar Kilometer voneinander entfernt verlebt. Der Chef der *Dresdner Bank* in Westberlin war der erste Westdeutsche, mit dem ich per Du war. Bis heute sind wir Freunde.

Nachdem Kopper und ich im April unser Zusammengehen erklärt hatten, ließ mich Puchta wissen: »Du kannst doch nicht mit der Deutschen Bank allein zusammengehen, die Dresdner will auch was von der Staatsbank haben. Außerdem: Ruf mal beim Kartellamt an!«

Das tat ich – und vernahm: »Sie als führendes Finanzunternehmen der DDR wollen sich mit der *Deutschen Bank* zusammenschließen, dem marktbeherrschenden Finanzunternehmen der Bundesrepublik? Das ist mehr als bedenklich! Herr Most, ganz ehrlich: Haben wir erst mal die deutsche Einheit, machen wir das rückgängig.«

Ich rief Kopper an: »Das Kartellamt prophezeit, sie revidieren unseren Zusammenschluss, wenn die Einheit vollzogen ist ... Übrigens hat die *Dresdner Bank* ebenfalls Interesse an Filialen der *Staatsbank* angemeldet.«

Gemeinsam mit Kopper beschloss ich, die *Dresdner Bank* mit ins Boot zu holen. Schließlich hatten wir in fast allen großen Städten zwei Banken.

Damit begann das große Schachern um die Ost-Banken, das mir aus tiefstem Herzen missfiel.

Für die Aufteilung unserer Filialen an die beiden westdeutschen Finanzhäuser fehlte mir eine ausreichend große Landkarte der DDR. Da fiel mir die Karte des Präsidenten der *Staatsbank* für den B-Dienst ein. Ich holte sie in mein Zimmer. Mit grünen und blauen Fähnchen markierte ich gemeinsam mit Lothar Höpfner, welche unserer Filialen an die *Deutsche* und welche an die *Dresdner* gingen. Die Karte hängt heute in meinem Keller.

»Ihr kriegt ein Drittel meiner Filialen«, meldete ich den Leuten von der *Dresdner*, »und die Hauptfiliale wird in Dresden eröffnet. Schließlich wurde euer Haus dort gegründet. Ich habe drei Gebäude, ihr kriegt das beste!«

Eine Bedingung hatte die *Dresdner Bank* allerdings: »Wenn wir kooperieren, brauchen wir für die Leitung der Joint-Venture-Bank Ossis – also Leute, die sich dort auskennen.« Ich redete mit Jürgen Simon und Klaus Butt aus unserer Zentrale und einigen anderen Leuten, die aus Sachsen stammen. Nachdem ich genügend Mitarbeiter zusammen hatte, die bereit waren, nach Dresden zu gehen, rief ich Wolfgang Röller an, den Vorstandschef der *Dresdner Bank*. Er war der Nachfolger des ermordeten Jürgen Ponto, genau wie Hilmar Kopper jener von Alfred Herrhausen.

»Wir haben soweit alles vorbereitet. Unterschreiben Sie bitte die Absichtserklärung zur Gründung einer Joint-Venture-Bank zwischen Ihrem und unserem Haus.«

Röller weigerte sich. Er wollte die Hälfte unserer Filialen.

»Ich bin nicht auf die *Dresdner Bank* angewiesen«, beendete ich das Gespräch.

In der Tat gab es mehrere Interessenten für unsere Filialen. Die *Hypo-Vereinsbank* in München hatte bereits Unterlagen für einen Teil unseres Filialnetzes erhalten. Die *Commerzbank* hatte sich erst spät gemeldet. Sie wollten eigenständig mit Filialen in Containerwagen anfangen.

Der *Dresdner Bank* teilte ich nun per Telegramm mit: »Liegt mir nicht bis morgen Mittag Ihre Absichtserklärung vor, versehen mit den Unterschriften des gesamten Vorstands, betrachte ich unsere Gespräche als beendet.«

Von dort hieß es nun, dass einer der Vorstände sich in Japan befinde, einer in Amerika. Bis morgen Mittag – das gehe überhaupt nicht!

»Was denken Sie, was alles geht, wenn es sein muss«, erwiderte ich.

Anderntags, punkt zwölf Uhr, fuhr auf dem Berliner Bebelplatz ein Auto vor. Ein Kurier brachte das von sämtlichen Vorständen der *Dresdner Bank* unterschriebene Papier.

Seine Leute hatten begriffen, dass ich die Zentrale auch unterbringen musste. Das ging nur, wenn man mit einem Partner – in diesem Falle der *Deutschen Bank* – ein größeres Marktfeld vereinbarte.

Damit stand der Gründung von Joint Ventures mit der *Deutschen Bank* und der *Dresdner Bank* nichts mehr im Wege.

Wahnsinn Währungsunion

Nicht nur in der Bankenwelt, auch auf dem Staatsparkett ging es derweil hoch her.

Am 7. Februar hatte sich Karl Pöhl, der Präsident der *Bundesbank*, mit *Staatsbank*-Chef Horst Kaminsky getroffen. Wir saßen im *Grand Hotel*, unsere kleine Truppe auf der einen Seite, auf der anderen Pöhl mit seinem Vize Helmut Schlesinger. Allen am Tisch war klar: Die Deutsche Mark wird Währung beider deutscher Staaten. Wie und mit welchem Umtauschkurs, das wollten wir erst herausfinden: Wie konnten wir unsere beiden Bilanzen zusammenbringen?

Wir erläuterten Pöhl das Problem des Richtungskoeffizienten, der eine Richtigstellung unserer Währung gegenüber D-Mark, Dollar und anderen westlichen Währungen darstellte. Das war in der DDR mit ihrer Binnenwährung ja möglich. Wenn wir diese mit einer frei konvertierbaren Währung wie der D-Mark zusammenbrachten, mussten wir sämtliche Posten neu berechnen. Alle Aktiva, die zu DDR-Zeiten aufgewertet worden waren, hätten nun reduziert werden müssen – und zwar um den durch den Richtungskoeffizienten gegebenen Faktor.

1989 lag dieser bei etwa 4,44. Praktisch multiplizierten wir also alles, was wir aus dem *Nichtsozialistischen Wirtschaftsgebiet* (NSW) importierten, mit dem Faktor 4,44. Die D-Mark stand zum Dollar 1:1,8. Multiplizierte man diesen Wert mit dem Richtungskoeffizienten bedeutete das: Der normale Umrechnungskurs für alle westaktivierten Anlagen und Geschäfte lag bei 1:8. Nach dem Mauerfall blühte der Schwarzmarkt bei einem Umtauschsatz von 1:10. Auf den Konten der Staatsbank hatten wir den Gegenwert des Richtungskoeffizienten: 94 Milliarden Mark. Dieses Vermögen wurde später genutzt zum Ausgleich von Haushaltsschulden der DDR in Höhe von 35 Milliarden Mark sowie von 29 Milliarden Auslandsschulden bei den Außenhandelsbanken.

Jene Betriebe wiederum, die ihre Waren innerhalb des RGW vertrieben, bewerteten ihre Leistungen und Produkte mithilfe des Transferrubels 1:4,67 – auch dies durfte anlässlich der Währungsunion nicht außer Acht gelassen werden.

Unser Gespräch verlief in einer angenehmen Atmosphäre. Pöhl nahm die besondere Ausgangslage aufmerksam zur Kenntnis. Allen Beteiligten war bewusst, dass wir um diese Problematik nicht herumkamen. Vor allem musste der Umrechnungskurs das Volksvermögen der DDR realistisch bewerten.

Im DDR-Fernsehen stellte Pöhl klar: »Wir beschäftigen uns intensiv mit der anstehenden Währungszusammenführung. Über Zeitpunkt und Umtauschsatz kann erst nach gründlicher Prüfung entschieden werden.«

Als hätte das Gespräch zwischen Pöhl und Kaminsky niemals stattgefunden, verkündeten Bundeskanzler Helmut Kohl und Finanzminister Theo Waigel in Bonn am anderen Morgen: »Die Deutsche Mark wird am 1. Juli auf dem Gebiet der DDR als alleingültiges Zahlungsmittel eingeführt. Jeder DDR-Bürger kann bis zu 4000 Mark 1:1 umtauschen, Rentner bis 6000 Mark, für alles übrige Vermögen gilt der einheitliche Umrechnungskurs von 1:2.«

Viele Ostdeutsche jubelten darüber – wir Finanzleute aus Ost und West schlugen die Hände überm Kopf zusammen.

Ich war fassungslos. Dass Kohl seinen Vorstoß weder mit der *Bundesbank*, noch mit anderen Finanzexperten abgestimmt hatte, war unglaublich. Damit war klar, dass die DDR schnellstmöglich abgewickelt werden sollte. Wer die Herrschaft über das Geld besitzt, verfügt über die Macht im Staat: Der Bundeskanzler hatte die Finanzseite der deutschen Einheit aus wahltaktischen Gründen schlichtweg ohne seine Währungshüter entschieden. Ich fühlte mich wie bei Günter Mittag! Pöhl war über Kohls Alleingang ebenso empört wie wir und entschuldigte sich schriftlich dafür. Ein gutes Jahr später trat er aus eben jenem Grund von seinem Amt zurück. Das Tischtuch zwischen Politik und *Bundesbank* war zerrissen – und mit ihm meine Illusion, die *Bundesbank* sei ein unabhängiges Organ.

Mit dieser pauschalen Währungsumstellung war praktisch sämtlichen ostdeutschen Betrieben der Grundstoffindustrie, Elektrotechnik, des Anlagen- und Maschinenbaus und mit ihnen allen anderen, die auf Importe aus dem westlichen Ausland angewiesen waren, über Nacht die Existenzgrundlage entzogen. Das Gleiche galt für die in RGW-Länder exportierenden Betriebe. Deren Anlagen, Produkte und Warenbestände hätten mit der Währungsunion entsprechend dem Umrechnungskoeffizienten zum Transferrubel abgewertet werden müssen. Dadurch wäre im Ost- wie im Westhandel eine gänzlich andere Ausgangsbasis entstanden. Immerhin wurden 70 Prozent des Nationaleinkommens der DDR durch die Außenwirtschaftsbeziehungen beeinflusst. Von diesen wiederum entfielen zwei Drittel auf den RGW und ein Drittel auf das NSW. Auch die Kredite hätten neu bewertet werden müssen.

Ende April 1990 wurde ich als Ehrengast des Deutschen Bankentages nach Bonn eingeladen. Dort hatte sich die Hautevolee des westdeutschen Finanzwesens versammelt. Als Chef der *Deutschen Kreditbank AG* saß ich inmitten der führenden Bankmenschen der Bundesrepublik und einiger Größen aus der Politik am Prominententisch.

Neben mir saß Bundeskanzler Kohl, der gerade in Paris und London für die Einheit Deutschlands geworben hatte. Ich beschloss, die vier Stunden, die er praktisch an mich gefesselt war, zu nutzen, um ihn davon zu überzeugen, dass sein Umtauschkurs von 1:2 falsch war.

Kohl wirkte unsicher. Die ganze Halle voller Finanzexperten – er hatte feuchte Hände. »Der ist aufgeregt«, sagte ich mir, »der redet lieber im Bundestag als vor Fachleuten.« Das war hier nicht seine Plattform, das spürte ich deutlich.

»Herr Kohl«, sprach ich ihn an, »Sie haben da einen Wechsel unterschrieben, dessen Summe Sie gar nicht kennen. Sie wissen nicht, was die DDR wert ist, was sie nicht wert ist und was alles abgeschrieben werden muss. Sie hätten den von Ihnen festgesetzten Umtauschkurs mit Fachleuten besprechen sollen. Glauben Sie mir, die *Bundesbank* und wir hätten eine weitaus bessere Lösung gefunden. Wir hätten, zumindest was die Industrie betrifft, unterschiedliche Umtauschsätze festgelegt. Ich rede nicht von der Bevölkerung, deren Guthaben kann man 1:1 umtauschen – aber doch nicht die Wirtschaft. Herr Kohl, wir wollen zwei Wirtschaftssysteme zusammenbringen, die nicht zusammenpassen, weil sie völlig unterschiedlich bewertet sind. Noch haben wir Zeit, das zu korrigieren«, beschwor ich ihn. »Ich habe die Bilanz der *Staatsbank* dabei.«

Die war geheime Verschlusssache, niemals hätte ich sie in den Westen mitnehmen dürfen. Getrieben von der Hoffnung, den Bundeskanzler zu einer Umkehr zu bewegen, hatte ich es dennoch getan. »Bankkonten lügen nicht: Hier drin können Sie etwas von einem Richtungskoeffizienten lesen, mit dem wir unsere Währung künstlich angehoben haben. Ich erläutere Ihnen das gerne.«

Kohl winkte Hans Tietmeyer heran, seinen Staatssekretär für Finanzen: »Herr Most vertritt die Auffassung, wir müssten neue Umrechnungssätze für den Währungsumtausch festlegen. Lesen Sie sich das mal durch!«

»Wer soll das eigentlich bezahlen?«, wollte Kohl wissen.

»Bezahlen müssen das alle Deutschen. Die Frage ist nur, wann? Die ersten Schulden sind immer die geringsten. Wenn wir die Probleme *jetzt* richtig anpacken, sind die Schulden bald vergessen. Wenn wir sie jedoch vor uns herschieben, sorgen wir dafür, dass sie immer höher werden.«

Zum Abschluss unserer Diskussion signalisierte Kohl zwar Verständnis, doch er lehnte es ab, seine Entscheidung zu überdenken. Von Herrn Tietmeyer, der das Ganze noch einmal prüfen sollte, erhielt ich keine Antwort. Die politisch Verantwortlichen, der Kanzler vorneweg, waren schlichtweg nicht bereit, sich über die ökonomischen Fakten, welche die

Einverleibung der DDR durch die Bundesrepublik nach sich zog, Klarheit zu verschaffen. Um uns zu kritisieren, holten sie die Moralkeule hervor. Ging es jedoch darum, die Situation realistisch einzuschätzen und darüber nachzudenken, wie die Dinge anders hätten gestaltet werden können, waren sie zu nichts zu bewegen.

Es wäre sinnvoll gewesen, den Osten von innen heraus zu verändern und nicht als Anhängsel der Bundesrepublik. Das hätte auch die Steuer- und Sozialpolitik betroffen. Das Argument, dann wären alle weggelaufen, kann ich nicht nachvollziehen. Auch nach dem Mauerfall sind viele weggegangen. Immerhin wäre das Selbstwertgefühl der Ostdeutschen heute wesentlich größer und der Finanztransfer West-Ost geringer.

Keiner von uns war gegen die D-Mark-Einführung oder die Einheit. Doch die Bedingungen hätten der ostdeutschen Realität angepasst werden müssen. Dass die DDR – unter Vernachlässigung all ihrer ökonomischen Daten und Fakten – derart ungebremst in die Wiedervereinigung getrieben wurde, grenzt an Wahnsinn. Am allermeisten ärgert mich, dass die Politiker sich dieser Realität verschlossen. Schließlich existierten genügend Gutachten – auch aus der alten Bundesrepublik – die auf diese Fakten hinwiesen.

Dass die Wiedervereinigung mit der heißen Nadel gestrickt wurde, war ein großes Unglück. Bis heute warten viele Fehler darauf, korrigiert zu werden. Das werfe ich der Politik, vor allem jenen ostdeutschen Politikern, die später in den Bundestag einzogen, vor: Die Probleme vor sich her geschoben zu haben und zu schieben.

Das Tempo der Wiedervereinigung ließ eine hundertprozentige Bewältigung aller Probleme nicht zu. Ich hätte jedoch erwartet, dass die Aufgaben im Lauf der Jahre schrittweise abgearbeitet und entsprechende Veränderungen in die Wege geleitet werden. Diese hätten eine Verbesserung der ostdeutschen Wirtschaft und des ostdeutschen Lebens herbeiführen können – und müssen.

Das Übel nahm seinen Lauf, weil Leute über die Währungsunion entschieden, die die ökonomischen Zusammenhänge in Ostdeutschland nicht kannten, geschweige denn verstanden. Dabei gab es – im Osten wie im Westen – genügend Fachleute, die vor einem solchen Schritt vehement gewarnt hatten.

Mit der Geldpolitik wurde zugleich über die Sozialpolitik entschieden. Die Ignoranz der Politiker führte dazu, dass die meisten Betriebe Ostdeutschlands in der Marktwirtschaft scheiterten. Bereits kurz nach der D-Mark-Einführung konnten sie nur mehr mit staatlich verbürgten Krediten am Leben gehalten werden. Dreißig bis vierzig Milliarden D-Mark wurden durch Kapital- und Liquiditätstransfers von den Banken der Bundesrepublik zur Verfügung gestellt.

So glaubte Treuhandchef Rohwedder zunächst, über ca. 600 Milliarden Mark Anlagevermögen zur Privatisierung der ostdeutschen Betriebe verfügen zu können. Dieses Vermögen hätte er entsprechend den internen Umrechnungssätzen reduzieren müssen – zumindest in den Bereichen, in denen der Kapitalstock der DDR künstlich erhöht worden war. Die ersten DM-Eröffnungsbilanzen der VEB zeigten bereits die Differenzen, und das war erst der Beginn.

Aktiva VEB Anlagevermögen

Mrd. M	DM	Faktor
565	172	3,3

Um diesen Fehler zu korrigieren, wurde uns seitens der Politik zu wenig Freiheit eingeräumt. Den Politikern ging es darum, Wahlen zu gewinnen. Wirtschaft und Finanzen interessierten sie nicht. Verhängnisvoll war, dass die meisten D-Mark-Eröffnungsbilanzen dadurch verzerrt waren und somit keine realistische Grundlage für den Privatisierungsprozess darstellten.

Nun standen die ausländischen Investoren Schlange und guckten, was im Osten zu holen war. Viele wollten auch mit der *Kreditbank* reden. So hatte ich am 20. Februar 1990 einige Leute von *General Motors* aus Detroit bei mir. Die Amerikaner wollten eigentlich ein Werk in Brandenburg an der Havel bauen, wo früher bereits der *Opel* gefertigt wurde. Nach dem Krieg waren in Brandenburg zeitweilig Traktoren produziert worden.

»Was wollen Sie in Brandenburg?« fragte ich die Amerikaner. »Gehen Sie nach Eisenach! Dort wurde bis vor kurzem mitten in der Stadt unser *Wartburg* gebaut. Mittlerweile haben wir das Werk in ein neues Gewerbegebiet verlegt, speziell für die Autoindustrie errichtet. Dort bauen sie bereits Zylinderköpfe in Koproduktion mit *Volkswagen*.«

Die Amerikaner staunten. Das hatten sie nicht gewusst. »Dort werden seit Generationen Autos und Motorräder gebaut. Die Menschen reden am Abendbrottisch über die Fahrzeugherstellung. Vater, Mutter, Sohn, Tochter – alle sind irgendwie mit der Autoindustrie verbunden. In Eisenach habt ihr hochqualifiziertes Personal«, gab ich den Amerikanern mit auf den Weg.

Kurz darauf riefen sie an und bedankten sich für meinen Hinweis. »Wir bauen unser *Opel*-Werk in Eisenach.«

Diese Geschichte ist nur eine von hunderten Beispielen. Viele meiner Kollegen aus der Elektrotechnik, dem Maschinenbau und anderen Fachgebieten führten Gespräche mit den ausländischen Investoren. Nicht ohne Grund hatten wir all die Fachleute aus der *Staatsbank* mit in die *Kreditbank* genommen.

Neben der Treuhand waren wir eine der Hauptanlaufstellen für die westlichen Großkonzerne. Ich glaube, viele von ihnen gingen davon aus: Die Treuhand hat was zu verkaufen, die Bank vielleicht die Wahrheit zu sagen. Im Ausland besaßen wir den Status einer westlichen Bank. Und wir kannten die Altbetriebe, weil wir sie finanzierten. Das machte uns zu begehrten Gesprächspartnern. Dadurch lernten wir die halbe Welt kennen: Sie kam zu uns.

Nahmen die Joint-Venture-Banken ab 1. Juli ihre Arbeit auf, verwaltete die *Kreditbank* – so war es vorgesehen – die Altkredite, und zwar so lange, bis die Treuhandprivatisierung und die damit einhergehende Abwicklung der DDR-Betriebe abgeschlossen war. Darüber, dachte ich, würden zehn Jahre ins Land gehen – da hatten wir vorerst genug zu tun. Ich konnte nicht ahnen, dass ein knappes Jahr später Rohwedder ermordet werden sollte und es anschließend heißen würde: In drei Jahren muss die Privatisierung erledigt sein.

Das Problem war, dass wir über keinerlei Sicherheit für die Altkredite verfügten. Unter DDR-Bedingungen bildete das Volksvermögen die Garantie: Für die volkseigene Wirtschaft haftete der volkseigene Staat. Jetzt lag dessen Vermögen bei der Treuhand. Und die Schulden standen bei uns zu Buche – auf den Konten der *Kreditbank*. Der katastrophale Umrechnungskurs von 1:2, der für die gesamte Wirtschaft galt, sorgte dafür, dass ein Großteil dieser Kredite nicht rückzahlbar war.

Obendrein waren sie größtenteils künstlich entstanden. Als ich 1974 nach Berlin kam, galt für sämtliche Umlaufmittel ein Pflichtkredit von 50 Prozent, der Rest waren Eigenmittel. Sämtliche Investitionen erfolgten dagegen nach dem Prinzip der Eigenerwirtschaftung.

Das Verhältnis zwischen volkseigenen Betrieben und Kombinaten auf der einen und dem Staat auf der anderen Seite war nicht wie heute über die Steuerpolitik definiert.

Stattdessen standen bei uns die Produktionsfondsabgabe sowie die Nettogewinnabführung der Betriebe an den Staat im Mittelpunkt.

Der Finanzhaushalt des Staates bezahlte all die von Honecker unter dem Leitspruch der Einheit von Wirtschafts- und Sozialpolitik verschenkten Summen. Egal ob staatlicher Wohnungsbau, Kinderkrippen oder Jugendförderung – all das musste bezahlt werden. Der Staat besorgte sich das dafür notwendige Geld von den Betrieben, indem er deren Nettogewinnabführung stetig erhöhte. Je tiefer der Staat den

Betrieben in die Taschen griff, desto weniger Eigenmittel standen ihnen zur Verfügung. Finanzierten wir in den 70er Jahren sämtliche Investitionen mit etwa 30 Prozent Kreditanteil, während die restlichen 70 Prozent über Eigenmittel der Betriebe liefen, waren wir 1989 bei einem Kreditanteil von 60 Prozent angekommen.

Apels Grundgedanke einer stärkeren Eigenverantwortlichkeit der Betriebe aus den 60er Jahren war da längst ad acta gelegt. Das Grundprinzip der Eigenerwirtschaftung der Mittel war theoretisch aufrechterhalten worden. Bezahlen musste diese staatlich legitimierte Verschwendungspolitik – die Bank.

Ging die Finanzbilanz des Staates nicht auf, durfte sie nicht der Volkskammer präsentiert werden. Dort musste stets eine ausgeglichene Bilanz ohne Schulden vorliegen. Die entsprechende Order an den Präsidenten der *Staatsbank* kam vom Zentralkomitee, genauer gesagt von Günter Mittag. Ich hatte Beratungen miterlebt, in denen er anwies, wir hätten soundso viele Schwimmhallen, soundso viel Wohnungsbau zu finanzieren. »Der Finanzminister unterschreibt, dass ihr das Geld irgendwann vom Staat zurückbekommt.«

Auf diese Weise hebelten wir quasi indirekt jenes Gesetz aus, nach welchem die Kommunen keine Schulden machen durften. Nun machte diese Schulden der Staat, und wir glichen alles mit unseren Krediten aus. Dadurch hatten wir am Ende der DDR etwa zehn Milliarden Außenstände im Staatshaushalt, die irgendwann hätten zurückfließen müssen. Nun existierte die DDR jedoch nicht mehr, allein ihre Altkredite hatten überlebt – in der Bilanz der *Kreditbank* schlugen sie mit 280 Milliarden Mark der DDR zu Buche.

Weil sich außer uns offenbar niemand um dieses Problem scherte, verkündete ich: »Ich zahle am Tag der Währungsunion keine einzige Deutsche Mark aus, so lange nicht geklärt ist, wie mit den Kreditschulden der DDR-Wirtschaft verfahren wird.«

»Herr Most, Sie verhindern die Währungsunion!«

In Bonn berieten Regierungskommissionen über das zukünftige Deutschland. Die *Deutsche Bank* als wichtigstes Finanzinstitut der alten Bundesrepublik war zumeist mit von der Partie.

Eines Tages rief mich Georg Krupp an, der für Ostdeutschland zuständige Vorstand der *Deutschen Bank*: »Heute verkündete Herr Kohl, Sie würden die Währungsunion verhindern. Darüber müssen wir sofort sprechen.«

Noch am selben Abend flog ich nach Düsseldorf. Um 23 Uhr trafen wir uns im Hilton. Krupp erläuterte mir die Lage: »Herr Kohl duldet Ihr Verhalten nicht. Morgen früh wird Sie Ihr Ministerpräsident vorladen. Lothar de Maizière hat den Auftrag, Sie über Ihre Absetzung zu informieren.«

»Schon verrückt, das Leben«, erwiderte ich kopfschüttelnd, »vor ein paar Wochen wollte mich Günter Mittag rausschmeißen – und jetzt Helmut Kohl. Doch ich habe eine Aktiengesellschaft gegründet – da darf ich nur von meinem Aufsichtsrat abberufen werden.«

»Ich habe Jürgen Bielstein und die Rechtsabteilung beauftragt, ein Gutachten zur Einschätzung Ihrer Position anzufertigen. Davon hängt ab, ob wir Sie in diesem Punkt unterstützen. Rein logisch folge ich Ihnen. Sie haben recht: Man kann nicht das als Sicherheit für die Kredite dienende Vermögen an die Treuhand geben und die Schulden bei Ihnen in der Bank lassen. Dafür muss der Staat haften. Auch die Treuhand gehört ja dem Staat. Doch es muss eine andere Möglichkeit gefunden werden ...«

»Es gibt eine andere Möglichkeit: Die Treuhand wird der *Kreditbank* übertragen. Dann leitet unser Institut die Privatisierung der DDR-Wirtschaft. Ich würde Leute in führende Positionen bringen, von denen ich weiß, dass sie ihr Handwerk verstehen. Natürlich bezöge ich auch Experten aus Europa und Westdeutschland mit ein. Auf alle Fälle gäbe es bei mir keinen Verwaltungsrat, der durch die Politik bestimmt wird, wie das gerade bei der Treuhand passiert.«

Wohl wissend, dass ich mich mit einer solchen Funktion vermutlich verhoben hätte, bin ich mir sicher: Es gäbe heute ein anderes Ostdeutschland.

»Das kriegen Sie nicht durch«, entgegnete Krupp.

»Da haben Sie leider recht. Deshalb verlange ich, dass der Staat die Haftung für meine Kredite übernimmt. Sonst ist die *Kreditbank* in absehbarer Zeit pleite – und wir haben einen Schwarzen Freitag. Dann können wir nicht nur uns, sondern die gesamte D-Mark-Einführung im Osten vergessen. Mit einem Knall wären die 166 Milliarden Spareinlagen der Bevölkerung weg, ebenso alle Versicherungen, die die DDR-Bürger eingezahlt haben. Denn das sind die Gelder, die meine Kredite refinanzieren – und wenn die Kredite über den Jordan gehen, geht das Geld mit. Überblickt das in Bonn keiner? Darüber müsst ihr doch diskutieren.«

Wir kamen hier zunächst nicht weiter und beendeten das Gespräch.

Am nächsten Morgen flog ich mit der ersten Maschine zurück nach Berlin. Ich hatte kaum die Bank betreten, da bekam ich im Sekretariat zu hören: »Sie sollen sofort zum Ministerpräsidenten kommen!«

Ich ging zu Lothar de Maizière. »Ich hab schon gehört, Sie sollen mich rausschmeißen. Aber das geht nicht. Sie haben mir nämlich nichts zu sagen. Ich habe mit meiner Bank eine Aktiengesellschaft gegründet und kann demzufolge nur von meinem Aufsichtsrat abberufen werden. Der übrige Vorstand denkt wie ich, da müsst ihr uns schon alle rausschmeißen. Passen Sie auf, das Problem ist folgendes: Wir wissen zwar noch nicht, wie – aber wir brauchen den Staatsschutz für unsere Kredite. Ansonsten überlebt unsere Bank nicht und wir können die ganze Währungsunion vergessen. Oder Sie übergeben uns die Treuhandanstalt. Da würden wir zwar ebenfalls Verluste einfahren, für die wir Abgeltungsgarantien bräuchten. Doch die würde ich dann einzeln bei Ihnen einreichen.«

Lothar de Maizière verstand zunächst weder, was ich von ihm wollte, noch, wieso er mich nicht absetzen konnte. Ich erklärte ihm, wer alles Aktionär der *Kreditbank* sei: Achim Jeschke, der Generaldirektor vom *Synthesewerk Schwarzheide* war mein Aufsichtsratsvorsitzender. Er verhandelte bereits mit BASF. Wir hatten die *Handelsorganisation* dabei, die *Centrum*-Warenhäuser – gewichtige Leute, von denen ich wusste, dass sie die ökonomische Situation richtig einschätzten.

Nachdem ich de Maizière das Problem des bei der Treuhand liegenden Vermögens und der uns drückenden Altkredite erläutert hatte, wurde er nachdenklich: »Klar, das mit Ihren Krediten geht so nicht – aber Ihre Forderungen werden die in Bonn trotzdem nicht erfüllen.«

»Sie sind Ministerpräsident der DDR, da können Sie unsere Entschuldung getrost selbst entscheiden, dazu brauchen Sie keinen Kohl. Was *Sie* jetzt entscheiden, gilt. *Jetzt* geht es um die Frage: Akzeptiert die Regierung der DDR dieses Unding und lässt sich vom Westen einwickeln – oder sieht sie die bestehenden Probleme und reagiert darauf? Ich nehme es denen in Bonn nicht übel, die überblicken die Sachlage nicht – aber wir: *Wir* wissen, wie diese Kredite entstanden sind, und was dahinter steckt. Schließlich haben wir uns diesen blödsinnigen Umtauschsatz von 1:2 nicht ausgedacht. Wir müssen in der Wirtschaft mindestens 1:5 umtauschen. Wenn die DDR-Betriebe in der Marktwirtschaft eine Chance haben sollen, sogar noch höher. Durch die Abwertung werden sie indirekt entschuldet, denn auch ihre Kredite werden durch den gleichen Faktor dividiert. Haben sie eine Milliarde Schulden, wären das anschließend nur noch zweihundert Millionen. Bei 1:2 bleibt ihnen eine halbe Milliarde, die sie – bedenkt man die Entstehung der Schulden – nicht einmal selbst zu verantworten haben. Mit einer niedrigeren Bewertung könnten sich unsere Betriebe am Markt behaupten. Dann nämlich gewännen sie eine bessere Ausgangsposition bei der Preisbildung für ihre Produkte. Haben wir jedoch dank dieses irrealen Umtauschsatzes eine falsche Kalkulation, sind ihre Produkte, wie gut sie auch sein mögen, viel zu teuer, unverkäuflich – praktisch wertlos.«

Als ich auf die Spareinlagen der DDR-Bürger zu sprechen kam, wurde Lothar de Maizière hellhörig: »Wieso sind eigentlich die Spareinlagen weg, wenn Sie pleite gehen?«

»Ganz einfach: Über die Spareinlagen refinanziere ich mich.«

Als der DDR-Ministerpräsident jedoch begriff, dass es hier um Geld und Eigentum der Bevölkerung geht, befand er: »Wir müssen etwas unternehmen.«

»Genau! Sie müssen einen Ministerratsbeschluss herbeiführen, in dem es heißt: Die Regierung der DDR übernimmt die Haftung für die Altkredite sämtlicher Ost-Betriebe bei Banken der DDR. Wenn Sie mir die Treuhand nicht übertragen, bleibt uns nichts anderes übrig.«

Mit dem Auftrag, eine Beschlussvorlage vorzubereiten, verabschiedete er mich.

Die Ausarbeitung der Vorlage erfolgte unter Leitung von Wolfried Stoll, der alle Banken der DDR einbezog. Dafür, dass Lothar de Maizière, der an jenem Tag vermutlich zum ersten Mal mit diesen Themen konfrontiert worden war, den nötigen Beschluss des Ministerrates der DDR herbeiführte, verdient er Hochachtung. Und zwar die aller Deutschen.

In der *Staatsbank* lag bei meiner Rückkehr das im Auftrag von Krupp angefertigte Gutachten bereits auf dem Tisch. Offenbar hatten Bielstein und seine Leute eine Nachtschicht eingelegt. Das Papier besagte, dass ich in der Sache recht hätte, mit meiner Position jedoch allein dastünde und nicht damit rechnen könnte, Unterstützung zu finden. Würde ich jedoch aufgrund des Drucks der Politik nachgeben und hinterher das eintreten, was ich befürchtete, würde man mich einsperren, weil ich wider besseres Wissen gehandelt hätte.

Ich verstand die Welt nicht mehr. Doch ich durfte mit dem Papier nicht öffentlich operieren, schließlich waren wir noch zwei Staaten.

Immerhin brachte ich de Maizière dazu, uns und alle anderen ostdeutschen Banken, die mit ähnlichen Problemen kämpften, zu entlasten. Schließlich ging es nicht allein um die *Kreditbank*, sondern um das gesamte Kreditvolumen in Banken der DDR.

Ich erinnere nur an die über 20 Milliarden Schulden aus Wohnungsbaukrediten, die der Westen sich standhaft weigerte zu entschulden. Wir kämpften bis zur Jahrtausendwende, bis die Politik endlich eine Regelung zustande brachte, die freilich bei Weitem nicht ausreicht.

Nicht weniger fahrlässig wurde mit den Landwirtschaftskrediten umgegangen. Teilweise führten Zufallsentscheidungen dazu, dass die eine Genossenschaft mit horrenden, die andere mit weniger hohen Rückständen in die Marktwirtschaft entlassen wurde. Die verbleibenden fünf Milliarden Schulden hätten meiner Meinung nach ebenfalls zu 100 Prozent abgewertet werden müssen.

Dass die Treuhand einen derart riesigen Schuldenberg verwaltete, lag vor allem am falschen Umrechnungskurs. Dieser behinderte die Privatisierung. Angesichts der unrealistischen Bewertung unserer Betriebe sagte so mancher Investor: »Diesen Bilanzen glaube ich nicht, das ist nicht der reelle Wert.«

Er ließ eine neue Bewertung vornehmen – und hatte er die erst einmal in Auftrag gegeben, ließ er anschließend gleich noch eine anfertigen. Am Ende wollte er gar nichts mehr bezahlen. Spätestens an dieser Stelle war das kein politisches Problem mehr, sondern tatsächlich eines der Wirtschaft.

Dem *Handelsblatt* sagte ich in einem Interview: »Ich gehe davon aus, dass von meinen 140 Milliarden D-Mark, selbst wenn die darin enthaltenen gut zwanzig Milliarden der Wohnungsbaukredite gesondert behandelt werden, bis zu achtzig Milliarden abgeschrieben werden müssen, je nachdem wie die Privatisierung erfolgt.«

Genauso ist es gekommen.

Der Ministerratsbeschluss, der unsere Entschuldung besiegelte, wurde gerade noch rechtzeitig herbeigeführt. Eine mit der Bundesrepublik Deutschland vereinbarte Regelung besagte, dass im Vereinigungsprozess keine DDR-Bank pleitegehen dürfe. Alle Kredite, die bei Privatisierung oder Neugründung nicht wieder zu erwirtschaften waren – weil der Kaufpreis des zu veräußernden Betriebs zu hoch war oder die neuen Besitzer die Altkredite nicht übernehmen konnten oder wollten – mussten beim Bundesaufsichtsamt für Kreditwesen eingereicht werden. Nach deren Zustimmung erfolgte die Verrechnung über Ausgleichsforderungen an den Währungsausgleichsfonds.

Diese längst fällige Entscheidung über unsere Entschuldung im Rücken konnten unsere Joint-Venture-Banken zum 1. Juli 1990, dem Inkrafttreten der Währungs-, Wirtschafts- und Sozialunion, ihre Arbeit aufnehmen.

Funktionsübersicht der Kreditbank AG, nach heutigem Verständnis eine »Bad Bank« zur Abwicklung von Altgeschäften

Die D-Mark rollt

Am Abend vor Inkrafttreten der Währungsunion entschieden wir, eine unserer Filialen bereits um Mitternacht zu öffnen. Die Massen standen auf dem Alexanderplatz. Sie schmissen uns ein Fenster ein: Das Bild ging rund um den Erdball.

Ich fuhr in jenen Tagen nach Gera, Jena, Leuna und kontrollierte vor Ort, ob die Filialen in der Lage waren, die dort ansässigen Großbetriebe mit ausreichend Geld auszustatten. Es ging darum, dass die Arbeiter am folgenden Tag ihr Mittagessen bezahlen konnten. Scheinbar eine Banalität, aber ständen auf einen Schlag 30000 Mann ohne Geld da, hätten wir die Konterrevolution am Hals gehabt.

Zwei Tage war ich unterwegs, alles klappte wunderbar. Der Bankbetrieb lief wie am Schnürchen. Ossis und Wessis arbeiteten hervorragend zusammen. Wie lernt man sich besser kennen, als durch die Arbeit?

Schnell stiegen die Summen auf unseren Konten. Ebenso unser Kundenbestand. Und das, obwohl wir bei Null begonnen hatten. Unsere westdeutschen Partner brachten nur das für das Joint Venture nötige Kapital und Liquidität ein – die *Deutsche Bank* dazu 1000 Mitarbeiter, zusammengekarrt aus der ganzen Welt, die *Dresdner* 800. Zu diesen 1800 Wessis kamen unsere Leute: rund 8300 Ossis für die *Deutsche Bank* und 4000 für die *Dresdner*.

Viele DDR-Bürger, die zuvor bei der *Sparkasse* gewesen waren, wollten jetzt zu einer privaten Bank. Dadurch erlebten wir einen Ansturm an Privatkunden. Wir kamen mit der Statistik gar nicht hinterher, so viele neue Kunden hatten wir täglich. Nach vier Monaten erreichten wir im Osten mit der *Deutschen Bank Kreditbank* einen Marktanteil von 12 Prozent. Damit lagen wir im Privatkundengeschäft weit höher als die *Deutsche Bank,* die im Westen auf fünf bis sechs Prozent kam.

Das beflügelte unser Selbstbewusstsein.

Da die neuen Banken über kein mit den Zentralstellen verbundenes Zahlungs- und Verrechnungssystem verfügten, lief die Verrechnung der im Osten Deutschlands getätigten Geschäfte über die *Kreditbank* ab. Neben dem Tagesgeschäft mussten wir die 140 Milliarden D-Mark Altschulden verwalten. Zu diesem Zweck schloss die *Kreditbank* mit den Joint-Venture-Banken Geschäftsbesorgungsverträge ab. Für die Geschäftsbesorgungen hatte ich 0,6 Prozent Gebühren auf die Gesamtgeschäftssumme vereinbart. So zumindest kannte ich es von ähnlich dotierten Geschäften im Westen. Ich selbst verfügte über keinerlei Erfahrungen auf diesem Gebiet.

Auf Druck von Finanzministerium und Treuhand wurde ich vor den Staatsanwalt zitiert. Der unterstellte mir, ich würde den Großbanken zu viel Geld in den Rachen werfen. Wie sich herausstellte, wurden für vergleichbare Geschäfte andernorts sogar ein Prozent Gebühren erhoben. Daraufhin wurde der Vorwurf fallengelassen.

Auch in anderer Hinsicht bedeutete das westdeutsche Bankenrecht völliges Neuland für mich. Allein, dass ich seit dem 1. Juli 1990 gleichzeitig Chef der *Deutschen Kreditbank AG* und Vorstandsmitglied der *Deutschen Bank Kreditbank AG*, des von uns gegründeten Joint-Venture-Unternehmens, war – ein doppelter Chef in doppelter Verantwortung –, beunruhigte mich außerordentlich.

Andererseits empfand ich es als herabwürdigend, dass ich vor meiner Berufung in den Vorstand der *Deutschen Bank Kreditbank* eine Prüfung beim Bundesaufsichtsamt für Kreditwesen absolvieren musste. Schließlich hatte ich in der DDR einen der höchsten Posten im Finanzwesen bekleidet.

Da ich Vorstand sowohl in der alten als auch in der neuen Bank war, musste ich stets aufpassen, dass ich keine »In sich Geschäfte« abschloss. Es war also wichtig, dass ich stets auf der richtigen Seite unterschrieb. In der »Gründerzeit« waren Alt- und Neubank oft in einem Gebäude, ja sogar in einem Kassenraum untergebracht. In Magdeburg, einer unserer größten Filialen, errichteten wir im Kassensaal sogar eine Mauer!

Obwohl die wenigsten überblicken konnten, wohin das Schiff fuhr, zogen alle Mitarbeiter der *Kreditbank* und ihrer Joint Ventures – ob Ost oder West – an einem Strang. Schließlich bildete die Versorgung der Gesellschaft mit neuem Geld die materielle Grundlage der deutschen Einheit. In sämtlichen Niederlassungen der Joint-Venture-Banken setzten wir sowohl einen Ossi als auch einen Wessi als Leiter ein. Diese mussten sich aneinander gewöhnen, was nicht immer einfach war. Auf beiden Seiten gab es Vorbehalte, sowohl in fachlicher wie politischer Hinsicht. Oft mussten ich oder Osenberg schlichten.

Hier zeigte sich, wie wichtig es war, dass auch ein Ostdeutscher in der Chefetage saß. Unser Modell hätte bei der Treuhand und bei Privatisierungen beziehungsweise Abwicklungen konsequent angewandt werden müssen.

Nun stellte auch die Treuhand fest, dass die Umwandlung der Volkswirtschaft in die freie Marktwirtschaft nicht von einem auf den anderen Tag funktionierte. Kein volkseigener Betrieb verfügte in der neuen Struktur über genügend Geld zum Überleben. Mit Inkrafttreten der Währungsunion waren über Nacht die meisten VEB pleite. Was ich vorausgesagt hatte, war eingetreten.

Die Banken forderten schnelle Lösungen. Nun bekamen die Politiker Angst. Es wurde entschieden: »Wir müssen hundertprozentig staatlich verbürgte Kredite ausreichen, damit die Betriebe überleben können.« Fortan konnten die Betriebe über die Hausbanken sogenannte Treuhandbürgschaften beantragen. In den ersten vier Monaten reichten die Banken über diese Kredite 30 bis 40 Milliarden D-Mark aus. Dabei stellten die *Deutsche* und die *Dresdner Bank* beziehungsweise deren Joint Ventures mit der *Kreditbank* den größten Anteil. Wir waren die Einzigen, die in jeder Kreisstadt vertreten waren. Die anderen Finanzhäuser, die sich mittlerweile in Ostdeutschland angesiedelt hatten, saßen bestenfalls in Dresden, Leipzig oder Berlin. Demzufolge tätigten wir den größten Anteil der treuhandverbürgten Kreditgeschäfte.

Diese mussten wir mit Eigenkapital unterlegen. Das waren nach *Basel I* jeweils mindestens acht Prozent der Geschäftssumme. Heute gilt *Basel II*, was stärker nach Risikofaktoren differenziert. Das Eigenkapital der *Kreditbank* war indes in den 140 Milliarden D-Mark Altkrediten gebunden. Bis diese über den Währungsausgleichfonds oder durch Privatisierung schrittweise aufgelöst wurden, vergingen ein paar Jahre. Also musste ich das Kapital zur Unterlegung der Kredite vorerst in der Altbank belassen. Dafür hatten wir schriftlich erklärt, keine Neugeschäfte zu tätigen. In den Joint-Venture-Banken war die *Kreditbank* natürlich am Neugeschäft beteiligt.

Um liquide zu bleiben, führten die Mutterhäuser ständig Kapitalerhöhungen durch. Laufend überwies die *Deutsche Bank* Geld von Frankfurt nach Berlin, ebenso die *Dresdner Bank*. Es fand ein riesiger Finanztransfer West–Ost statt. Nicht auszudenken, was passiert wäre, hätten wir nicht diese kapitalstarken Banken an unserer Seite gehabt.

Genau genommen hätte die *Kreditbank* bei jeder Kapitalerhöhung der Mutterhäuser mitziehen müssen. Dazu waren wir aufgrund der Altlasten nicht imstande – und die an uns beteiligten Betriebe wie *Carl Zeiss* oder das *Synthesewerk Schwarzheide* erst recht nicht. *Interhotel* befand sich in Auflösung. Der *Konsum* war im Einigungsvertrag als genossenschaftliches Eigentum vergessen worden und dadurch ebenfalls mit Altkrediten belastet. Einige Genossenschaften versuchten den Alleingang, die meisten fielen auf die Nase.

Damit konnten wir die mehrheitliche ostdeutsche Kapitalbeteiligung von 51 Prozent nicht aufrechterhalten. Meinen Ostkollegen und mir war jedoch wichtiger, dass die Wirtschaft liquide blieb.

Auch dafür musste ich mich vor der Staatsanwaltschaft rechtfertigen. Trotz miserabler Voraussetzungen fühlte ich mich politisch mitverantwortlich, dass der Prozess der Währungsunion gelingt. Andere klammerten sich an Rechtsnormen. Lösungen indes hatten sie nicht parat.

Die Mitarbeiter aller Banken können stolz darauf sein, wie es ihnen damals gelang, derartig viele Aufgaben erfolgreich zu meistern. Sie redeten nicht über die Einheit, sie *lebten* sie. Dafür gebührt ihnen der Dank aller.

Von der Kader- zur Personalakte

Als Bankdirektor in Schwedt hatte ich mich für das Wohl und Wehe meiner Kollegen verantwortlich gefühlt. Das gleiche Verantwortungsbewusstsein veranlasste mich nun dazu, meinen Mitarbeitern nahezulegen, ihre Kaderakten auf die wesentlichen Punkte zu reduzieren und damit in Personalakten umzuwandeln.

Ich wollte, dass die Papiere unserer 13 000 Ossis genauso sauber waren wie die ihrer Kollegen aus dem Westen.

Dass unsere Kaderakten gänzlich anders gestrickt waren als die Personalakten aus dem Westen, lag daran, dass in der DDR jeder Beruf zugleich eine gesellschaftspolitische Seite hatte. Aus meiner Akte war beispielsweise ersichtlich, dass ich während des Vorbereitungslehrgangs zur Gesellenprüfung in Bansin beobachtet worden war. Akribisch vermerkt der Bericht, an welchem Tag ich zur Kirche gegangen war.

Vor Beginn unserer Tätigkeit als Joint-Venture-Bank händigte ich meinen Mitarbeitern ihre Kaderakten aus: »In den Personalakten aus dem Westen steht überhaupt nichts. Warum soll in unseren alles Mögliche vermerkt sein? Ihr könnt alles rausnehmen, was dort nicht reingehört, insbesondere die gesellschaftlichen Dinge. Wollt ihr, dass der ›Aktivist‹, Zeugnisse eurer Parteierziehung oder sonst etwas in der Art stehen bleibt, ist das eure Entscheidung. Im Westen kommt es jedoch auf die beruflichen Zeugnisse an, nicht auf das gesellschaftspolitische Engagement.«

Im Vorstand der *Deutschen Bank* stieß ich damit auf volles Verständnis. Hilmar Kopper setzte in Abstimmung mit Finanzminister Waigel durch: Alles, was innerhalb der *Deut-*

schen Bank an Anschuldigungen bezüglich der politischen Vergangenheit einzelner Mitarbeiter hochkommt, geht zuerst auf den Tisch von Edgar Most. Er entscheidet, wie damit zu verfahren ist. Er kann das besser einschätzen als alle, die sich jetzt in irgendwelchen Anfeindungen ergehen.

Diesem Beschluss folgend, führten wir in der *Deutschen Bank Kreditbank* keine Stasiaktenüberprüfung durch. Mir war klar, dass ich selbst zu jenem Zeitpunkt von anderer Stelle längst überprüft worden war.

»Wir müssen die Deutsche Mark einführen«, pflegte ich zu diesem Thema zu sagen. »Da können wir uns nicht mit der Staatssicherheit beschäftigen. Wir müssen die Währungsunion umsetzen. Dafür brauche ich die Leute. Wer Dreck am Stecken hat, hat unser Unternehmen längst verlassen.«

Ich wusste, wovon ich sprach. In der Wendezeit stellten wir viele MfS-Leute ein. Das hing damit zusammen, dass plötzlich jeder DDR-Bürger Westgeld eintauschen konnte. Sämtliche Wechselstellen arbeiteten im Schichtbetrieb, und wir hatten keine Leute. Aus diesem Grund stellten wir ehemalige Stasileute ein, denn das Ministerium für Staatssicherheit war aufgelöst worden. Als wir kurz darauf die Deutsche Kreditbank gründeten, hatte ich die Bank voller Stasi-Offiziere. Das musste ich bereinigen. Ich dankte den Betroffenen für ihre Dienste und bot ihnen an: »Ich bezahle euch noch ein Vierteljahr volles Gehalt. In dieser Zeit könnt ihr euch etwas Neues suchen.« Einer murrte.

»Ich gehe jetzt auf die Toilette«, warf ich in die Runde. »Einigt euch bitte, ob ihr meinen Vorschlag akzeptiert.«

Als ich wieder hereinkam, erklärten sich alle mit der Kündigung einverstanden. In der *Dresdner Bank* bereinigte ich die Situation auf ähnliche Weise. Fortan gab es keine giftigen Anschuldigungen mehr und keine Überprüfungen.

Dass Kopper mir bei der Überprüfung von Vorwürfen und Denunziationen freie Hand ließ, empfand ich als große Belastung. Am meisten enttäuschten mich die vielen anonymen Briefe. Mit jedem Stück Papier, das ich in den Reißwolf schob oder weiterleitete, traf ich die Entscheidung über die berufliche Zukunft meiner Mitarbeiter. Und jedes Mal musste ich aufs Neue mit mir ins Reine kommen.

Mein Fazit: Der Staat möge die Stasi-Behörde schließen. Sie verbindet nicht – sie spaltet.

Vieles ging bei der deutschen Einheit gegen den Baum, weil Entscheidungen getroffen wurden, die politisch waren, aber nicht dem Kernanliegen des Einheitsprozesses entsprachen. Das betraf nicht nur die Stasi-Überprüfungen. Beispielsweise wurden etliche Diplome und Fachschulabschlüsse nicht anerkannt. Eines Tages machte mich meine persönliche Mitarbeiterin Sylvia Diederich darauf aufmerksam: »Du unterschreibst immer noch mit Dipl. oec., dabei bist du das gar nicht mehr.«

»Wieso?«

»Die Abschlüsse der Fachschule in Gotha sind ungültig, ebenso die von der HfÖ in Berlin. Beide wurden in die Liste der roten Fachschulen und Universitäten eingeordnet.«

»Und … was mache ich jetzt?«

»Du musst beim jeweiligen Ministerpräsidenten beantragen, dass du das Recht hast, deine Abschlüsse und Titel zu tragen.«

»Ich habe 13 Jahre studiert und jetzt soll ich darum bitten, dass sie das anerkennen?«

Ich schrieb an Ministerpräsident Bernhard Vogel in Thüringen, der mir bestätigte, dass bei mir alles in Ordnung sei und mein Abschluss in Gotha weiterhin gelten würde. Daraufhin wandte ich mich wegen meines Abschlusses an der HfÖ an den Berliner Regierenden Bürgermeister Eberhard Diepgen.

Da ich beiden Herren inzwischen gut bekannt war, hatte sich die Sache schnell erledigt.

Wie viele Tausende konnten jedoch nicht diesen Weg gehen? Wie viele denken noch heute, sie hätten ein Diplom in der Tasche – und besitzen in Wirklichkeit keins mehr? Wie viele versuchten vergeblich, die Anerkennung ihrer Abschlüsse durchzusetzen?

Da reden wir einerseits von Menschenrechten und Freiheit und treten andere in den Hintern. Das trägt auf keinen Fall zur mentalen deutschen Einheit bei.

Ich selbst befand mich – ob nun durch Zufall oder Können – in einer hohen Funktion innerhalb der Bank, in der ich für Tausende von Menschen verantwortlich war. Ich entschied im Interesse der Mitarbeiter, nicht um irgendwelchen Kapitalgebern oder wem auch immer zu gefallen. Dadurch hatten wir bald Ruhe in der Bank und konnten arbeiten.

Dreihundert Millionen per Handschlag

Zu DDR-Zeiten waren alle Banken – auch *Sparkassen* und Versicherungen – verpflichtet, ihre Einlagen bei der *Staatsbank* abzuliefern. Aus diesem großen Topf wurde alles finanziert. Mit der am 1. Juli 1990 in Kraft getretenen Währungsunion war dieses System durch das neue, marktwirtschaftliche ersetzt worden, nach welchem nun jede Bank ihr eigenes Verrechnungssystem aufbaute.

Das bedeutete: Nach einer Übergangsfrist von drei Monaten brauchten die Banken ihr Geld nicht mehr an die *Staatsbank* – beziehungsweise an uns, die *Kreditbank* – abzuführen, sondern gaben es bei ihren neuen Zentralen ab. Viele Westbanken und *Sparkassen* hatten die Patenschaft für Ostregionen übernommen. So bauten sie ihr Geschäft aus und entzogen uns die Refinanzierung. Milliarden von D-Mark flossen in die alten Bundesländer ab.

Die logische Konsequenz: Im August fehlte im Osten das Geld – die *Kreditbank* stand vor dem Liquiditätskonkurs. Das durfte unter keinen Umständen passieren, schließlich lief über uns – bis in die Kreisstädte – der gesamte Zahlungs- und Verrechnungsverkehr der wichtigsten in Ostdeutschland angesiedelten Banken. Waren wir nicht liquide, bräche der gesamte Osten zusammen. Damit wäre die Währungs- und Wirtschaftsunion infrage gestellt. Die alles entscheidende Frage, die mir fortan Nacht für Nacht den Schlaf raubte, lautete also: Woher kriege ich Geld?

Aus einem Gespräch mit meinem Kollegen Dieter Hannewahr erwuchs der Gedanke, einen Lombardkredit bei der *Bundesbank* aufzunehmen.

Mittlerweile saß ich mit der *Deutschen Bank Kreditbank* im ehemaligen Domizil der Reichsbank. Ebenfalls dort untergebracht war die Außenstelle Ost der *Bundesbank*, wir saßen praktisch Tür an Tür.

»Ich brauche einen Lombardkredit«, wandte ich mich an Johann Wilhelm Gaddum, den *Bundesbank*-Vize.

»Einen Lombardkredit – wofür?« fragte Gaddum.

»Für die *Kreditbank*. Wir haben kein Geld mehr. Das ist alles in den Westen transferiert.«

»Für wie viele Stunden brauchen Sie den Kredit?«

»Stunden?« entgegnete ich. »Ich brauche ihn für Tage, ja Wochen.«

»Sagen wir zwei Tage«, wollte Gaddum einlenken.

»Ich glaube kaum, dass ich *dieses* Problem innerhalb von zwei Tagen lösen kann«, unternahm ich einen letzten Anlauf, »sagen wir: eine Woche, besser vierzehn Tage.«

»Sagen wir: Bis nächstes Wochenende.«

Damit hatte ich die *Kreditbank* zumindest fürs Erste gerettet. Natürlich war mir klar, dass dieser Kredit keine Lösung war. Ich brauchte einen langfristigen Finanzierungsweg.

Die mir von der *Bundesbank* gewährte Woche war noch nicht herum, da rief mich ein Kollege aus der Bank an: »Edgar, wir sind schon wieder pleite. Eigentlich müssten wir jetzt den Kredit an die *Bundesbank* zurückzahlen. Einen Teil haben wir zwar zurückgezahlt, doch nun ist das Konto wieder leer und die *Staatsbank* kann uns auch nicht helfen.«

Wieder stand ich bei Gaddum auf der Matte.

»Ein letztes Mal! Noch eine Woche, dann ist Schluss.«

Weitere sieben Tage waren gewonnen, mein Problem alles andere als gelöst. Nach wie vor tanzte ich auf Messers Schneide – und nicht nur ich. Ging die *Kreditbank* pleite, zöge ich die *Deutsche*, die *Dresdner* – ja viele Banken, die im Osten tätig waren, mit in den Keller.

Beim nächsten Mal ließ mich Gaddum unmissverständlich wissen: »Bis hierhin und nicht weiter! Sie haben doch gute Partner: *Deutsche* und *Dresdner*. Die sind liquide und können Sie ausstatten.«

Ich kannte jeden, der bei uns im Bankwesen tätig war. Manfred Baumann, der die Außenstelle der *Bayerischen Landesbank* in Berlin leitete, hatte ich mit Günter Kadow zusammengebracht, dem zuständigen Mann in der *Staatsbank*. Mitte der 90er Jahre konnten wir durch unseren persönlichen Kontakt den Erwerb der *Kreditbank* durch die *Bayerische Landesbank* vorbereiten. Es gab Treffen mit dem Vorstand der Bayern bei Baumann privat. Von ihm wusste ich, dass er daran arbeitete, der *Staatsbank* einen Kredit über neun Milliarden D-Mark auszureichen, von dem wir etwas abbekommen sollten. Damit floss das Sparkassengeld aus dem Westen in den Osten zurück – nun aber teurer.

Mittlerweile hatte ich die *Staatsbank* angepumpt. Demnächst erwartete ich von ihr einen großen Kredit, aber die *Staatsbank* musste sich erst einmal selbst refinanzieren – über einen Kredit von der *Bayerischen Landesbank*.

Doch das nützte mir jetzt nichts. Das Geld war noch nicht da, die *Bundesbank* rückte keinen Pfennig mehr heraus und wir hatten Freitagabend. Ich war am Ende mit meinem Latein.

Das heißt, eine Chance blieb mir. Gaddum hatte recht. Die *Deutsche Bank* musste ich fragen. Ich hängte mich an die Strippe, wählte die Nummer von Georg Krupp – und bekam aus dessen Frankfurter Zentrale zu hören: »Herr Krupp ist nicht mehr im Hause.«

»Und wo ist er?«

»Bei den Bayreuther Festspielen.«

Ich rief in Bayreuth an: »Hier Most aus Berlin. Ich brauche unbedingt Georg Krupp von der *Deutschen Bank*. Ich weiß, das klingt etwas vermessen, aber hört zu: Ihr müsst den aus der Vorstellung holen, es geht um Leben und Tod.«

Nach einer Weile vernahm ich Krupps Stimme: »Was ist denn so wichtig, dass Sie mich aus der Vorstellung holen?«

»Die *Kreditbank* ist pleite. Die *Bundesbank* will mir nicht mehr helfen, die gesamte Verrechnung stagniert. Sie können davon ausgehen: Ab Montag fließt kein Geld mehr zwischen Ost und West.«

Meinem Gegenüber war klar, was das bedeutete. »Kommen Sie Montag mit der ersten Maschine nach Frankfurt. Ich trommle alle zusammen, die wir brauchen. Haben Sie schon mit der *Dresdner* gesprochen?«

»Noch nicht, aber ich versuche, Herrn Walter zu erreichen.«

Bernhard Walter war Mitglied des Vorstandes der *Dresdner Bank*. Er hatte gemeinsam mit Puchta die Verantwortung für das Joint Venture *Dresdner Bank-Kreditbank* übernommen. Für mich war er der solideste Partner in der *Dresdner Bank*. An jenem Freitagabend erwischte ich ihn nicht mehr, dafür Sonnabend früh – in seiner Küche: »Ich brauche die *Dresdner*, ich bin pleite.«

»Was sagt denn die *Deutsche*?«

»Montag früh bin ich in der Zentrale.«

»Wenn Sie fertig sind, kommen Sie zu uns rüber«, erwiderte Walter, »ich bereite alles vor.«

Montag früh um acht saß ich im 34. Stock der Zentrale der *Deutschen Bank*. Krupp hatte wie versprochen die Generalbevollmächtigten seiner wichtigsten Abteilungen versammelt. Das Schöne daran war, ich brauchte keinen der Herren aufzuklären, was los war.

»Im Wesentlichen geht es dabei um Verrechnungen der *Deutschen Bank*«, ließ ich das Auditorium dennoch wissen.

»Das ist uns klar, Herr Most«, erwiderten die Banker, »wir überweisen Ihnen noch heute zweihundert Millionen.«

»Dann muss ich bei der *Dresdner* mindestens hundert kriegen«, schlussfolgerte ich.

»Wenn nicht, rufen Sie uns an oder kommen Sie am besten gleich noch mal vorbei«, verabschiedete mich Krupp.

Ich war baff. Können Sie sich vorstellen, ohne Kreditvertrag, einfach nur per Handschlag, 200 Millionen zu bekommen? Genau das hatte ich gerade erlebt.

»Wie viel hat Ihnen die *Deutsche* gegeben?«, fragten die von der *Dresdner*.

»200 Millionen.«

»Gut, Herr Most, dann geben wir Ihnen 100, vielleicht auch 150. Wir lassen Sie nicht fallen, wir hängen schließlich alle mit dran.« Noch bevor ich nach Berlin zurückkam, war das Geld auf dem Konto.

Wie gewöhnlich wurde auch in jenen Tagen viel über die Banken geschimpft. Dabei erwies sich das Bankgewerbe als Wegbereiter der deutschen Einheit – und zwar alle drei Säulen des Bankgewerbes: Sparkassen, Genossenschaftsbanken, Privatbanken. In den Chefetagen der beiden deutschen Großbanken bestimmte Sachkompetenz das Handeln. Die Leute dort hatten richtig erkannt: Bricht der Zahlungs- und Rechnungsverkehr zusammen, können sie alles andere vergessen. Allein deshalb konnten sie nicht zulassen, dass die *Kreditbank* ohne Liquidität dastand. Jene beiden Handschläge verhinderten einen Bankencrash, der ganz Europa erschüttert hätte. Glücklicherweise bekam davon, außer den Eingeweihten, niemand etwas mit.

Deutsche Einheit in der Bank

Im ersten Vierteljahr nach der Währungsunion verbuchte die *Kreditbank* hohe Gewinne. Diese verdankten wir nicht zuletzt der *Kreditanstalt für Wiederaufbau*. Die hatte aus überschüssigen Geldern des Marshallplans das ERP-Sondervermögen gegründet, das bis heute die Grundlage der von ihr betriebenen Förderpolitik bildet. Somit also kam der Marshallplan, wenngleich rudimentär, nun auch der DDR zugute.

Einen Teil der Gewinne zahlte ich rückwirkend in die *Beamtenkasse* ein. Ich tat es vor allem für diejenigen meiner Mitarbeiter, von denen ich wusste, sie verlieren in absehbarer Zeit ihren Job, weil sie zu alt waren oder in Bereichen der *Staatsbank* gearbeitet hatten, die in privaten Geldinstituten wie der *Deutschen* oder *Dresdner Bank* kein Äquivalent besaßen. Gingen diese Kollegen früher in den Ruhestand, bekamen sie eine geringe Zusatzrente.

Alle unsere westlichen Kollegen waren Mitglieder des *Beamtenversicherungsvereins* und hatten somit Anspruch auf eine zusätzliche Altersversorgung. Wir dagegen kamen neu dazu, hatten alle bereits ein bestimmtes Alter erreicht und obendrein längst nicht so einen hohen Verdienst vorzuweisen wie unsere westdeutschen Kollegen. »Das gibt irgendwann Knatsch«, dachte ich und: »Ob wir jetzt drei, zehn oder sonst wie viele Millionen Gewinn einfahren – lieber benutze ich einen Teil dieses Geldes für die soziale Absicherung meiner Leute.«

Aus dem gleichen Grund wollte ich später für alle unsere Mitarbeiter einen weiteren großen Betrag in besagte Kasse einzahlen. Diesmal machte mir das Finanzministerium einen Strich durch die Rechnung. Den zweiten Antrag hatte ich *nach* der Währungsunion gestellt und nicht wie den ersten *davor*, lautete die Begründung. An solchen Formalien scheiterten soziale Bemühungen.

Mit der Belegschaft der *Kreditbank* hatten wir zwischen 70 und 80 Prozent Frauen in unsere Joint-Venture-Unternehmen eingebracht, darunter etliche Filialdirektorinnen. Für die Wessis war das ein absolutes Novum. Doch auch für uns war nun vieles neu.

So kannten wir Ossis viele Finanzprodukte unserer westlichen Partner nicht. Um uns in die westliche Finanzwelt hineinzudenken, mussten wir den Austausch forcieren. Also lautete die Order: »Ab in den Westen!« Die einen kamen nach Wuppertal, andere nach Bielefeld, wieder andere nach Essen, Köln oder München. Jeder Hauptfiliale aus dem Westen hatten wir einen ehemaligen DDR-Bezirk zugeordnet.

Die Frauen ließen sich das nicht zweimal sagen. Die meisten waren verheiratet, hatten Kinder, dennoch hörte ich von ihnen weder Weh noch Ach. Sie marschierten los, wollten es wissen, ihre Chance nutzen. In vielen Ostfamilien saßen die Männer nach der Privatisierung oder Abwicklung ihrer Betriebe auf der Straße. Viele Frauen stellten als Alleinverdiener inzwischen das Rückgrat ihrer Familie dar. Ich war begeistert von ihrem Einsatzwillen. Vor der Wende wäre es schwieriger gewesen, Mitarbeiter dazu zu bewegen, von Karl-Marx-Stadt nach Rostock zu wechseln.

Die meisten blieben einen Monat im Westen, andere drei, einige gar ein halbes oder ganzes Jahr. Ihre Qualifizierung im Gepäck, kehrten sie zurück. Oft hörte ich von ihnen: »Die kochen da drüben auch nur mit Wasser.«

Im Gegenzug arbeiteten viele West-Männer im Osten. Häufig kamen ihre Frauen nicht schnell genug nach – und wenn, hatten ihre Gatten nicht selten bereits eine andere Frau an ihrer Seite.

Die Arbeit durfte nicht darunter leiden. Oft hieß es: »Zwischen dem Filialleiter Soundso und dem Trainee – einem hübschen Mädchen – läuft etwas ...«

In jedem Bundesland gab es etliche solcher Fälle. Den Sittenrichter zu spielen lag mir ganz und gar nicht. Dennoch konnte ich die beiden nicht in derselben Filiale belassen. Nach einem klärenden Gespräch versetzte ich ihn oder sie in eine andere Stadt. Ob sie weiter miteinander turtelten, war ihr Problem – aber nicht in der gleichen Filiale. Das bringt das Betriebsklima durcheinander.

Wiederholt meldeten sich Frauen bei mir: »Schicken Sie mir meinen Mann zurück!« Auf der anderen Seite erlebten viele unserer Frauen Stänkereien, wenn sie aus dem Westen zurückkamen. Etliche Ehen gingen zu Bruch.

Im Westen war es undenkbar, dass sich der Chef um die privaten Belange seiner Mitarbeiter kümmerte. Aber im Osten – das wussten mittlerweile viele Wessis – gehörte sich das so.

Manche Ehe konnten wir flicken, einige Beziehungen entstanden neu, wieder andere blieben von alledem unberührt und bestehen bis heute. In vielen Familien, ob Ost oder West, brachte dieser Umbauprozess eine Menge durcheinander.

Die Bankmitarbeiter aus dem Westen, die im Osten arbeiteten, erhielten eine sogenannte Schmutzzulage. (Mancherorts hieß sie umgangssprachlich auch »Buschzulage«. Und sie war bekanntlich nicht nur auf Bankmitarbeiter beschränkt.) Dabei verdienten sie ohnehin mehr Geld als ihre Kollegen aus dem Osten.

1993 wandte ich mich auf einer Direktorentagung in Leipzig an unsere Pendler: »Sie sind jetzt drei Jahre im Osten und haben drei Jahre die ›Schmutzzulage‹ kassiert, wie die Ossis Ihr Zusatzgeld nennen. Das sollten wir jetzt beenden! Wir im Osten sind mittlerweile durchaus in der Lage, unsere Bankgeschäfte alleine zu führen. Wer bleiben will, weil er meint, sich hier profilieren zu können – bitteschön. Aber ohne Extrabonus.«

Ich wurde für meinen Vorstoß gehörig angefeindet. Viele Wessis konnten nur schlecht verwinden, dass ich als einziger Ossi aus der Geschäftsleitung aufgestanden war und verkündet hatte: »Wir müssen zu neuen Lösungen kommen. Ihr könnt hier nur Geschäfte machen, wenn eure Kinder hier zur Schule gehen und eure Frauen integriert sind, statt Montagmittag anzukommen und Donnerstagabend wieder heimzufliegen.«

Damit waren längst nicht alle Ungerechtigkeiten ausgeräumt. Bei den ersten Tarifverhandlungen, die ich als Chef führte, ließ ich die Arbeitnehmerseite wissen: »Es darf keine Rolle mehr spielen, ob ein Mitarbeiter in einer West- oder Ost-Berliner Filiale arbeitet. Die Leute hantieren schließlich mit demselben Geld.« Ich forderte, dass die Gehälter unserer Mitarbeiter in Ost und West angepasst werden – zunächst in Berlin, dann um Berlin herum und schließlich generell.

Innerhalb von zwei Stunden waren die Tarifverträge unterschrieben, und die Gewerkschafter holten eine Flasche Kognak heraus mit der Bemerkung: »Eine derart schnelle Einigung haben wir noch nie erlebt. Herr Most, darauf müssen wir anstoßen!«

»Wir sitzen doch nicht hier, um uns zu streiten«, erwiderte ich. »Ich war bis gestern selbst Angestellter. Ich weiß, wie die Uhren ticken und was meine Leute wollen – und wir als Unternehmen können das bezahlen. Ich will Frieden in der Bank. Das kriegen wir aber nur hin, wenn alle am gleichen Strang ziehen.«

Mir schwebte vor, die Wiedervereinigung zumindest innerhalb unseres Unternehmens in dem Sinne zu gestalten, dass nicht nur ein paar wenige gewannen, sondern möglichst viele etwas vom Braten abbekamen. Mir schwebte vor, der deutschen Einheit zumindest in dem Rahmen zu ihrem Recht zu verhelfen, den ich selbst auszufüllen vermochte: in der Bank. Zwar ging bis zur endgültigen Umsetzung dieses ehrgeizigen Ziels noch einige Zeit ins Land, aber der Grundstein war gelegt.

Oft fragten mich Außenstehende, wie ich den Umgang der West- mit den Ostdeutschen in der Bank und in der Wirtschaft beurteilte. Da antwortete ich diplomatisch-höflich, aber durchaus verständlich: Die geringsten Vorbehalte und Berührungsängste verspürte ich bei jenen Landsleuten, die aus den USA, aus Japan, Spanien, mithin aus dem fernen Ausland, kämen.

Die Ressentiments bewegten sich gleichsam im diametralen Verhältnis zur geografischen Distanz. Ein typisches Beispiel für mich war in dieser Hinsicht Wolfgang von Eckartsberg, ein Deutschbanker, der in Argentinien aufgewachsen war und aus Spanien direkt zu uns nach Ostdeutschland kam. Bei unserer ersten Begegnung sagte er: »Herr Most, und nun zeigen Sie mir mal die Slums.«

Ich kenne Slums nur aus dem Fernsehen, antwortete ich ihm überrascht. »In der DDR hatten wir so etwas nicht.«

»Dann kann die DDR nicht so schlimm gewesen sein«, reagierte er gelassen. Er kannte die Welt und damit Maßstäbe, die wesentlich waren. Und die legte er unvoreingenommen auch an.

Wie er verhielten sich viele Kollegen von der Deutschen oder der Dresdner Bank, die von anderen Kontinenten zu uns stießen. Je näher jedoch ihr Wohnort jedoch zur DDR lag, desto größer schienen die Vorbehalte. Schwaben, Badenser, Bayern, die in den Osten delegiert wurden, waren umgänglicher als etwa Franken und andere, die an der sogenannten Zonengrenze gelebt hatten. Die Berührungsängste waren bei den Westberlinern am größten. Das hatte wohl weniger mit persönlichen Erfahrungen, sondern mit der in diesen Landstrichen in verflossenen Jahrzehnten besonders heftig gepflegten Propaganda zu tun. Die »Bedrohung« durch »den Kommunismus« hatte man offenkundig verinnerlicht.

Diese Empfindung schlug nunmehr in Überlegenheit um. In zahlreichen Gesprächen begegnete mir das, was man Siegermentalität nannte. Die selbstbewussten »Besser-Wessis« zeigten sie sehr deutlich. Dem vermochten die meisten »Ossis« wenig bis nichts entgegenzusetzen. Das war nicht nur nicht gut für den eigenen Auftritt und das Fortkommen, sondern verstärkte den Glauben der Überlegenheit auf der anderen Seite.

Die Westberliner aber wurden noch von ehemaligen DDR-Bürgern übertroffen, die vor 1989 in den Westen gegangen waren. Sie gaben sich einerseits als profunde Ost-Kenner aus, was sie aber objektiv nicht waren: ihre Kenntnisse waren überholt und meist auch nur marginal. Ande-

1. September 2004: Verabschiedung aus der Deutschen Bank – Mosts letzte Rede als Offizieller

Josef Ackermann applaudiert Edgard Most, zwischen beiden der Bundestagspräsident Wolfgang Thierse und Stralsunds Oberbürgermeister Harald Lastowka.
Unten: Georg Krupp vom Vorstand der Deutschen Bank und Werner Polze, vormals Präsident der Außenhandelsbank der DDR

Händedruck von Hilmar Kopper, links Klaus von Dohnanyi, rechts Rolf Breuer, Chef des Aufsichtsrats der Deutschen Bank (bis 2006)

Christa Luft, Ex-DDR-Ministerin, mit Klaus George (»Wirtschaft & Markt«). Sie war ebenfalls zur Verabschiedung ins Atrium der Deutschen Bank in Berlin Unter den Linden gekommen wie ein weiterer Politiker der Linkspartei: Helmut Holter, in der rot-roten Koalition von Mecklenburg-Vorpommern Minister, hier mit Prof. Dieter Stolte, Ex-ZDF-Intendant

Ostdeutsche Wirtschaftskapitäne Prof. Wegert, Dr. Hieckmann, Prof. Fuchs: Weggefährten und Verbündete beim Aufbau Ost

Unter den Gästen zu Mosts Jubiläum: 50 Jahre bei der Bank, 2004. Von links nach rechts: Georg Krupp, Hilmar Kopper, Manfred Stolpe – Bundesverkehrsminister und für den Aufbau Ost zuständig –, Rolf Breuer.
Oben: Josef Ackermann, Wolfgang Thierse, Harald Lastowka und Wolfgang von Eckartsberg, Geschäftsleitung der Deutschen Bank

Rede, Beifall, Rede, Beifall, Rede ... Geburtstagsfeiern, Jubliäen, Verabschiedungen etc. sind mitunter ziemlich anstrengend.
Unten: Großer Bahnhof zum 60. Geburtstag, 2000

Michael Fernholz war der einzige westdeutsche Banker in der Geschäftsleitung, der Mosts Entscheidung mittrug, den Kunden der Deutschen Bank Wolfgang Vogel und Markus Wolf eine Kaution zu gewähren

Unten: Josef Ackermann erzählt einen Witz

Glückwünsche von Russlands Botschafter Wladimir Kotenew und seiner Frau Maria. Unten: Blick uns Atrium der Deutschen Bank in Berlin Unter den Linden

Bezeichnende Verblüffung bei Hilmar Kopper, als der nach der »Wende« zur Kenntnis nahm, dass man sich im Parteilehrjahr der SED 1981/82 mit der Deutschen Bank beschäftigt hatte. Ein Grund für Most, sich das Schulungsmaterial von einst schmunzelnd an die Wand zu hängen. Unten in der Bildmitte: Dr. Wiesner von der Geschäftsleitung der Deutschen Bank, 2000

Hobby eines Bankers: deutsche Banknoten sammeln. Sie sind nicht nur in Mosts Augen ein Kulturspiegel der Zeit.
Im Mai 1948, nach der separaten Währungsreform im Westen, wurden die im Osten noch gültigen Reichsbanknoten von 1924 mit einem Coupon versehen, weshalb der Volksmund sie »Tapetenmark« nannte. Der Aufkleber befand sich auf der Vorderseite

Im Juli 1948 kam in der Sowjetischen Besatzungszone diese »Deutsche Mark«, sie blieb bis 1955 in der DDR gültig

1955 wurden diese Banknoten der Deutschen Notenbank ausgegeben. Sie wurden ab 1957 sicherer gegen Geldfälschungen gemacht, etwa durch Wasserzeichen

1964 kamen nicht nur erstmals die Klassiker auf die Scheine, sondern auch das DDR-Emblem. Die Währung hieß nun Mark der Deutschen Notenbank, kurz MDN

Seit dem 1. Juni 1973 zahlte man in der DDR mit diesen Scheinen, die Währung hieß nun »Mark der Deutschen Demokratischen Republik«, sie blieb bis zum 30. Juni 1990 gültig

Die in den 70er Jahren edierten Scheine, Zahlungsmittel bis zum Ende der DDR. Es sollen 620 Millionen Banknoten, etwa 100 Milliarden Mark, 1990 hinter meterdicken Betonmauern und unter Zehntausenden Tonnen Kies in Bergwerksschächten beerdigt worden sein. Als jedoch nach der Jahrtausendwende 200-Mark-Scheine auftauchten, die nie im Umlauf waren, hob man die Geldsäcke und verbrannte rund 3.000 Tonnen Papier

Deutsche Kreditbank AG
Eröffnungsbilanz per 01. April 1990

Aktiva

Sachanlagen		171.356.100,35
Barreserve Kontokorrent		11.012.178.361,70
Langfristige Kredite an der Wirtschaft	64.607.125.260,65	
Langfristige Kredite an die Wohnungswirtschaft	61.113.091.520,93	
Langfristige Kredite für den Bau staatlicher Einrichtungen	10.375.281.217,00	
Langfristige Ausleihungen gesamt		136.097.497.998,47
Kurzfristige Kredite an die Wirtschaft	121.407.925.764,63	
Kurzfristige Ausleihungen an örtliche Haushalte	1.053.504.512,76	
Kurzfristige Forderungen an den Staatshaushalt	553.343.942,37	
Kurzfristige Ausleihungen gesamt		125.014.774.219,76
Forderungen aus Auslandsbeziehungen		1.410.530.411,03
Ausleihungen Kredite, die aus dem Staatshaushalt geteilt werden		11.903.260.692,75
Ausleihungen an Kreditinstitute		20.246.884,44
Sonstige Aktiva		879.972.158,28
Bilanzsumme		286.509.762.103,78
Forderungen außerhalb der Bilanz (treuhänderisch verwaltete und sonstige Forderungen)		17.360.943.789,36

Passiva

Kurzfristige Einlagen der Wirtschaft		14.899.942.494,99
Kurzfristige Einlagen des Wohnungswesens, der gesellschaftlichen Organe und Einrichtungen		3.033.944.175,64
Kurzfristige Einlagen der Bevölkerung		47.669.071,97
Kurzfristige Einlagen des Staatshaushalts und sonstiger staatlicher Organe		877.396.629,66
Kurzfristige Einlagen gesamt		18.858.862.473,26
Einlagen der Versicherungseinrichtungen		16.337.258.637,03
Einlagen aus Auslandsbeziehungen		496.622.764,05
Einlagen der Kreditinstitute		65.827.800,14
Refinanzierung aus EPP-Mitteln		23.000,00
Deckungsmittel des Staatshaushalts für unverzinsliche Kredite		12.309.664.396,17
Unterwegs befindliche Verrechnungen		225.168.682.567,62
Depotbestände an Wertpapieren		3.619.600,00
Sonstige Einlagen		185.164.919,27
Sonstige Verbindlichkeiten		1.453.909.845,59
Stammkapital	1.180.000.000,00	
Kapitalreserve	9.951.356.106,35	
Eigenkapital insgesamt		11.131.356.106,35
Bilanzsumme		286.509.762.103,78
Positionen außerhalb der Bilanz Gegenposten zu den Forderungen		17.360.943.789,36

Most
Vorsitzender des Vorstands

Dr. Jeschke
Vorsitzender des Aufsichtsrats

Der Vorstandsvorsitzende der Deutschen Kreditbank AG, Edgar Most, quittierte die Eröffnungsbilanz per 1. April 1990 über 286.509.762.103,78, also knapp 290 Milliarden Mark. Die Urkunde hängt heute an der Wand daheim rerseits gerierten sie sich als »Sieger der Geschichte«, schließlich waren sie beizeiten abgehauen, da sie ja schon immer gewusst hatten, wohin alles führen würde.

Sie mussten natürlich auch vor sich selbst begründen, dass ihre damalige Entscheidung richtig war, weshalb sie das, was sie hinter sich gelassen hatten, meinten in besonders schwarze Farbe tauchen zu müssen. Damit verdrängten sie auch aktuelle Unzufriedenheit und überhöhten die Gegenwart. Alles war ihnen »Ah« und »Oh«, worauf sie nnichts kommen ließen. Diese Einseitigkeit führte automatisch zu Pauschalierungen, Überzeichnungen und Verzicht auf Differenzierung.

Wenn man sich nicht zum Opfer eigener Blindheit macht, aufgeschlossen ist für Neues und auch andere Meinungen zulässt, kommen auch Menschen unterschiedlicher Herkunft und verschiedenen Charakters klar. Ich habe jedenfalls viele Kollegen in den Geschäftsleitungen der Deutschen und der Dresdner Bank sowie von im Bankenverband tätiger Geldinstitute kennengelernt, mit denen ich auch privat gute Beziehungen unterhielt. Und mit manchem bin ich unverändert freundschaftlich verbunden.

Alle Mitarbeiter aus dem Westen, die sich im Osten niederließen und hier eine neue Heimat fanden, wurden auch zu Kämpfern für den Aufbau Ost. Sie wurden »Wossis«.

Am 29. Dezember 1990 wurde die *Deutsche Bank Kreditbank AG* mit der *Deutschen Bank* verschmolzen. Ich schied am 30. Juni 1991 aus dem Vorstand der *Kreditbank* aus und stand ihr nur noch beratend zur Seite.

Nachdem die Joint-Venture-Anteile der *Kreditbank* durch ihren Hauptaktionär, die Treuhandanstalt, an die *Deutsche Bank* verkauft worden waren, fusionierte die *Deutsche Bank AG* Berlin West mit dem Ostteil der *Deutschen Bank*.

Dass ich mich nun ausschließlich meiner Arbeit im Vorstand der *Deutschen Bank* in Berlin widmete, hatte zwei Gründe. Zunächst nahm der Druck anderer Banken auf die *Deutsche Bank* zu: Durch meine Person bestand nach Ansicht anderer Banken ein Wettbewerbsvorteil, da ich sowohl das

Alt- als auch das Neugeschäft verantwortete. Andererseits hatten die vergangenen Monate derart an meinen Kräften gezehrt, dass ich mir sagte: »Die Doppelbelastung kannst du auf Dauer nicht tragen.«
Ich entschied mich für die *Deutsche Bank*.
Die neue Geschäftsleitung zog im Juni 1991 in die Zentrale am Ernst-Reuter-Platz. Hier kamen gänzlich neue Anforderungen auf mich zu.
1992 wurde Rechtsanwalt Wolfgang Vogel, der im Auftrag der DDR die Verhandlungen mit der Bundesrepublik für ausreisewillige DDR-Bürger geführt hatte, verhaftet. Ihm wurde Steuerhinterziehung vorgeworfen. Seine Rechtsanwältin wandte sich nun mit der Bitte an meinen Kollegen Michael Fernholz, eine Kaution für Vogel zu stellen, damit er nicht bis zur Gerichtsverhandlung in Untersuchungshaft zu sitzen brauchte. Fernholz, der für das gehobene Privatkundengeschäft zuständig war, brachte dieses Anliegen in die Geschäftsleitung. Der Ost-West-Konflikt in Steuersachen führte zu längeren Diskussionen. Ich fand erstaunlich, dass der ostdeutsche Rechtsanwalt Privatkunde einer Westberliner Bank war. Schließlich wurde die Kaution durch die *Deutsche Bank Berlin* gestellt – unterschrieben von Fernholz als Wessi und mir als Ossi. Persönlich traf ich Vogel Jahre später in der *Deutschen Bank Luxemburg*. Er konnte sich noch gut an die Kautionsgeber erinnern und dankte mir überschwänglich.
Ein andermal informierte mich die Filialleiterin der *Deutschen Bank* am Berliner Spittelmarkt darüber, dass unser Kunde Markus Wolf, bis 1986 stellvertretender Minister für Staatssicherheit und Chef der Auslandsaufklärung, ebenfalls eine Kaution beantragt hatte. Wieder führten wir prinzipielle Diskussionen in der Geschäftsleitung. Am Ende setzte ich durch, dass die Kaution bei Verpfändung seines Buches *Die Troika* gestellt wurde. Da das Thema Staatssicherheit politisch äußerst brisant war, durfte die Öffentlichkeit nichts von dieser Entscheidung erfahren. Es lief alles über Rechtsanwälte.

Gorbatschow bei uns

Im Herbst 1992 überbrachte mir Friedrich Wilhelm Christians, eine der Größen unseres Hauses und Aufsichtsratsvorsitzender, die Neuigkeit: »Gorbatschow ist in Berlin. Wir laden ihn in die *Deutsche Bank* ein.«

Der ehemalige sowjetische Staats- und Parteichef wurde als Ehrenbürger Berlins gewürdigt. Christians war bestens mit ihm bekannt, so war alles schnell organisiert: Sobald Gorbatschow beim Bürgermeister fertig war, sollte er zu uns kommen.

Ich sammelte meine paar Brocken Russisch zusammen und holte die Gorbatschows im Roten Rathaus ab. Unserem Auto folgend, fuhr ihr Wagen durchs Brandenburger Tor.

Als wir in der Zentrale der *Deutschen Bank* mit dem Fahrstuhl nach oben fuhren, standen auf allen Etagen die Mitarbeiter Spalier und applaudierten. Es hatte sich schnell herumgesprochen, wen wir im Hause hatten. Laufend rief die Presse an. Die Journalisten wollten wissen: »Was für ein Kleid hat Frau Gorbatschowa an – oder trägt sie ein Kostüm?« Und: »Was gibt es zum Mittagessen?«

»Ich schicke Ihnen eine Speisekarte«, antwortete ich.

Die Unterredung fand in intimer Atmosphäre statt. Gorbatschow zog sein Jackett aus, hemdsärmelig ging es zur Sache. Ich hatte den Dolmetscher Ortwin Fiedler, der zu DDR-Zeiten für Willi Stoph und Horst Kaminsky übersetzt hatte, in die *Deutsche Bank* geholt. Fiedler musste nicht abwarten, bis ein Gesprächspartner fertig gesprochen hatte. So entspann sich ein angeregtes Gespräch, an dem sich Frau Raissa lebhaft beteiligte.

Zu seiner Ablösung als Staatspräsident im Vorjahr sagte Gorbatschow: »Man darf keine Revolution vom Zaun brechen und dann in Urlaub fahren.« Während seines Krim-Aufenthalts im August 1991 hatten politische Gegner und Militärs geputscht und ihn an seinem Urlaubsort unter Arrest gestellt. Wenige Tage später war der Putsch niedergeschlagen.

Ex-Präsident Michail Gorbatschow mit seiner Frau Raissa bei der Deutschen Bank in Berlin. Vierter von links Dr. Friedrich Wilhelm Christians, der Aufsichtsratsvorsitzende der Deutschen Bank

Als Gorbatschow nach Moskau zurückkehrte, waren alle Messen gesungen und Jelzin der Mann an der Spitze des Landes.

»Steckt man in einem revolutionären Prozess, muss man diesen so lange führen, bis man alles Alte überwunden hat«, gab Gorbatschow seinen Fehler unumwunden zu. Das ist eine wichtige Erkenntnis für mich.

Und noch einen Satz habe ich seither nicht vergessen: »Steht die Achse Berlin-Moskau, steht Europa«, sagte er. »Dahin müssen wir wieder kommen! Schon Bismarck hatte das erkannt. Mit der Achse Berlin-Moskau steht und fällt Europa – egal, ob sich das Gebilde Europäische Union, NATO oder sonst wie nennt. Das Wichtigste jedoch ist: Europa muss es wollen, und ihr Deutschen seid es, die das in Europa durchsetzen müssen. Wenn wir noch Paris dazubekommen, ist Europa gesichert.«

Diese Worte in Gottes Ohr! Ich würde sie mir am liebsten einrahmen lassen und überall ausstellen. Verbunden mit

Russland wäre Europa gesichert, auch gegenüber der asiatischen Welt, die dieses Jahrhundert prägen wird, und der amerikanischen, die das letzte Jahrhundert dominierte. Europa wäre damit wirtschaftlich stabil aufgestellt – denken wir nur an die Versorgung mit Erdöl und Erdgas sowie die riesigen Absatzgebiete – und könnte somit auch mit einer einheitlichen Politik agieren.

Jene Begegnung mit Gorbatschow ist mir lebhaft in Erinnerung – auch wenn ich längst vergessen habe, was wir aßen. Später sollten wir uns noch wiederholt treffen.

Einsatz für den Osten

Der Osten als Jungbrunnen des Westens

Die Treuhandanstalt war noch unter der letzten DDR-Regierung gegründet worden. Sie sollte gewährleisten, dass das Volksvermögen im Zuge der Verteilung und Privatisierung deren Bürgern zugutekommt. Sie hatte eine gewaltige Aufgabe zu lösen. Es ist anerkennenswert, was sie in kurzer Zeit leistete. Dennoch lässt sich nicht leugnen, dass bei der Überführung der vorhandenen Industriestrukturen aus der Planin die Marktwirtschaft einer der schwerwiegendsten Fehler bezüglich der wirtschaftlichen Entwicklung Deutschlands zutage trat. Das Ziel des Treuhandgesetzes, das noch von der Volkskammer verabschiedet worden war, bestand darin, aus dem Nationaleinkommen der DDR heraus ein Grundkapital für die ostdeutsche Bevölkerung zu schaffen. Mit der überstürzten D-Mark-Einführung im Juli 1990 wurden sämtliche Besonderheiten der vierzigjährigen Entwicklung schlagartig beiseite geschoben – ein gravierender Fehler, den noch Generationen zu spüren bekommen werden. Durch ihn entstanden Strukturen, die nicht wieder zu korrigieren sind.

Anfänglich verfolgte die Treuhandanstalt das Ziel, einen Großteil der DDR-Wirtschaft zu erhalten, um so das gesunde Zusammenspiel von kommunaler Entwicklung sowie Infra- und Industriestruktur zu gewährleisten. Dieser Aufgabenstellung hatte sich ihr erster Chef, Detlev Karsten Rohwedder, verschrieben. In den Gesprächen, die er mit Managern führender Konzerne der Bundesrepublik führte, leistete er große Überzeugungsarbeit. Vor allem viele politische Vorbehalte westlicher Unternehmer behinderten seine Arbeit.

Ich erlebte Rohwedder auf drei Beratungen, zu denen er führende Köpfe westdeutscher Großkonzerne eingeladen hatte. Eigentlich gehörte ich als Ossi gar nicht dorthin, doch als Vertreter der *Deutschen Bank* und außerdem der *Kreditbank* war ich immerhin geduldet.

Einige Konzernchefs fragten: »Können wir mit den roten Socken da drüben überhaupt zusammenarbeiten?«

Andere bekundeten, dass sie zwar großes Interesse am Markt der DDR-Betriebe, nicht jedoch an deren Erhaltung hätten.

»Wenn ihr mir nicht helfen wollt«, erwiderte Rohwedder, »mache ich das alleine. Falls hier nichts rauskommt, beabsichtige ich, die Betriebe erst einmal zu sanieren – und dann zu privatisieren.«

Noch in unserem dritten Gespräch ließ er mich wissen: »Ich gehe davon aus, 70 bis 80 Prozent der DDR-Betriebe bleiben erhalten, wenn nicht sogar mehr. Und wenn wir viele dieser ehemaligen Staatsbetriebe erst einmal unter dem Mantel der Treuhand laufen lassen. Sie als Bank werden das unterstützen! Haben wir die Läden auf Vordermann gebracht, können wir sie immer noch privatisieren, oder die Betriebe nehmen ihr Schicksal per MBO/MBI (*Management-Buy-out beziehungsweise -in*) selbst in die Hand.«

Wäre dieser Weg weiter verfolgt worden, existierte heute – wirtschaftlich gesehen – ein völlig anderes Ost- und damit Gesamtdeutschland. Dazu jedoch hätte es eines Protagonisten wie Rohwedder bedurft ...

Am 1. April 1991, einem Ostersonntag, wurde Detlev Karsten Rohwedder ermordet. Mich ereilte die Nachricht in den Räumen der *Deutschen Bank* in Paris. Sie schockierte mich zutiefst.

Vielen – auch mir – war nicht klar, dass mit der Berufung von Birgit Breuel und dem Ausscheiden von Wolfram Krause, dem letzten ostdeutschen Vertreter im Treuhand-Vorstand, ein gravierender Wandel dieser Institution einherging.

Der neue Kurs, der maßgeblich durch den neu berufenen Verwaltungsrat bestimmt wurde, lautete: »In drei Jahren gibt es keine Treuhandanstalt mehr. Innerhalb dieser Zeit muss die Privatisierung abgeschlossen sein!«

Mit anderen Worten: Innerhalb von drei Jahren sollte einem ganzen Land ein System übergestülpt werden, das in der Bundesrepublik in vierzig Jahren gewachsen war. Das war eine inakzeptable Zumutung. Die neue Treuhand-Strategie führte zur Abwicklung und zum Ausverkauf Ostdeutschlands und gereichte letztlich beiden Seiten – Ost wie West – zum Nachteil.

Nun ist ja die Frage, ob es eine Alternative zu dieser katastrophalen Wirtschafts- und Finanzpolitik gab. Viele Menschen in der DDR demonstrierten unter der Losung: »Kommt die D-Mark nicht zu mir, gehe ich zu ihr!«

Die D-Mark kam … und dennoch wanderten seitdem fast drei Millionen Menschen in den Westen ab – dagegen sind jene, die den umgekehrten Weg angetreten haben, ein Tropfen auf den heißen Stein – zudem eine ganz andere gesellschaftliche Schicht als diejenige, die uns verließ: die dynamischen, intelligenten jungen Menschen. Zu uns kamen hauptsächlich bereits etablierte Leute aus dem Verwaltungsbereich sowie Politiker und Rechtsanwälte. Wir erleben in Deutschland eine der größten Völkerwanderungen dieser Zeit – und das in einem höchst entwickelten Industrieland.

Im Prinzip ist Helmut Kohl keinen Deut anders verfahren als vor ihm Erich Honecker. Dieser hatte versuchte, sämtliche Probleme mit Geld zuzukleistern, frei nach dem Motto: Gebt den Leuten Geld, eine billige Miete – dann ist Ruhe. Mit seiner wahlkampftaktischen Einführung der D-Mark sorgte Kohl mit dafür, dass im Ostteil Deutschlands ganze Landstriche deindustrialisiert wurden. Große Teile Ostdeutschlands werden bis heute nur durch den Finanztransfer von West nach Ost – ob als Arbeitslosengeld, Hartz IV oder Strukturförderung – am Leben erhalten.

Eines jedoch haben weder Kohl noch Honecker bedacht: Geld ist nicht alles! Der Mensch braucht eine sinnvolle Arbeit und gesellschaftliche Anerkennung. Das fängt in der eigenen Familie und Bekanntschaft an. Wie viele wurden arbeitslos und trauten sich nicht, es zuzugeben? Wie viele nahmen sich das Leben?

Ohne Not die Industrie eines Landes zu vernichten, empfinde ich als menschenverachtende Geste gegenüber der ehemaligen DDR-Bevölkerung. All das Geld, welches seitdem von West nach Ost floss und fließen wird, hätten wir in unsere Betriebe stecken können, bis sie auf marktwirtschaftliche Bedingungen umgestellt gewesen wären. Dann jedoch hätten diese Betriebe ihren eigenen Markt beansprucht – und ihn sich nicht von anderen streitig machen lassen. Stattdessen erleben wir seit 1990 dieselbe Situation wie vor dem Mauerbau: Einmal mehr fungiert der Osten als Jungbrunnen des Westens.

Ganze Branchen und Industriezweige Ostdeutschlands wurden einfach ausgelöscht. Firmen aus den alten Bundesländern und dem westlichen Ausland übernahmen den Markt der ostdeutschen Betriebe, während die Produktionsstätten selbst reduziert oder abgewickelt wurden. Oftmals standen entsprechende Klauseln in den Privatisierungsverträgen.

So wurde etwa festgelegt, dass in den *Technischen Glaswerken Ilmenau* zwei Glaswannen stillzulegen seien, wo feuerfestes Glas hergestellt wurde. Für einige Wohnblöcke in Suhl hatten die Ilmenauer bereits Glasrohrleitungen entwickelt, die sich hervorragend bewährten. Das System sollte in naher Zukunft im gesamten Wohnungsbau angewendet werden. Die Glaswannen standen produktionsbereit da, wir hätten in riesigem Umfang Metalle einsparen können.

Ähnlich lief es in Schwedt an der Oder. Ein Papierhersteller aus Augsburg kaufte einen Teil des Grundstücks der alten Papierfabrik und wollte dort Zeitungspapier produzieren. Im Kaufvertrag wurde festgelegt, dass in der nebenstehenden alten Fabrik die Papiermaschine 1 stillzulegen sei. Diese produzierte ebenfalls Zeitungspapier.

Was mich als Thüringer besonders betrübte, war der Umgang mit der Kali-Industrie in meiner Heimat. Mein Vater, mein ältester Freund Rolf Nennstiel – viele Bekannte arbeiteten dort. Unser Kali sei qualitativ minderwertig, hieß es, obwohl wir es überwiegend exportierten. Schachtanlagen wurden stillgelegt und abgewickelt. Bergleute verloren ihre Arbeit. Ihre Kinder wanderten ab – das Einzugsgebiet bot ihnen keine Perspektive; heute ist es arbeitspolitisches Notstandsgebiet. Im Jahre 2002 sicherte der thüringische Ministerpräsident Bernhard Vogel seinem hessischen Amtskollegen Roland Koch per Staatsvertrag zu, dass von Hessen aus unterirdisch Kali aus dem thüringischen Rhön- und Werragebiet abgebaut werden darf. So wurden die Menschen ein zweites Mal verschaukelt. Mit solchen »Meisterstücken« kann man die deutsche Einheit nur negativ belegen.

In nahezu allen Industriezweigen lief es ähnlich ab. Was hat das mit Marktwirtschaft zu tun?

Dass es anders ging, beweisen geglückte Privatisierungen. An einer von ihnen – ebenfalls in Schwedt – war ich unmittelbar beteiligt.

Als die Treuhand die Papierfabrik im Zuge der Privatisierung schließen wollte, stand ich bei Frau Breuel auf der Matte: »Sie wollen ja wohl nicht die größte Papierfabrik der DDR dichtmachen?«

»Wenn Sie jemanden finden, der die nötigen sechshundert Millionen investieren will, dann bitte«, lautete ihre Antwort.

Wir brauchten einen Investor. Ein Mann aus Bayern hatte sich bei der Treuhand um die Papierfabrik beworben, von der Treuhand jedoch noch keine Unterstützung erhalten.

Hubert Schrödinger, ein uriger Bayer, führte in Schrobenhausen in fünfter Generation eine Papierfabrik. Als ich ihn besuchte, führte er mich erst einmal durch sein Werk. Mit seinen 60 Jahren eilte er mir voran durch seine Hallen, dass ich kaum hinterherkam. Angesichts dieses Elans war mir sofort klar: Der ist der Richtige!

Um die Übernahme der Papierfabrik durch den bayrischen Familienunternehmer zu ermöglichen, organisierte ich ein Bankenkonsortium von acht Banken, die 200 Millionen D-Mark stemmten und damit die Voraussetzungen für die Privatisierung schufen.

Seit meiner ersten Begegnung mit dem Bayern war mir klar, dass ich es hier mit einem Unternehmer zu tun habe, der etwas bewegen kann und will. Das Wichtigste und Bemerkenswerte für mich: Schrödinger fusionierte seinen alten Familienbetrieb mit Schwedt und nicht umgekehrt – wie sonst in Deutschland üblich. Nämlich dass der westdeutsche Betrieb grundsätzlich zur Mutter wurde und der ostdeutsche immer zur Tochter.

Inzwischen haben wir weit über eine Milliarde Euro in Schwedt investiert. Weitere Papierfabriken siedelten sich an. Die Stadt ist mittlerweile der wichtigste Papierstandort Deutschlands.

Weitaus ungünstiger verlief die Privatisierung beim *Petrolchemischen Kombinat* (PCK). *Shell* und die anderen Teilhaber betreiben hier nur mehr eine Lohnverarbeitung, kein petrolchemisches Zentrum mit eigener Forschung. Das Forschungszentrum wurde abgewickelt und abgerissen. Damit sank der Betrieb von einem der europaweit führenden Chemiestandorte zur verlängerten Werkbank der Mutterkonzerne herab, wodurch Schwedt – nicht nur was die Zahl der Arbeitsplätze betrifft – unheimlich auf die Nase fiel.

In Schwarzheide hingegen, wo *BASF* einstieg, setzten sie weiter auf Forschung. Dienstleister und Zulieferer siedelten sich um das Werk herum an. Der Standort entwickelt sich beständig weiter.

Zehntausend solcher verlängerten Werkbänke entstanden durch die Privatisierung in Ostdeutschland – rentable Betriebe mit hoher Produktivität, jedoch ohne irgendeinen Einfluss auf Strategie, Ein- und Verkauf oder gar auf die Forschung.

Ein weiteres Beispiel einer geglückten Privatisierung ist die *Silicon Sensor GmbH Berlin*, die ein zeitweilig arbeitsloser Physiker, Bernd Kriegel, gründete. Seit 1999 ist die Firma als *Silicon Sensor International AG* an der Börse notiert. Sie ist inzwischen einer der Weltmarktführer auf dem Gebiet optisch-elektronischer Sensoren.

Auch das *Institut für Getreideverarbeitung* Potsdam-Rehbrücke hat es mittels MBO geschafft. Der ehemalige Forschungsbetriebsdirektor Kretschmer widersetzte sich gemeinsam mit zwei weiteren Geschäftsführern der Schließung und gründete ein privates Forschungsinstitut.

Insgesamt existieren in den neuen Bundesländern nur 80 private Forschungseinrichtungen. Ein Forschungsstandort hat es gegenüber einem Industriestandort ungleich schwerer. Er bekommt in der Regel wenig finanzielle Unterstützung und kann aus dem Verkauf der Forschungsergebnisse keinen großen Gewinn erzielen.

Trotz schwieriger Ausgangsbedingungen ist das Potsdamer Unternehmen heute ein gefragter Partner in der Nahrungsmittelbranche. Außerdem profiliert sich das Institut im Bereich der Weiterentwicklung erneuerbarer Rohstoffe. Ein Schwerpunkt liegt auf der Erforschung von Algen, die universell einsetzbar sind. Etwa in der Nahrungsmittelindustrie, der Kosmetikherstellung und der Pharmazie. Als Bioethanol oder Bio-Diesel erbringt die Alge einen mehrfach höheren Brennwert als die meisten nachwachsenden Rohstoffe. Darüber hinaus bilden Algen einen Hauptlösungsansatz zur Überwindung des CO_2-Problems. Laborversuche ergaben, dass eine Tonne Algen zwei Tonnen CO_2 verwerten kann.

Die Beispiele zeigen, dass es möglich gewesen wäre, zahlreiche Betriebe Ostdeutschlands vor der Abwicklung zu retten – vorausgesetzt, man hätte den Unternehmern gemeinsam mit den Banken die Zeit und die Chancen eingeräumt, neue Wege zu beschreiten.

Kohls Bankenmilliarde

Als die Privatisierung zu stagnieren drohte, verfiel der Bundeskanzler auf die Idee, der Treuhand die restlichen Betriebe abzukaufen. Er verpflichtete die Banken, Betriebe der Treuhandanstalt mit eigenem Kapital zu übernehmen. Der Umfang sollte sich auf eine Milliarde D-Mark belaufen.

Obwohl sich die Banken anfangs weigerten, blieb ihnen keine Wahl. Die privaten Banken stellten 400 Millionen D-Mark zur Verfügung. Da die *Deutsche Bank* entsprechend ihrem Anteil am Einlagensicherungsfonds den größten Anteil an Mitteln für die Privatisierung aufbringen musste, war sie Hauptaktionär des Fonds.

Hilmar Kopper beauftragte mich damit, die *Deutsche Bank* im Führungsgremium zur Verwendung der 400 Millionen zu vertreten, in dem auch Repräsentanten der Wirtschaft saßen. Selbstredend war ich der einzige Ostdeutsche in diesem Aufsichtsgremium und damit der Einzige, der wusste, wo sich »unsere« Betriebe befanden.

Der mit der sogenannten Bankenmilliarde verbundene Prozess gestaltete sich äußerst mühsam, die interessanten Firmen waren längst privatisiert. Und wie stabilisiert man eine Fabrik, die keinen Markt mitbrachte? Eine Ausnahme bildeten Betriebe, die im Rahmen des regionalen Wirtschaftswachstums überlebten.

Trotz aller Schwierigkeiten übernahmen wir 18 Betriebe, von denen wir zwölf erfolgreich privatisierten. Der Gesamtprozess erstreckte sich über zehn Jahre, erst 2003 wurde der Fonds geschlossen. Ein Teil der Mittel floss an die Banken zurück.

Wiederholt geschah es, dass nach Übernahme eines Betriebs mein Telefon läutete. Kollegen aus westdeutschen Filialen beschwerten sich bei mir: »Sie können doch nicht mit Geldern der *Deutschen Bank* einen Betrieb stabilisieren, dessen Konkurrent in den Altbundesländern Kunde unseres Hauses ist.«

Diese Haltung konnte ich nicht nachvollziehen. Kopper gab mir Rückhalt: »Sie entscheiden so, wie Sie es für nötig und richtig halten. Sie allein geben die Richtung vor, nicht Ihre Kollegen.«

Wieder zeigte sich, dass an der Spitze andere Denkweisen herrschten als auf der mittleren und unteren Arbeitsebene. Das galt auch für die von uns übernommenen Betriebe. Mir wurde klar, dass es möglich gewesen wäre, noch mehr Betriebe zu erhalten, wären deren Direktoren oder Manager nicht rausgeschmissen oder von der eigenen Belegschaft abgewählt worden. Schließlich verfügten sie über das Know-how, mit dem sie ihre Unternehmen hätten über Wasser halten und sanieren können.

Ich hatte mit der *Deutschen Bank* oft Gelegenheit, solchen Entscheidungsträgern den Weg in die Privatisierung zu ebnen. Ein Beispiel dafür ist *EKO Stahl* (heute *ArcelorMittal*). Ohne den ehemaligen Generaldirektor und späteren Werkleiter Karl Döring würde es heute kein Hüttenwerk in Eisenhüttenstadt mehr geben. Er verteidigte sich gegen alle düsteren Machenschaften zwielichtiger Investoren. Mit Hilfe der Banken und des brandenburgischen Ministerpräsidenten Manfred Stolpe gelang es ihm, *EKO Stahl* am Leben zu erhalten.

Ähnlich kritisch stand es um das Sodawerk in Staßfurt. Nachdem das Sodawerk Bernburg an Europas Marktführer *Solvay* verkauft worden war, stand die Frage: Kann Staßfurt überleben? Wir gründeten ein Bankenkonsortium, das eine Grundfinanzierung von 100 Millionen Euro zur Verfügung stellte, mit der wir den Betrieb rekonstruierten und teilweise neu aufbauten. Heute ist das *Sodawerk Staßfurt* ein Leuchtturm in der arg gebeutelten Landschaft Sachsen-Anhalts.

Auch die ostdeutschen Werften gehörten zu unseren Privatisierungsprojekten. Diese waren zunächst durch die *Bremer Vulkan AG* übernommen worden, die den Werftenverbund fortan zentral führte. Indessen flossen viele Fördergelder nicht in die Standorte im Osten, sondern zur Sanierung von Werften in die Altbundesländer.

Damit stand der Werftenstandort an der Ostsee das zweite Mal vor dem Aus.

In der zweiten Privatisierungswelle kam es uns darauf an, Unternehmer zu finden, welche die Werften einzeln führen konnten. Für die *Volkswerft Stralsund* fanden wir einen dänischen Konzern, für die *Peene-Werft* in Wolgast die *Hegemann-Gruppe* aus Bremen. Die *Warnow-Werft* in Rostock-Warnemünde übernahm der norwegische Konzern *Kvaerner*. Die *Mathias-Thesen-Werft* in Wismar konnten wir nur deshalb retten, weil an ihrer Spitze mit Oswald »Ossi« Müller ein Betriebsdirektor stand, der sein ganzes Leben beim Schiffbau verbracht hatte. Er war zunächst der Garant dafür, dass die Werft weder abgewickelt noch von der Treuhand an einen Investor verkauft wurde, der nicht genügend Eigenkapital mitbrachte. Dennoch hatten Treuhand und Landesregierung den Verkauf am Ende rigoros vorbereitet …

Ich traf mich mit Müller sowie einem deutschen Reeder aus Zypern in Westberlin. Der Bruder des Reeders saß bei uns in der *Deutschen Bank*. Kurzerhand beschlossen wir, die Werft als MBO/MBI selbst zu kaufen. Ich schrieb der Treuhand einen Brief, in welchem ich mitteilte: »Die *Deutsche Bank* finanziert den Erwerb der *Mathias-Thesen-Werft Wismar*.« Daraufhin stoppte die Treuhand ihre Privatisierungspläne.

Damit war jedoch nur die erste der beiden zu schlagenden Schlachten gewonnen. Noch am gleichen Abend fuhr ich nach Schwerin und traf mich mit Harald Ringstorff. Er war SPD-Fraktionschef und kurz davor, als Minister aus der Landesregierung auszuscheiden. »Harald, hör zu«, nahm ich ihn beiseite. »Wenn ihr die Werft in Wismar halten wollt, bleibt nur eines: Du musst regeln, dass euer Kabinett morgen nicht dem Vorschlag der Treuhand zustimmt.«

Ringstorff verstand die Zeichen der Zeit und setzte den entsprechenden Beschluss durch. Auf diese Weise gewannen wir den Vorsprung, den wir brauchten, einen geeigneten Investor zu finden. Wir fanden ebenfalls einen Norweger, allerdings einen, der nicht pleite war, sondern flüssig, einen Milliardär. Durch diesen Coup existiert die Werft in Wismar bis heute.

In der *Deutschen Bank* wusste niemand etwas von meinem Brief an die Treuhand. Niemals hätte der Vorstand eine solche Aktion genehmigt. Es gab Situationen, in denen ich nicht fragen konnte: Darfst du das? Es ging schließlich um alles oder nichts.

Ich traf in jener Zeit oft Entscheidungen – und holte erst hinterher die Genehmigung ein. Meine Kollegen in der Geschäftsleitung handelten mitunter ebenso. Eine solche Möglichkeit besteht heutzutage bei keiner Bank mehr. Die besonderen Zeitumstände verlangten uns große Eigenverantwortung ab, die in den Frankfurter Türmen honoriert wurde. In Spitzenzeiten betreuten wir 30 000 Firmenkunden in Ostdeutschland. Ohne die Kraft der *Deutschen Bank* und ohne unsere Ostkenntnis gäbe es heute vieles nicht mehr.

Wo auch immer wir tätig sind, ist entscheidend: Es gibt zwar einen großen Rahmen der Bank als Konzern. Punktuell jedoch ticken die Uhren in jedem Büro und in jeder Region sehr verschieden. Zur Verantwortung des Bankdirektors gehört es, selbst Entscheidungen zu treffen. Bei meiner Verabschiedung aus der Deutschen Bank und anlässlich meines 50-jährigen Bankjubiläums schrieb die Presse, dass ihren Recherchen zufolge etwa 30 Prozent aller Arbeitsplätze in der ostdeutschen Wirtschaft direkt oder indirekt mit meiner Arbeit in der Deutschen Bank zusammenhingen.

Selbst wenn es weniger sein sollten: Dafür hat sich der Einsatz allemal gelohnt.

»Bist du Bauer oder Banker?«

In der *Deutschen Bank* verkauften wir nach Aufnahme des Geschäfts in Ostdeutschland alle Produkte, die die Bank auch in der alten Bundesrepublik vertrieb. Im Mittelpunkt standen Förderkredite zum Aufbau des Mittelstandes, die durch die KfW bereitgestellt wurden. Nun zeichnete sich jedoch ab, dass nach dem Auslaufen der treuhandverbürgten Kredite ein Großteil der Wirtschaft nicht mehr existieren und damit ein ganzer Geschäftsbereich weitgehend wegbrechen würde. Wir mussten uns fragen: Bildet der Rest überhaupt eine profitable Geschäftsgrundlage für unsere Bank?

Viele Finanzinstitute, die sich nach der Wende in Ostdeutschland angesiedelt hatten, waren aus diesem Grund schnell wieder weg. Was soll eine Bank bestellen, wenn die Wirtschaft faktisch nicht mehr existiert? Und von Privatkunden allein kann ein großes Finanzhaus wie die *Deutsche Bank* nicht leben – zumal in einer Gegend, in der die Privathaushalte über wenig mehr verfügen als das, was sie zum täglichen Leben benötigen.

Im Firmenkundengeschäft, für das ich zuständig war, vertrat ich von Anfang an den Standpunkt: »Wir können uns den Markt nicht aussuchen, sondern müssen mit dem leben, was wir vorfinden.«

Der Zweig, der mir in Ostdeutschland am aussichtsreichsten erschien, war die Landwirtschaft samt angekoppelter Nahrungsgüterwirtschaft. Durch die Kollektivierung existierten Großbetriebe, die auch zu privatisieren waren. Die DDR-Führung wollte seinerzeit die Versorgung der Bevölkerung aus eigner Kraft sichern und die Industrie mit Rohstoffen aus der Landwirtschaft beliefern. Das gelang auch weitgehend, doch es ging nicht vollständig ohne Importe. Die landwirtschaftlichen Produktionsgenossenschaften (LPG) sorgten für das, was schon Karl Marx feststellte: Erst wenn der Magen gefüllt ist, funktioniert das Gehirn. Oder Brecht, der schrieb: »Erst kommt das Fressen, dann die Moral.«

Ich war mir bewusst: Wenn etwas von der DDR überlebt, dann die großen Landwirtschaftsbetriebe. Also rührte ich im Vorstand der *Deutschen Bank* die Werbetrommel für die Finanzierung der ostdeutschen Landwirtschaft. Mit Hilmar

Kopper, der wie ich von einem kleinen Bauernhof stammt, diskutierte ich lange darüber. Schließlich erklärte er sich einverstanden und beauftragte mich damit, die Landwirtschaftsfinanzierung in Ostdeutschland aufzubauen.

Nun ging es darum, die Landwirtschaftlichen Produktionsgenossenschaften in Kapitalgesellschaften, GmbH, Aktiengesellschaften oder Genossenschaften nach neuem Genossenschaftsrecht umzuwandeln und dadurch langfristig Kunden zu gewinnen. Das war ein Novum, nicht nur im Portfolio der *Deutschen Bank*. Unsere LPG hatten Flächenbestände ab 500 Hektar aufwärts. Für das, was wir gemeinsam mit ihnen entwickelten, existierten weder in den alten Bundesländern noch im übrigen Europa Vergleichbares. Natürlich hatten Finanzhäuser hie und da ein landwirtschaftliches Großprojekt unterstützt, aber den landwirtschaftlichen Reproduktionszyklus einer ganzen Region zu finanzieren, war für eine Bank bis dato undenkbar.

Dies zu bewerkstelligen, mussten wir uns spezialisieren. Fortan schulte ich die Kollegen aus den Frankfurter Türmen mehrmals im Jahr in Sachen Landwirtschaft. Ich erklärte ihnen, wie viel Milch eine Kuh liefert, welche Schweinesorten es gibt und was es mit der Milchquote auf sich hat: Sie besagt, in welchem Umfang und mit welchem Fettgehalt Milch produziert werden darf. Nach ihr richtet sich, wie viele Kühe der Landwirt hält. Die Milchquote ist für die Bank eine Sicherheit wie die Grundschuld beim Hausbau. Nur derjenige, der eine Milchquote zugewiesen bekommt, darf im entsprechenden Umfang Milch produzieren. Ohne diese nützt ihm sein Viehbestand samt vorhandener Technik nichts. Milchquoten kann man von einer Gesellschaft an eine andere verkaufen, ähnlich dem Verkauf eines Vermögensanteils.

Doch das war nur die Theorie. Regelmäßig mussten sich unsere Leute Gummistiefel anziehen und in den Kuhstall, eine Schweinemastanlage oder eine Ferkelaufzucht gehen. Schon zu DDR-Zeiten hieß mein oberstes Prinzip: Was ich finanziere, muss ich einmal gesehen haben. Selbst wenn ich nicht alles verstehe, bekomme ich ein Gefühl für die Materie. Das kann ich nur vor Ort.

Parallel zu den Weiterbildungen der Banker holen wir Fachleute aus der Landwirtschaft in die Bank. Sie unterstützten uns bei der Umwandlung der LPG in Kapitalgesellschaften.

Zunächst einmal waren die Bauern auszuzahlen. So manche Genossenschaft hatte 120 bis 150 Mitglieder. Mit so vielen Leuten konnte man keine Firma führen. Für eine Aktiengesellschaft oder eine GmbH brauche ich eine schlanke Geschäftsleitung. Wichtig ist die Frage: Wie verteilen sich die Kapitalanteile? Das zu ordnen, war ein schwieriger Prozess.

In den ersten Jahren nach der Wende tummelten sich in Ostdeutschland viele Geschäftsleute, die die Anteile der Bauern aufkauften. Die meisten DDR-Bürger besaßen nicht viel Kapital. 166 Milliarden Spareinlagen geteilt durch 17 Millionen Menschen – jeder kann sich ausrechnen, wie vermögend die Leute waren. Zudem sagten sich ältere Genossenschaftsbauern: »Wie es in der Landwirtschaft weitergeht, wissen wir nicht. Wenn ich jetzt mein Land verkaufe, habe ich zumindest erst mal Geld in der Hand.«

Hatten die westdeutschen Spekulanten genügend Land zusammen, verkauften sie es gewinnbringend weiter. So ist die Marktwirtschaft organisiert, dagegen konnte man nicht einmal etwas einweden. Die einen hatten eben Geld, und die anderen hatten keins.

Deshalb mussten wir die Geschäftsleitungen der Genossenschaften, die bereit waren, sich in Kapitalgesellschaften umzuwandeln, schnellstens mit Krediten unterstützen, damit *sie* ihre Bauern ausbezahlten und das Land zusammenblieb. So bekamen die Bauern das Geld von ihrer eigenen Genossenschaft anstatt von Dritten, die nur ein Schnäppchen machen wollten und dadurch die Preise in investitionsverhindernde Höhen trieben.

Oft war es ein Wettlauf mit der Zeit. Vollversammlungen wurden einberufen. Ich selbst trat einige Male in Mecklenburg auf. »Wir wollen, dass ihr das Land zusammen lasst.«
»Was ist mein Anteil wert?« fragten die zurück. Klar – jeder wollte das meiste aus seinen Anteilen machen. Der neue Betrieb konnte indes keine Unsummen zahlen, sonst war er pleite, bevor es überhaupt losging.

Also erklärte ich: »Der Preis hängt von der Bodenwertzahl ab – Sandboden ist weniger wert als Schwarzerde.«

Die nächste Frage der Bauern lautete: »Wie viel ist die LPG wert?«

»Wenn sie pleite ist, ist sie gar nichts wert«, erwiderte ich. »Nicht mal euer bester Grund und Boden. Wenn ihr aber helft, die Privatisierung voranzutreiben, ist sie schon bald eine Menge wert.«

Wir mussten einen Mittelwert finden: »Im Moment zahlen wir nur soundso viel, aber wenn der Betrieb in fünf Jahren in den schwarzen Zahlen steht, bekommt ihr gegebenenfalls eine Nachzahlung. Erst einmal müsst ihr jedoch bereit sein, das Land zu verkaufen und als Genossenschaftsmitglieder auszutreten. Es gibt jetzt keine LPG mehr, sondern eine GmbH oder eine AG.«

Manche gründeten Genossenschaften nach neuem Genossenschaftsrecht. Das war von der Organisation her etwas schwieriger, aber ebenfalls möglich. Auf einer Vortragsveranstaltung in Neubrandenburg, einer unserer landwirtschaftlichen Hochburgen, malte ich Benchmarks an die Wand. Daraufhin standen einige Bauern auf: »Herr Most, Sie wollen ja nur die Crème de la Crème als Kunden gewinnen.«

»Nur als solche können Sie überleben«, entgegnete ich und fügte hinzu: »Streben Sie die von mir skizzierten Werte an, dann werden Sie meine Kunden.«

Ich war aus tiefster Seele überzeugt, dass wir mit *dieser* Landwirtschaft innerhalb der Europäischen Union weit kommen würden. Die hiesigen Großbetriebe konnten kostengünstig produzieren. Über all die Jahre erlebte ich in unserer Landwirtschaft keine einzige Insolvenz. Das stand im krassen Gegensatz zum verarbeitenden Gewerbe, wo es Pleiten hagelte, sobald die Fördergelder ausgeschöpft waren. In der Landwirtschaft hatte die Treuhand nichts mehr zu sagen. Hier standen *wir* den Landwirten als von der Sache zutiefst überzeugter Geldgeber zur Seite und konnten vieles neu gestalten.

Dabei ist der Prozess der Konzentration längst nicht abgeschlossen. Mehrmals schlug ich vor zu prüfen, ob es nicht sinnvoll wäre, zwischen Berlin und Frankfurt an der Oder nur *einen* landwirtschaftlichen Großbetrieb zu installieren. Unter seinem Dach könnte ein Teilbetrieb Gemüseproduktion für Berlin-Potsdam arbeiten, damit das, was am Morgen geerntet wird, schon am Nachmittag auf dem Tisch liegt. Ein anderer Teilbetrieb könnte Milchviehanlagen betreiben, der nächste Schweinemast ... Von dieser Struktur ausgehend, könnte man alle anstehenden Details klären und gegebenenfalls eine Aktiengesellschaft an die Börse bringen.

Infolge der Modernisierungen wurden massenhaft Arbeitskräfte freigesetzt. Der größte Arbeitskräfteschwund im Osten betraf die Landwirtschaft. Früher war auf dem Dorf im Prinzip jeder LPG-Angehöriger. Plötzlich verrichteten viele nur noch Saisonarbeit.

Auch hier bewährten sich die neuen Kapitalgesellschaften, indem sie das Leben in den ländlichen Regionen neu gestalteten. Sie bauten Straßen oder unterhielten Gaststätten, Lehrlingswohnheime und Kegelbahnen. Vieles davon hatte mit Landwirtschaft nichts mehr zu tun, aber die ehemalige LPG war nun der Kapitalgeber der Region wie andernorts ein Industriebetrieb.

Als ich Anfang der 90er Jahre in Japan bei *Toyota* war, ließ mich deren Vorstandsvorsitzender wissen: »Sie haben Sozialismus in der DDR gepredigt – wir praktizieren ihn: Wir haben eine Poliklinik, einen Kindergarten, eine Hochschule, eine Universität – alles, was die Stadt braucht, hat *Toyota* gebaut.«

Ganz so bombastisch lief es bei uns nicht. Immerhin verwirklichten wir das *Toyota*-Modell in etlichen Dörfern im Kleinformat. Obwohl manche Gemeinden schrumpften, verfügen wir heute im Osten über eine Landwirtschaft, die im EU-Vergleich eine führende Rolle spielt.

Der Anteil von Land- und Nahrungsgüterwirtschaft am ostdeutschen Bruttoinlandsprodukt macht vier bis sechs Prozent aus, in den Altbundesländern dagegen nur ein bis zwei Prozent. Nehmen wir die Tourismusbranche dazu, bedeutet das in Regionen wie Mecklenburg-Vorpommern, im Harz oder dem Thüringer Wald eine gewinnbringende Symbiose. Gerade jetzt, wo die gesunde Ernährung in aller Munde ist, steckt in der Kopplung von Land- und Nahrungsgüterwirtschaft mit dem Tourismus ein enormes Potenzial.

Diesen Kreislauf gilt es zu schließen. Er enthält Wertschöpfungsketten, die nicht unmaßgeblich vom Verhalten der kreditgebenden Bank abhängig sind.

Im Zuge der strukturellen Umgestaltung gingen einige landwirtschaftliche Betriebe in die Ukraine. Dort ist die Muttererde anderthalb Meter tief – die womöglich dickste Schwarzerde-Decke der Welt.

»Ihr müsst eure Kolchosen zerschlagen«, hieß es nach dem Zusammenbruch der Sowjetunion. Das konnten nur Leute sagen, die verhindern wollten, dass die Ukraine – die ehemalige »Kornkammer der Sowjetunion« – Getreide anbaute und weltweit verkaufte.

Wir dagegen sagten: »Ganz im Gegenteil, ihr müsst die Kolchosen und Sowchosen so lassen, wie sie sind, bestenfalls vergrößern! Damit jeder einzelne Bauer etwas davon hat, listet ihr im Grundbuch auf, mit wie viel Hektar jeder beteiligt ist. Dann schließt ihr euch als Besitzgesellschaft zusammen. Diese verpachtet das Land an eine Betreibergesellschaft.«

An dieser Stelle traten unsere Ostbauern mit ihrem Knowhow in Aktion. Zusammen mit ukrainischen Kolchosen gründeten sie Joint-Venture-Betriebe mit über 7000 Hektar Land. Die deutsche Betreibergesellschaft hielt 51 Prozent der Anteile, die restlichen 49 Prozent behielten die Ukrainer. Außerdem wurde geregelt, dass in den ersten drei Jahren 55 Prozent des erzielten Gewinns in der Ukraine verblieben, unabhängig davon, wie die Geschäftsanteile verteilt waren. Dadurch entstand großes Vertrauen. Die Betriebe arbeiten bis heute erfolgreich zusammen.

Wir haben auf diesem Gebiet einiges erreicht. Man könnte indes viel mehr tun. Doch dazu müsste uns die Europäische Union stärker unterstützen. Unmittelbar nach Ende des Kalten Krieges hätte man das wirksamer umsetzen können. Immerhin verhinderten wir durch unser Engagement, dass in jenen Ländern noch mehr Strukturen zerschlagen wurden – genauso, wie wir dies im Osten Deutschlands erreichten.

Als Agrarminister hätte ich alle Landwirtschaftsbetriebe aufgefordert, mit Kolchosen in der Ukraine, Weißrussland und Russland zu kooperieren. Ich hielt Vorträge in den Botschaften dieser Länder und führte während der *Grünen Woche* Gespräche mit Ministern dieser Staaten. Viele Absolventen der Akademie der Agrarwissenschaften unterhielten Büros in den Hauptstädten dieser Länder und berieten die Leute vor Ort. Wir unterstützten diese Projekte, denn ich bin überzeugt davon: Wo die Ökonomie funktioniert, klappt auch das gesellschaftliche Zusammenleben.

Demzufolge schulten wir neben deutschen stets ukrainische, russische und weißrussische Agraringenieure. Viele von ihnen wunderten sich, dass sich ein Banker derart für die Landwirtschaft engagierte. Oft fragten sie: »Bist du Bauer oder Banker?«

»In dieser Situation weder das eine noch das andere«, erwiderte ich, »ich beobachte bloß, wie sich die Welt verändert. Diese Erfahrungen habe ich gesammelt und versuche nun, sie weiterzugeben.«

Der Osten als Vorreiter für den Westen

Nach der Wende stand fest: Wir brauchen im Osten mindestens 600 Milliarden D-Mark, um den Rückstand unserer Kommunen aufzuholen. Dieser betraf die gesamte Infrastruktur – Nahverkehr, Wasserbetriebe und Stadtwerke, Krankenhäuser oder Wohnungswirtschaft, um nur einiges zu nennen. Zudem musste innerhalb des Kommunalvermögens eine Umstrukturierung stattfinden.

Unsere Kommunen hatten jedoch weder Geld noch die notwendigen Kontakte für alternative Finanzprodukte. Also kamen wir zu dem Schluss: Wir eröffnen in der Bank einen eigenen Bereich für die Kommunalfinanzierung.

Dabei kam uns zugute, dass es in Ostdeutschland keine Landesbank gab und die *Sparkassen* noch keine Kapazitäten für diesen Geschäftszweig entwickelt hatten. Wir hingegen waren in jeder ehemaligen Kreis- und Bezirksstadt mit mindestens einer Filiale vertreten.

Das war nicht unser einziger Trumpf. Bei Gesprächen mit ostdeutschen Bürgermeistern half mir, dass ich – wie die meisten von ihnen – ein Einheimischer war, kein Spezialist aus dem Westen, der alles besser wusste. Die Parteizugehörigkeit spielte bei unseren Gesprächen keine Rolle. Es ging schließlich nicht um Ideologie, sondern um Inhalte. Und beiden Seiten war bewusst: Im Zuge der Marktwirtschaft müssen wir in die Kommunen investieren.

Die Kommunalfinanzierung bietet den Vorteil, dass eine Kommune praktisch nie pleitegehen kann – es sei denn, der Staat geht den Bach runter. Ist eine Kommune zahlungsunfähig, haftet zunächst das Land. Ist dieses pleite, tritt der Bund in die Pflicht. So ist die Gesetzeslage. Unser Grundgedanke lautete: Wenn wir die Kommune richtig beraten und darauf achten, dass sie ihre Haushaltspläne einhält, ohne sich zu verschulden – so dass ihnen der Haushalt nicht gesperrt wird –, können wir Geld verdienen.

Es gibt kein ökonomisches Gesetz, das besagt, kommunale Unternehmen arbeiten weniger effizient als die Privatwirtschaft. Diese Betriebe waren dann, nach dem Zusammenbruch der Industrie beziehungsweise der Umwandlung ehemaliger Spitzenbetriebe in verlängerte Werkbänke der westlichen Mutterkonzerne, *die* Großbetriebe des Ostens. Dadurch nahmen sie für den Arbeitsmarkt ebenso wie für die Wirtschaftspolitik (nicht nur als Infrastruktur-Dienstleister) eine außerordentliche Schlüsselposition ein. Ich würde sogar soweit gehen zu behaupten: Die Stadtwerke bildeten den Kern für die Entwicklung einer eigenständigen Wirtschaft. Wer sagt denn, dass kommunale Unternehmen ihre Standortfunktion nicht auch nach privatwirtschaftlichen Maßstäben gestalten können?

Hier sah ich ein breites Betätigungsfeld für unser Kreditinstitut. Insgesamt finanzierten wir 156 Stadtwerke in Ostdeutschland. Alle großen Städte waren unsere Kunden. Öffentlicher Nahverkehr, Abwasserzweckverbände, Krankenhäuser, der kommunale und genossenschaftliche Wohnungsbau – es gab kaum einen Bereich, in dem wir uns nicht engagierten.

Zur Unterstützung unseres Vorhabens gründeten wir in jedem neuen Bundesland einen kommunalen Gesprächskreis. Für diese Runden warben wir jeweils einen Bürgermeister, einen Krankenhaus-Chef, einen Stadtwerkdirektor, einen Wasserwirtschaftler, einen Experten des öffentlichen Nahverkehrs – in der Regel 20 bis 25 Fachleute. Aus ihrer Mitte wählten sie den Vorsitzenden des Gesprächskreises. Dieses Amt bekleidete meist der Bürgermeister einer größeren Stadt wie etwa Harald Lastowka in Stralsund. Die Bank saß als Partner in jedem Gesprächskreis, der etwa vierteljährlich tagte.

Zu diesem Zweck scharte ich eine eigene Truppe von Bank- und Volkswirten um mich, die sich ausschließlich mit Kommunalfinanzierung beschäftigte. Wasser, Stadtwerke, Wohnungsbau – für alle Kommunalgeschäfte gab es Spezialisten. Allein hätte ich die Vielfalt der anstehenden Themen und Probleme niemals überblickt. Unter der Leitung von Wolfgang von Eckartsberg und Jörg Schiffmann entstanden viele gute Geschäfte.

In der ersten Phase ging es der Bank gar nicht darum, Geld zu verdienen. Vielmehr war es unser Ansinnen, Beratermandate zu bekommen und vor allem: Vertrauen aufzubauen. Trat ein Bürgermeister an uns heran und sagte: »Ich komme auf diesem Gebiet nicht weiter«, oder: »Auf jenem Gebiet müsste ich eigentlich umstrukturieren, wie mache ich das?«, schickten wir ihm einen Berater. Auf diese Weise brachten wir uns in die Kommunalwirtschaft und ihre Umgestaltung ein.

Somit entwickelten wir für die *Deutsche Bank* ein weiteres Geschäftsfeld, welches sie in den alten Bundesländern nicht kannten.

Die Kollegen in der Zentrale der Bank zogen daraus den Schluss, ähnliche Geschäftsmodelle in anderen Marktgebieten zu entwickeln. Auch in den alten Bundesländern mussten Wassersysteme, Straßen, Einrichtungen, Autobahnen etc. saniert oder neu angelegt und damit finanziert werden.

Andererseits besteht im Osten ein riesiges Strukturproblem. In den neuen Bundesländern hätte nach der Wende eine grundlegende Gebietsreform durchgeführt werden müssen. Viele Städte und Gemeinden waren alleine nicht mehr lebensfähig.

Im Osten sind 40 Prozent der Verwaltungen abzubauen. Wir können uns auf Dauer nur noch zwei ostdeutsche Länder leisten und nur so viele Kreise, wie die DDR Bezirke hatte. Außerdem dürfte eine Kommune – auch im Westen – erst ab 20000 Einwohnern als eine solche zählen.

Wie viele Gemeinden liegen weit darunter und könnten alleine nie leben. In der Regel ist das Steueraufkommen zu gering für den Unterhalt der bestehenden Verwaltungen.

Mit einem kommunalen Fernsehen könnte man mehr Bürgernähe demonstrieren als mit aufgeblähten Verwaltungen. Doch das erfordert ein grundsätzliches Umdenken: Wer ist schon bereit, seinen Stuhl aufzugeben?

Ein anderes Problem war die Parteidisziplin. Ich hätte es nicht für möglich gehalten, dass diese im Osten leichter überwindbar war als im Westen. Sicher lag es daran, dass bei uns die meisten Funktionäre noch nicht so fest in ihren Sätteln saßen.

Wenn ich Abstimmungen im Bundestag oder in den Landtagen verfolge, denke ich oft: »Hier wird nur noch Parteidisziplin praktiziert.« Meines Erachtens ein Grund dafür, dass viele Menschen nicht mehr wählen gehen und das Vertrauen in die Parteien schwindet. Nicht von ungefähr gewinnen die Freien Wählergemeinschaften auf kommunaler und regionaler Ebene immer mehr Stimmen. Die Rolle der Parteien in der Demokratie muss überdacht werden.

Auch aus diesem Grund drängte ich auf eine Gebietsreform. Anfang der 90er Jahre hielt ich in Ostdeutschland Vorträge vor Landesparlamenten und Regierungen, in denen ich mahnte: »Denkt daran, in einigen Jahren können wir euch nicht mehr bezahlen. Ihr müsst euch neu strukturieren.«

Mitte der 90er hielt ich einen Vortrag auf der Insel Rügen. »Eigentlich kann Mecklenburg-Vorpommern nur aus den beiden Regierungsbezirken Mecklenburg und Vorpommern bestehen – alles andere rechnet sich nicht«, erklärte ich der Landesregierung. Helmut Holter, Vorsitzender der PDS in Mecklenburg-Vorpommern, zog daraus seine Schlussfolgerungen: Er gründete eine Denkwerkstatt, in der ich mitarbeitete. Dort wurden viele zukunftsweisende Ideen geboren und von der Regierung umgesetzt.

In Thüringen sagte ich in Bezug auf Eisenach, eine an sich gut funktionierende Stadt: »Eine kreisfreie Stadt Eisenach darf es nicht geben. Dafür seid ihr zu klein, ihr müsst euch neu strukturieren und andere Gemeinden aufnehmen. Es geht um Aufwand und Nutzen und darum, dass der Bürger mitgenommen wird. Letzteres bedeutet jedoch nicht, dass in jedem Ort eine große Verwaltung eingerichtet wird.«

Inzwischen ist die Lage noch prekärer, weil so viele Menschen abwandern. Es gibt im Osten ganze Landstriche, in denen kaum noch Wertschöpfung erfolgt – sie werden nur noch verwaltet.

Wir brauchen Ingenieure und Naturwissenschaftler

Das dritte Steckenpferd, welches ich in das Portfolio der *Deutschen Bank* einbrachte, war die Innovationsfinanzierung. Als in Ostdeutschland das verarbeitende Gewerbe wegbrach und wir kurz darauf nur noch 20 Prozent der Industrieproduktion der ehemaligen DDR erreichten, war mir klar: Wir müssen neue Betriebe gründen. Das Potenzial für Innovationen war da. Es fehlte weder an erstklassigen Wissenschaftlern noch an guten Ideen – wer aber nahm sie an die Hand und unterstützte sie? Die Bank als Letztes.

Wollte ein Existenzgründer mit uns reden, bekam er Muffensausen, bevor er überhaupt die Eingangstür öffnete. Im technischen und erst recht im ideellen Bereich ist es unheimlich schwer, einem Uneingeweihten die Tragfähigkeit einer Geschäftsidee zu erläutern. Hatte der motivierte Existenzgründer diese Klippe umschifft, erschlug ihn spätestens eine der Fragen: »Kann man damit Geld verdienen? Wie sieht der Markt aus? Welche Sicherheiten bieten Sie?« Auf gut Deutsch: Jetzt lassen Sie mal die Hosen runter!

Kaum ein Ossi war so erzogen, dass er sich mit derlei Fragen hinlänglich zu beschäftigen vermochte. Dazu kam die Angst, sich in der Bank einem Gegenüber erklären zu müssen, das außerstande war, die Geschäftsidee zu begreifen – oder im Gespräch aus der Idee ein Geschäft zu entwickeln.

Um das zu ändern, organisierten wir 1997 zusammen mit der Unternehmensberatung *McKinsey* einen Businessplan-Wettbewerb für Berlin-Brandenburg, an dem sich Menschen mit innovativen Ideen beteiligen sollten. Die Überzeugendsten versammelten wir im Berliner Sitz der *Deutschen Bank*

Unter den Linden. An jedem Tisch saßen ein Banker, ein junger Unternehmer und einer, der es schon geschafft hatte. Für viele Intellektuelle war es schwierig genug, ein Bankkonto zu eröffnen.

Fortan war ich in Sachen Innovationsförderung unterwegs. Auf dem Jahreskongress des Verbandes Innovativer Unternehmen kritisierte ich nicht nur die Politik, sondern auch die Bankenwelt: »Warum werden Innovationen so wenig gefördert? Alle reden darüber – und keiner tut etwas.«

Was die Bank betraf, entschied ich: »Ich brauche keine weiteren Wirtschaftsleute und Juristen, da sind wir gut ausgestattet. Wir brauchen Ingenieure und Naturwissenschaftler!« Auch mit dieser Maßnahme waren wir in der Bank Außenseiter.

Wir warben Leute bei den Technischen Universitäten an und gründeten eine eigene Innovationsabteilung. Deren Ingenieure durchliefen eine Bankqualifizierung, damit sie neben ihrem Spezialgebiet auch etwas vom Geschäft verstanden. Fortan saßen den Leuten, die mit ihren Ideen zu uns kamen, fachlich kompetente Mitarbeiter gegenüber. Das war auch bitter nötig. Erzählte uns einer etwas von Software, Nanotechnologie oder ähnlichen Dingen, verstanden wir Bankleute im Grunde nur Bahnhof. Gerade in der Forschung begegnen einem mitunter Leute, bei denen man sich fragt: Ist das ein potenzieller Nobelpreisträger, ein Idiot, ein Spinner – oder alles auf einmal? Wen sollten wir mit Krediten unterstützen – und wen nicht? Auch deshalb lautete mein Grundsatz: »Auf jedem Geschäftsfeld brauche ich Leute, die etwas von der Materie verstehen.«

Merkte derjenige, der zu uns kam: Da sitzt mir jemand gegenüber, der versteht mich und weiß, wo ich hin will, schwanden auch bei ihm Angst und Misstrauen. Und Vertrauen ist das Fundament eines jeden Geschäfts. Damit war weder die Marktlage geklärt, noch die Frage, ob er Geld von uns bekommt. In vielen Fällen lohnte es sich jedoch, gemeinsam darüber nachzudenken, wie wir das für die jeweilige

Innovation nötige Kapital beschaffen konnten. Denn Kapital ist bei Innovationen besser als Kreditfinanzierung.

Um vielversprechende Leute und deren Ideen zu unterstützen, gründeten wir Anfang der 90er Jahre einen Innovationsfonds für den Osten. Dazu nahmen wir Dritte mit ins Boot und entwickelten ein dichtes Beziehungsgeflecht zu anderen Fonds.

In meiner jahrelangen Tätigkeit als Vorsitzender des *Ostdeutschen Bankenverbandes* versuchte ich, auch andere Banken wie *Commerzbank* oder *Dresdner Bank* in die Innovationsförderung einzubinden. Ein Teil folgte mir, allerdings nicht konsequent genug. Wohl auch deshalb haben die Banken bei Existenzgründern vielerorts nach wie vor einen schlechten Ruf: weil sie nicht mitdenken, sondern nur nach zu erwartender Rendite entscheiden. Das mag kreditpolitisch richtig sein, doch geht diese Politik sowohl an den Menschen wie an den konkreten wirtschaftlichen Bedingungen vorbei. Der Shareholder-Value-Gedanke ist hier fehl am Platze. Es geht um langfristige Lösungen.

Gemeinsam mit unserer Sonderabteilung und den Beteiligungsgesellschaften unterstützten wir die Neugründung von rund 650 Betrieben im Osten Deutschlands. Von diesen leben heute knapp 500. Viele haben sich zusammengeschlossen. Manche gingen pleite, andere entwickelten sich prächtig.

Eins steht fest: Ich kann heute vom Erzgebirge über den Thüringer Wald bis zur Ostseeküste fahren – überall gibt es Leute, die sagen: »Ihre Bank hat uns geholfen, unsere Firma aufzubauen.«

Dafür hat sich die Arbeit gelohnt.

Klare Worte im Kanzleramt

Im Sommer des Jahres 2005 lud mich Gerhard Schröder ins Kanzleramt ein. Ob Wolfgang Thierse oder Manfred Stolpe – irgendeiner musste ihm geraten haben: »Hör dir mal den

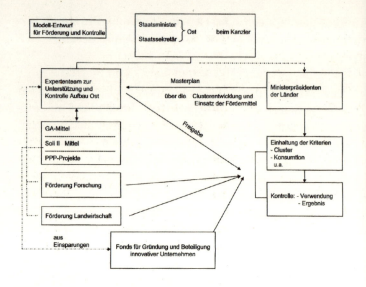

Mosts Vorschlag an Kanzler Schröder, wie dem Osten auf die Beine geholfen werden könnte

Most an. Der engagiert sich für den Osten und das Gelingen der wirtschaftlichen Einheit Deutschlands.«

Ich folgte Schröders Einladung. Gemeinsam mit Bernd Pfaffenbach debattierten wir mehrere Stunden über den Osten. Schröder rauchte zwei Zigarren, wir leerten eine Flasche Rotwein und ich tat ihm meine Meinung kund.

Zu kritisieren gab es genug – etwa, dass in Ostdeutschland mittlerweile über sechshundert Abwasserzweckverbände existierten. Ganz Frankreich besaß nur vier. Nun wollte ich nicht Frankreich kopieren, wieso aber kehrten wir nicht zum DDR-Standard zurück? Wir hatten für jeden Bezirk lediglich einen Wasser- und Abwasserverband benötigt.

Allein die Verwaltungskosten verschlangen viel Geld. Obendrein arbeiteten die Zweckverbände teilweise gegeneinander. In Thüringen wurde beispielsweise das Abwasser entgegen dem Flusslauf der Werra nach Bad Salzungen hochgepumpt, anstatt es in der anderen Richtung hinunterlaufen zu lassen. Durch derartige Schildbürgerstreiche haben wir in Ostdeutschland das teuerste Wasser. Das ist ein gewaltiger Standortnachteil.

Davon erfuhr ich erst, als ich mit der *Deutschen Bank* die Käsefabrik im Harz finanzierte. Der westdeutsche Unternehmer hatte mich angesprochen: »Ich habe ein altes Rezept meiner Großmutter. Sie stammt aus dem Harz. Ich möchte dort nach ihrem Rezept einen Harzer Käse produzieren.«

Ein Segen für die Region – doch beinahe wäre das Projekt am teuren Abwasser gescheitert. Der Unternehmer sollte Abwassergebühren bezahlen, von denen er zu recht meinte: »Die sind ja höher als die ganze Fabrik.« Nachdem wir beim Ministerpräsidenten von Sachsen-Anhalt eine Ausnahmeregelung erwirkt hatten, ließ er die Fabrik bauen.

In Gotha gelang es uns, 13 Kreditverträge der Abwasserbetriebe zu einem zusammenzufassen. Durch unser Finanzierungsangebot konnte der Wasserverband immense Kosten einsparen.

Aus dieser Erfahrung heraus entwickelten wir Modelle für weitere Verbände. Wirksamer wäre es gewesen, die über 600 Betriebe zu reduzieren. Zu deren aufgeblähten Verwaltungen kamen die überdimensionierten Kläranlagen. Dem Gesamtkonzept hatte man den Wasserverbrauch der DDR aus dem Jahre 1989 zugrunde gelegt. Obwohl der Wasserverbrauch in den neuen Bundesländern inzwischen ein Drittel unter diesem Niveau lag, war das gesamte Wasser- und Abwassersystem gemäß dem Verbrauch von 1989 neu gebaut worden.

Das war der helle Wahnsinn! Schließlich waren in den neuen Bundesländern mit der Wiedervereinigung drei Viertel der Industrie verschwunden. Entsprechend sank der Wasserverbrauch. Obendrein ging die Bevölkerung mittlerweile sehr sparsam mit dem teuren Wasser um. Für die überdimensionierten Investitionen sowie die immensen Verwaltungskosten mussten letztlich die Bürger aufkommen.

Ich schlug dem Bundeskanzler vor: »Wir reduzieren die Abwasserzweckverbände und strukturieren die Wasserwirtschaft neu. Wer es schafft, pro Bundesland auf drei bis vier Betriebe zu kommen, erhält einen Schuldenerlass.«

Schröder fragte mich, wer das bezahlen solle.

»Wir öffnen dazu den Erblasten-Tilgungsfonds, ähnlich dem Währungsausgleichfonds, in welchen einst die 80 Milliarden Schulden der *Kreditbank* eingingen und der über einen Zeitraum von mehreren Jahren getilgt wird. Es wäre ein Signal an die Bürger und die Wirtschaft. Es kann nicht sein, dass die Ostdeutschen im Wesentlichen mehr Wassergeld zahlen als die Bayern.

Wenn wir sagen: ›Wir wollen Freiheit und Gleichberechtigung‹, müssen wir auch die Bedingungen dafür schaffen. Letztlich müssen die Rahmenbedingungen für den Osten so gestaltet werden, wie sie im Westen sind. Ich will keine wehleidige Diskussion, wer die Missstände zu verantworten hat, sondern eine mit dem Tenor: ›Wir haben einen Fehler erkannt und suchen nach einer Lösung.‹ Das erwarte ich von einer Politik, die das Vertrauen unserer Bürger zurückgewinnen will.«

Gerhard Schröder nahm mir meine Offenheit keineswegs übel. Meine Rede weckte offenbar sein Interesse, denn er wollte wissen, was ich denn alles verändern würde, wäre ich Minister.

»Ich will nicht in die Politik«, erwiderte ich. »Aber ich nenne Ihnen gern einige Punkte: Zunächst einmal würde es im Osten eine andere Rechtsprechung geben. Warum mussten wir ein Rechtssystem übernehmen, das vor vierzig Jahren im Kalten Krieg entstand? In vielen Punkten behindert uns dieses Recht eher, anstatt uns zu nutzen.«

»Aber Sie können doch keinen Staat mit zwei Rechtssystemen aufbauen.«

»Warum nicht? Wir haben 1990 darüber nachgedacht, Ostdeutschland für fünf bis zehn Jahre – trotz politischer Einheit – in relativer Unabhängigkeit zu belassen. Das wurde über Bord geworfen. Hätten wir es so gemacht, hätten wir heute nicht diese Misere.«

Daraufhin bat mich der Bundeskanzler, bis zum nächsten Tag auf maximal zwei Seiten aufzuschreiben, was ich noch verändern würde, und verabschiedete mich.

In der Nacht setzte ich mich hin und schrieb alles auf, was mir durch den Kopf ging. Morgens um acht gab mein Kraftfahrer mein persönliches Zehn-Punkte-Programm im Zimmer des Kanzlers ab.

Als ich Schröder kurz darauf erneut gegenübersaß, spöttelte er, ich wolle wohl die DDR wieder aufbauen. Dabei forderte ich lediglich, dass der Osten anders regiert wird: »Zunächst einmal möchte ich sämtliche Fördermittel – ob nun von der EU, vom Bund oder den Ländern – in einem einzigen Topf haben. Und über die Verteilung der Mittel dieses Topfes wird nicht nach Länder- und Kommunalgrenzen und schon gar nicht nach Parteihoheit entschieden. Stattdessen geht es einzig und allein darum: Was nutzt dem gesamten Osten? Zur Umsetzung dieses Vorhabens müsste eine kleine Kommission von vier bis fünf Mann berufen werden, die darüber entscheidet, wie die Mittel vergeben werden. Diese Leute – Wissenschaftler, Ingenieure, Ökonomen – dürften keiner Partei, sondern ausschließlich der Sache verpflichtet sein.

Demjenigen, der die Führung übernimmt, nennen wir ihn meinetwegen einen Ostminister, untersteht die Organisation der Fördermittelverteilung für alle neuen Bundesländer. Er arbeitet in Abstimmung mit den Ministerpräsidenten – nicht gegen sie, aber mit einer klaren Hoheitsaufgabe: Dieser Mann wäre sozusagen Ihr Vizekanzler. Weder der Finanzminister noch der Wirtschafts- oder Bauminister dürften ihn in irgendeiner Weise bevormunden. Für fünf, maximal zehn Jahre gäbe es eine strategische Politik Ost. Natürlich können Sie sagen, das sei eine kleine Regierung. Ich sehe darin eher einen Sachverständigenrat, der im Namen der Regierung die Ministerpräsidenten unterstützt.«

Schröder sah mich an. Vermutlich war ihm klar, dass das – obschon politisch notwendig – nicht durchzusetzen war.

»Ich will nicht Minister werden«, fügte ich hinzu. »Ich wollte nur darauf hinweisen: Wenn wir *jetzt* nicht umdenken, werden wir in zwanzig, dreißig, vielleicht in vierzig Jahren über dieselben Probleme reden wie heute. In dem Umfang, wie wir den Osten stärken, reduzieren wir den Finanztransfer von West nach Ost – mit allem ideologischen Ballast, den er nach sich zieht.«

»Gesprächskreis Ost«

Mein Zehn-Punkte-Programm gelangte nie an die Öffentlichkeit. Dennoch blieben die Abende im Bundeskanzleramt keineswegs folgenlos ...

Schröder beauftragte mich über Manfred Stolpe, eine Liste jener Leute zusammenzustellen, die für den Beraterkreis Ost infrage kamen. Dieser Aufforderung leistete ich umgehend Folge. Auf meiner Liste standen zehn Ossis. Aus jedem Bundesland und jedem wichtigen Bereich war einer vertreten.

Wirtschafts- und Arbeitsminister Wolfgang Clement meinte: »In einem solchen Gremium sollten nicht nur Ostdeutsche vertreten sein«, und schlug einige Persönlichkeiten aus der alten Bundesrepublik vor: unter ihnen der Vorsitzende des *Ostausschusses der Deutschen Wirtschaft* Klaus Mangold und Klaus von Dohnanyi.

Das war die Geburtsstunde des *Gesprächskreises Ost* – ein Kreis von Menschen, die mein Leben bereicherten. Ich war umgeben von Koryphäen. Keiner von uns fühlte sich einer Partei verpflichtet. Wir arbeiteten – auf ehrenamtlicher Basis und ohne offiziellen Beratervertrag – aus innerem Antrieb und der festen Überzeugung heraus: Der Osten Deutschlands benötigt eine Korrektur!

Gleich nach meinen Gesprächen mit Bundeskanzler Schröder fragte ich Kopper um Rat. Der meinte: »Sie können nicht immer nur schimpfen und alles besser wissen. Wenn der Staat Sie braucht, müssen Sie hingehen.«

Meine Vorgesetzten in der *Deutschen Bank* hatten mir sämtliche Freiheiten eingeräumt. Immerhin lag meine Mitarbeit in diesem auserlesenen Kreis auch in ihrem Interesse, denn sie bildete die Grundlage für eine sinnvolle Geldpolitik.

Bei der ersten Zusammenkunft des *Gesprächskreises* schossen die Ansichten wild durcheinander. Jeder betrachtete das große Ganze aus seiner Perspektive heraus. Nachdem wir unsere Standpunkte dargelegt hatten, forderten uns Manfred Stolpe und Wolfgang Clement auf, eine Ist-Analyse vorzunehmen, um von dieser ausgehend die Probleme zu formulieren und Lösungen zu erarbeiten.

Klaus von Dohnanyi, der 1990 ein Buch zur deutschen Einheit geschrieben hatte, dessen Thesen sich allesamt bewahrheitet hatten, schlug vor: »Das macht Edgar Most. Er ist im Osten groß geworden, kennt Altes und Neues und ist seit der Wende ein Kritiker der bei der Einheit begangenen Fehler.«

Ich setzte mich ein Wochenende lang hin und trug alles zusammen, was mir durch den Kopf ging. Während ich meine Gedanken notierte, ließ mich eines nicht los: »Der Osten steht vor der Existenzfrage. Entweder wir werfen *jetzt* den Hebel um – oder wir werden eine katastrophale Entwicklung erleben.«

Der *Solidarpakt II* läuft bis 2019 – auf welchen Gebieten werden wir bis dahin das Westniveau erreicht haben? Ich meine nicht den gleichen Lebensstandard, sondern gleiche Wettbewerbsbedingungen. Darin nämlich liegt der kolossale Unterschied.

»Zwischen Schleswig-Holstein und Bayern besteht auch ein Gefälle«, hielt man mir in Diskussionen vor.

Das ist richtig. Aber die Wettbewerbsbedingungen sind dort die gleichen. Zwischen Ost- und Westdeutschland gilt dies nicht. Das hohe Wasser- und Abwassergeld ist nur eines der unzähligen Beispiele. Hinzu kommen die Altschulden, der geringe Stellenwert von Bildung und Forschung, die Abwanderung junger, meist gut ausgebildeter Leute – bis heute verlassen noch immer jährlich bis 60000 Menschen Ostdeutschland. Wir haben eine wachsende Verödung ganzer Landstriche. Der demografische Bruch wird uns mit voller Wucht erwischen, und mit ihm die Altersarmut. Der Verschuldungsgrad unserer Kommunen und Länder wird steigen.

Das war zu DDR-Zeiten anders. So stand in der Verfassung der DDR, dass keine Kommune Schulden anhäufen durfte. Demzufolge wurde in die Kommunen nur das Nötigste investiert. Warum warfen wir in diesem Fall nicht die Gelddruckmaschine an und sagten: »Kommunen, ihr dürft euch vorübergehend bis zu einem Schuldenberg X verschulden, aber nur gezielt für die Infrastruktur – ordentliche Straßen, Abwassersysteme, all das, was der Kommune gehört.« Schließlich ist eine funktionierende Infrastruktur ein wichtiger Produktivitätsfaktor. Dieser Punkt wurde in der DDR, besonders in den städtischen Ballungsräumen, völlig unterschätzt.

Auf dem Lande lief es teilweise anders. Hatte eine LPG Überschüsse produziert, steckte sie diese oft genug in den Bau einer Straße. Aus diesem Grund hatten wir auf manchen Dörfern bessere Straßen als in den Städten.

Die Rechnung für die versäumten Investitionen in die Kommunen bekamen wir nach der Wende. Inzwischen ist der einzige Punkt, in dem wir den Westen überholt haben, die Pro-Kopf-Verschuldung. Das erreichten wir, indem wir uns innerhalb des *Aufbaus Ost* eine moderne Infrastruktur bauen ließen und obendrein schöne Städte und Gemeinden. Als wollten wir allen, die zu uns kommen, sagen: »Guckt doch mal, wie schön hier alles aussieht!« Die Häuser in Görlitz und anderswo sehen ja wirklich gut aus, aber ich muss doch fragen, wie das jemals zurückgezahlt werden soll, wenn darin niemand wohnt?

Kurzum, eine Unmenge ungelöster Probleme schwirrte mir durch den Kopf. Ich wusste nicht recht: »Wie bringe ich das auf den Punkt?« Bei anderen hatte ich beobachtet, dass sie ihre Thesen zuspitzten. Ich dachte mir: Das machst du jetzt auch. So entstand jene Formel, mit der ich mittlerweile in Ost wie West zitiert werde: »Der Osten verarmt, vergreist und verdummt.«

Ich wollte damit keineswegs gegen die deutsche Einheit polemisieren. Mein Standpunkt zu ihr lautet bis heute: Politisch ist sie geglückt, wirtschaftlich noch lange nicht. Und es ist die Wirtschaft, an der sie die Menschen tagtäglich messen: »Habe ich Arbeit? Bekomme ich heute genügend Lohn, später ausreichend Rente?« Es zeigt sich heute, was wir gelernt haben: Das Sein bestimmt das Bewusstsein. Daraus resultieren viele mentale Probleme. Also, tun wir etwas für das Sein!

Der *Gesprächskreis* traf sich mehrmals im Monat. Wir bildeten Gruppen, die jeweils einzelne Aspekte herausarbeiteten. Dabei hielten wir uns weder mit Vergangenheitsbewältigung noch mit Schuldzuweisungen auf, sondern dachten und diskutierten nach vorn. Dohnanyi und ich leiteten die Arbeitsgruppen und fassten die Ideen und Schlussfolgerungen zusammen. Ich besitze einen ganzen Panzerschrank voller Akten, die Zeugnis über unsere Arbeit ablegen.

Vor allem ging es uns darum, gleiche Wettbewerbsbedingungen für Ost und West zu schaffen. Zu tun gab es genug. Einen Punkt bildeten sowohl die Altschulden in Land- und Wohnungswirtschaft als auch die Arbeit mit den neuen Schulden sowie eine gesicherte Finanzierung durch die Banken. Des Weiteren forderten wir im Osten eine konsequente Clusterbildung für die Förderpolitik: Nur dort, wo schon etwas ist, kommt etwas dazu. Wo die Industrie vernichtet worden war, wäre jede Investition zu spät gekommen. Das lehrte uns die Entwicklung der globalisierten Welt.

Wir beleuchteten sämtliche großen Infrastrukturprojekte kritisch: Bauen wir hier die richtige Straße, den richtigen Schienenweg? Oder stecken wir das Geld nicht besser in Forschung und Bildung statt in Steine und Sand? Warum musste in Leipzig für 600 Millionen ein Tunnel unter der Stadt gebaut werden? Denselben Effekt hätten wir überirdisch für ein Drittel der Kosten erzielt. Und warum brauchte jedes Land sein eigenes Flughafenprogramm?

Brauchen wir überhaupt fünf neue Bundesländer? Zwei reichen auch – und sind billiger.

Hinsichtlich vieler Fragestellungen und Themen kam mir zugute, dass ich bereits vier Jahre Vorsitzender des *Ostdeutschen Bankenverbandes* war. Aus dieser Tätigkeit heraus war ich über zahlreiche interne wirtschaftliche Wertungen der Banken im Bilde. Außerdem hatte ich einen schnellen Zugriff, wenn wir wir diese oder jene Unterlagen oder entsprechendes Zahlenmaterial benötigten.

An der bisherigen Verteilung der 140 Milliarden Euro des *Solidarpakts I* bemängelten wir, dass über 70 Prozent der Gesamtsumme in den Länderhaushalten gelandet waren. Die Ministerpräsidenten der neuen Länder hatten dieses Geld vor allem zum Ausgleich ihrer Haushaltslücken und die Zahlung von Arbeitslosengeld und Sozialleistungen genutzt. Nur ein Teil wurde investiert. Dabei war der Solidarpakt ursprünglich für nachhaltige Investitionen gedacht gewesen, um die darniederliegende Wirtschaft wiederzubeleben und Arbeit zu schaffen.

Von den 156 Milliarden Euro des *Solidarpakts II* waren bereits 105 Milliarden verteilt – und wieder soll der größte Teil zum Ausgleich landespolitscher Aufgaben genutzt werden. Wir brauchen aber einen verbesserten Kapitalstock der Wirtschaft.

Im Westen wurde zu recht die Frage laut: Jetzt habt ihr schon jahrelang Geld von uns bekommen – wie lange denn nun noch? Jedes Jahr fließen 90 Milliarden Euro von West nach Ost. Das kann nur durch Kostensenkung und Wertsteigerung im Osten reduziert werden.

Hinzu kam der Solidaritätszuschlag. Einst für drei, vier Jahre geplant, ist er längst zu einer normalen Steuer mutiert. Ich fand: Der Solidaritätszuschlag muss abgeschafft oder zumindest soweit transparent gemacht werden, dass jeder Bürger in Ost und West ersehen kann, wohin das von ihm gezahlte Geld fließt. Im Westen denken viele, nur sie zahlen diesen Zuschlag.

Wenn wir schon nicht verhindern konnten, dass ein Großteil der verteilten Summe nach dem Willen und der Not der ostdeutschen Ministerpräsidenten in deren Landeshaushalte floss, wollten wir zumindest wissen: Was passiert mit den noch nicht verteilten fünfzig Milliarden Euro?

»Ich schlage vor, wir setzen die restlichen fünfzig Milliarden nur noch für die Bildung ein«, lautete mein Standpunkt. »Das ist eine lohnende Investition, wenn man bedenkt, dass jeder dritte Ingenieur in Deutschland in den neuen Bundesländern studiert hat.«

Inzwischen ist das Geld verteilt. Für die Bildung waren gerade einmal 7,8 Milliarden übrig geblieben. Das ist viel zu wenig. Eine unserer Thesen lautete: Wollen wir den Osten retten, müssen wir die Wissenschaft unterstützen und die Industrieforschung fördern. Die jungen Leute müssen wissen: Ich kann ein Jahr im Ausland lernen oder studieren. Aber wenn ich nach Hause komme, habe ich hier eine Chance, mich in Wissenschaft oder Industrie zu verwirklichen.

Im *Gesprächskreis* kamen wir zu dem Schluss: Zu einer guten Bildungspolitik gehört auch Elite. Gewiss. Aber die darf nicht nur im Westen ausgebildet werden. Auch im Osten brauchen wir Elitenförderung. Darunter verstand ich vor allen Dingen: eine für ganz Deutschland *einheitliche* Bildungspolitik. Einige Bereiche unserer Universitäten und Fachhochschulen können sich im internationalen Maßstab sehr wohl sehen lassen. Ist die Bildungspolitik jedoch Ländersache, werden die Fachschulen und Universitäten der armen Länder über kurz oder lang verschwinden oder derart reduziert, dass sie in Forschung und Lehre nicht mithalten können.

Als die Eliteuniversitäten gekürt wurden, befand sich unter ihnen keine einzige ostdeutsche. Kommen fortan noch gute

Professoren zu uns, Nobelpreisträger, Menschen, die neue Dimensionen erschließen? Wohl kaum!

Sicher ist die Berliner *Humboldt-Universität* zu groß für eine Eliteuniversität, aber wie sieht es mit Teilbereichen oder anderen Hochschulen aus? Etwa mit der *Viadrina* in Frankfurt an der Oder? Das Land Brandenburg hielt alle zugesagten finanziellen Unterstützungen ein, die Universität steht auch baulich hervorragend da. Wir gingen über die Grenze, weiteten die Hochschule nach Polen hin aus – das nenne ich Völkerverständigung, *europäische* Kultur- und Bildungspolitik.

In Ilmenau gründeten wir eine Stiftung, um die *Technische Universität* durch private Mittel zu unterstützen, weil uns die Landesregierung nicht im erforderlichen Maß unter die Arme greifen konnte. Dort engagiere ich mich seit Jahren im Förderverein und im Hochschulrat.

Dadurch, dass wir in den neuen Ländern keine selbsttragende Wirtschaft haben, leidet die Kulturpolitik. Wie viele Theater wurden geschlossen, wie viele Gastspieldirektionen

Mit Siggi, Kutte und Nenne auf ein frisches Bier – und in jedem Jahr eine gemeinsame einwöchige Herrenpartie

zusammengelegt! Und warum gibt es im Osten keine Fußballbundesligamannschaften, die frei von finanziellen Sorgen sind? Weil wir nach der Zerschlagung unserer Industrie keine Hauptsponsoren mehr haben.

All diese Probleme brachten wir im *Gesprächskreis Ost* aufs Tapet. Unser Abschlussbericht enthielt 59 Vorschläge für konkrete Veränderungen in Ostdeutschland.

Immerhin wurde die von uns geforderte Clusterbildung teilweise verwirklicht. Das Wort gehört heute zum Sprachgebrauch der Politiker ländlicher Entwicklungsgebiete in den neuen Bundesländern. Leider enden diese Cluster jeweils an deren Grenze – entgegen unserer Forderung: »Wollen wir in der globalisierten Welt bestehen, müssen wir über jedwede Grenze hinausdenken.«

Der erste, der die von uns gegebenen Anregungen aufgriff, war Brandenburgs Ministerpräsident Matthias Platzeck. Unserer Forderung der Clusterbildung folgend, gestaltete er sein Wirtschaftsstrukturprogramm neu.

Um unseren Vorschlägen Nachdruck zu verleihen, bat ich Platzeck: »Lade bitte alle Ministerpräsidenten zu dir nach Brandenburg ein, wir brauchen eine länderübergreifende Diskussion dieser Themen.«

Kurz darauf folgte die vorgezogene Bundestagswahl, und in den politischen Führungsetagen ging es schlagartig um andere Dinge. Weil ich nicht einsah, dass unsere Arbeit umsonst gewesen sein sollte, schickte ich den Bericht des Gesprächskreises an Angela Merkel. Sie verwies mich an ihren Ostminister Wolfgang Tiefensee. Das Gespräch mit ihm ließ mich erkennen: Die Bundesregierung – mit einer Kanzlerin aus dem Osten an ihrer Spitze – hat keinerlei Interesse an den Ergebnissen unserer Arbeit und legt auf unsere ehrenamtliche Tätigkeit auch in Zukunft keinen Wert. Die von uns aufgelisteten Probleme bestehen indes – bis heute.

Leben für die Arbeit

In meiner Rede zum fünfzigjährigen Dienstjubiläum in der Zentrale der *Deutschen Bank* in Berlin, bei der die Hautevolee aus Politik und Finanzwelt zugegen war, gab ich meine Antwort auf die Frage: »Wieso hat sich der Most in der *Deutschen Bank* durchgesetzt, obwohl er aus dem Osten stammt?«

Sie lautete: »Erstens, *weil* ich aus dem Osten stamme. Und zweitens, weil mir mein Vater und mein Großvater mit auf den Weg gegeben hatten: ›Junge, egal was geschieht in deinem Leben, vergiss nie, wo deine Wurzeln sind und wo du herkommst! Ob du an die Kirche gebunden bist, an die Partei oder woran auch immer, ist nebensächlich. Hauptsache, du stehst zu dir und deinen Entscheidungen!‹«

Diese Lebensweisheit begleitete mich all die Jahre, über alle Höhen, durch alle Tiefen – egal in welchem Gesellschaftssystem. Und drittens hatte ich Chefs im Vorstand der Deutschen Bank, die absolutes Vertrauen zu mir hatten.

Noch heute pflege ich meine alten Freundschaften. Wer keine Freunde hat, ist arm dran. Es gibt eine alte Weisheit: Verwandtschaft kann man sich nicht aussuchen, Freunde schon. Ich hatte das große Glück, in meinem Leben viele Freunde zu gewinnen. Dazu zähle ich Persönlichkeiten wie Horst Klinkmann, Herbert Kroker, Oswald (»Ossi«) Müller, Karl Döring, Günther Ramthor, Ulrich Eichhorn, Johannes Dettendorfer, Roland Berger.

Auch Geschäftsführer von Betrieben, die unsere Kunden sind, gehören dazu wie Manfred Großkopf, die Herren Winkelmann und Buschmann, Detlef Hegemann, Hubert Schrödinger, Peter Kretschmer, Martin Röder, Axel Weber, Werner Mögle, Detlef Miliz, um nur einige zu nennen.

Großen Rückhalt in guten wie in schlechten Zeiten gaben mir vor allem meine Kumpels aus Schulzeit, Jugend und den Jahren in Schwedt: Rolf Nennstiehl, Kurt Altstadt und Siegfried Janitzki, die nichts mit der Bank zu tun hatten.

Als ich in den Turbulenzen der Wende kaum Zeit fand, meine Freundschaften zu pflegen, hielt meine Frau die Fäden zusammen. Durch meine Freundschaften erfuhr ich sowohl in der DDR als auch nach 1990 vieles über die Realität im Lande – etwas, das man in Führungsfunktionen nicht vernachlässigen sollte. Meine Kumpels und Geschwister verloren nach der Wende ihre Arbeit und mussten sich durchschlagen. Dass ich es besser traf, tat unserer Beziehung keinen Abbruch.

Als ich in jungen Jahren zum Bankdirektor berufen wurde, beglückwünschten mich viele. Meine Frau heulte. Sie befürchtete zu recht, dass meine Zeit für die Familie dadurch noch knapper bemessen sein würde. Trotzdem unterstützte sie mich in meiner beruflichen Entwicklung vorbehaltlos und hielt mir stets den Rücken frei. Sie trug die Hauptlast bei der Erziehung unserer Töchter Rita und Sylva. Wir sind stolz auf unsere Kinder und ihre Familien – und auf unsere Enkel Michael und Fritzi, die bereits eigene Wege gehen.

Ich konnte stets ohne Scham in den Spiegel gucken. Je älter ich wurde, desto besser begriff ich, wie wichtig meine Wurzeln sind.

Gemeinsam mit Gleichgesinnten und Freunden in der Bank brachte ich den Osten in die Deutsche Bank und die Dresdner Bank ein. Ohne den Rückhalt jener beiden großen Finanzhäuser hätte ich vieles von dem, worauf ich heute zurückblicke, nicht erreicht. Natürlich habe ich das alles nicht alleine vollbracht. Ich brauchte Leute um mich, die mitdachten, die dieselbe Aufbruchstimmung in sich trugen wie ich – die etwas bewegen wollten, statt sich blind an Vorschriften zu klammern.

Ich kann die beste Idee haben – sie ist nutzlos, wenn ich sie nicht umsetze. Man muss es nur wollen. Dann findet sich auch ein Weg. Egal, ob in Politik, Wirtschaft oder Bankwesen – man braucht Mut zu Veränderungen und muss sich für seine Ideen aufopfern, dann stellt sich über kurz oder lang Erfolg ein.

Das Schönste am Bankberuf stellten für mich die persönlichen Begegnungen dar, ob mit Privat- oder Firmenkunden. Durch meine Arbeit kam ich mit allen Schichten der Gesellschaft in Berührung. Alles im Leben hat ab einem gewissen Punkt mit Geld zu tun. Jeder muss irgendwann in die Bank, um ein Konto zu eröffnen. Egal, ob im Sozialismus oder in der globalisierten freien Welt – ich traf in der Bank Handwerker und Ministerpräsidenten, Bundeskanzler oder Verbandspräsidenten, Führungskräfte aus Wissenschaft und Wirtschaft. Aus diesen Erfahrungen Wissen zu schöpfen und dieses wiederum der Gesellschaft zur Verfügung zu stellen, war für mich das Schönste an meinem Beruf.

Weniger schön war, dass es am Ende nur noch darum ging, Geld für die Bank zu erwirtschaften. Ich wurde oft gefragt: »Herr Most, was ist eigentlich der Unterschied zwischen der *Staatsbank* der DDR und der *Deutschen Bank*?«

Bei der *Staatsbank* lautete die zentrale Frage: Was nutzt diese Investition dem Staat, also der Gesellschaft? Zweitens: Was nutzt sie dem mit einem Kredit unterstützten Betrieb? Und drittens: Was nutzt sie der Bank? Jede Kreditentscheidung war an realwirtschaftliche Objekte gebunden.

Im vereinigten Deutschland wurden sämtliche Wertkategorien auf den Kopf gestellt. War früher das Brötchen billig und das Auto kaum erreichbar, war plötzlich das Brötchen teuer und das Auto wurde einem nachgeworfen.

In der Bank lautete jetzt die erste Frage: Was nutzt die Finanzentscheidung der *Deutschen Bank*? Bringt sie ihr genügend Kapitalrendite? Zweitens: Was nutzt sie dem Produkt beziehungsweise dem jeweiligen Unternehmen? Die Frage, was sie dem Staat bringt, spielte überhaupt keine Rolle mehr, höchstens bei öffentlichen Fördergeldern.

Die verschiedenen Normen und Werte der Gesellschaftssysteme fanden sich im jeweiligen Banksystem wieder. Das Handwerk indes blieb. Auch im Sozialismus musste ich Aufwand und Nutzen einer jeden Investition abwägen. Nicht im Rechnen – im neuen Denken bestand der Unterschied!

Zu DDR-Zeiten bekam ich dreimal den Orden *Banner der Arbeit* verliehen, weil ich Investitionen einsparte und viele neue Ideen entwickelte – aus der Bank heraus für den Staat und die in ihm lebenden Menschen. Wenn ich das in der *Deutschen Bank* weiterhin umsetzen konnte, habe ich mein Berufsziel erreicht.

Ich bin der festen Überzeugung, dass eine Bank auch unter den neuen gesellschaftlichen Rahmenbedingungen gesellschaftliche Verantwortung übernehmen kann und muss. Das sehe ich als die Quintessenz meines Wirkens innerhalb der *Deutschen Bank* an. Und so hob es Josef Ackermann anlässlich meiner Verabschiedung hervor: Meinen Sonderstatus in der Bank habe ich mir erkämpft. Ich arbeitete nicht gegen die Bank, sondern für sie – im Interesse unserer Gesellschaft.

Damals galt und heute gilt: Man muss mit dem Teufel tanzen. Auch wenn es mitunter wehtut. Ich musste mit der allmächtigen Partei ebenso umgehen können wie in der westlichen Welt mit dem allmächtigen Kapital.

Was ich in diesem Zusammenhang der Linkspartei vorwerfe, ist, dass sie das Kapital lediglich kritisiert, statt eigene Ideen zu entwickeln, wie wir *mit* dem Kapital besser für die Gesellschaft wirken können. Denn *ohne* Kapital können wir die Gesellschaft abschreiben. Das ist eine der Haupterkenntnisse aus meiner Bankarbeit in zwei Welten.

Die Jahre seit Herstellung der deutschen Einheit haben mich rein kräftemäßig mehrere Jahre meines Lebens gekostet. Das liegt sicher an meinem Arbeitsethos. Bereits zu DDR-Zeiten lautete – auch durch mein Elternhaus bedingt – der Maßstab meines Handelns: Wenn ich eine Aufgabe angehe, dann mit aller Konsequenz und Ehrlichkeit. Ich habe nicht gearbeitet, um zu leben, sondern gelebt, um zu arbeiten. In guten wie in schlechten Zeiten. In dem einen wie im anderen System. Getreu dem Motto, das ich meinen Kindern ins Poesiealbum schrieb: »Ist das Wetter noch so trübe, immer hoch die alte Rübe!«

SA./SO., 21./22. MÄRZ 2009

„Auf dem Dritten Weg den Kapitalismus neu gestalten"

Edgar Most, Ex-Staatsbanker der DDR, leitete nach der Wende eine Bad Bank und machte dann bei der Deutschen Bank im Westen Karriere. Jetzt gibt er Ratschläge zur Rettung der Wirtschaft. Mit ihm sprach **Erhard Stackl** in Leipzig.

STANDARD: *Sie haben in der letzten Phase der DDR die Deutsche Kreditbank AG gegründet, die erste Privatbank im Osten. Sie schreiben, dass es eine Bad Bank war, ein Auffanginstrument in der Krise.*
Most: Als ich die Deutsche Kreditbank gründete, haben wir die ganzen Sozialismusschulden übernommen. Ich habe mich für 289 Milliarden Ostmark aus der Staatsbank rausgekauft. Die Deckung war das Vermögen der Kombinate und Betriebe. Die wurden dann aber an die Treuhand abgegeben, und damit war die Sicherheit für meine Kredite nicht mehr da. Ich hatte die Schulden aller, deshalb wollte ich auch das Vermögen, also die Treuhandgesellschaft, haben. Das war politisch aber nicht durchsetzbar.

STANDARD: *Was war die Alternative?*
Most: Die DDR-Bevölkerung hatte 166 Milliarden Ostmark Spareinlagen. Wäre ich pleitegegangen, hätte das auch alles weg gewesen. Das hat die Politiker überzeugt. So kam ein Beschluss zustande: Ich hatte alle Sozialismus-Schulden, die durch Treuhandvermögen gesichert waren. Wenn Treuhandvermögen keinen Ertrag brachte, hat die Rückzahlung der Staat übernommen. Daraus entstand der Erblastentilgungsfonds. Das war so,

Was Marx als Analyse geschrieben hat, das stimmt ja. Aber was er wollte – eine Vergesellschaftung des Kapitals, und zwar weltweit –, das steht heute nicht zur Debatte. Man muss auf dem Dritten Weg den Kapitalismus neu gestalten und fragen: Wie gehen wir mit dem Kapital um? Lassen wir es machen, was es will? Oder bestimmen wir, was das Kapital zu tun hat?

STANDARD: *Was ist dieser Dritte Weg? Eine Politik wie von Hugo Chávez in Venezue[la]...*

[mus des 21. Jahrh...]
Most: Nein. Cháv[ez...] Vergesellschaftun[g...] Das ist der falsch[e...] Anteile halten, un[d...] ben, damit der [...] einfachen Volk [...] Aber er sollte es n[...] Staatsbetrieben n[...] überzogen, das ist [...]

STANDARD: *Glaube[n...] re nach dem Mau[er...] lismus zusammen[...]*
Most: Nein. Es gibt [...] ve dazu. Aber d[...] wird ein anderer [...]

Vorschlag im österreichischen Standard

Matthias Platzeck, der Rundfunkjournalist Alfred Eichhorn und Edgar Most bei der Präsentation der Erstauflage im Atrium der Deutschen Bank in Berlin.
Die Welt *bemerkte dazu in ihrer Ausgabe vom 30. März 2009: »Als Matthias Platzeck vor kurzem in der Deutsche-Bank-Filiale in Berlin das Buch von Edgar Most vorstellte, [...] wagte der Ministerpräsident von Brandenburg einen Ausflug in seine Biografie. Er habe Ulbricht zu verdanken, dass er als Kind eine Spezialschule für Mathematik und Physik besuchen durfte, erinnerte sich der SPD-Politiker und urteilte über den früheren SED-Chef: ›Der war manchmal fitter, als das heute oft dargestellt wird.‹ Ulbricht ein fitter Typ? [...]*
Platzeck meinte [...] bei der Buchpremiere in der Deutschen Bank auch, es dürfe keine Denkverbote geben. Und er gab zu, dass ihn auch der Titel des Buches von Edgar Most gereizt hat. Dieser lautet: ›Fünfzig Jahre im Auftrag des Kapitals. Gibt es einen dritten Weg?‹«

Gibt es einen dritten Weg?

Die Freigabe der DDR durch Gorbatschow und die Veränderungen in der DDR (»Wir sind das Volk«) machten die Wiedervereinigung möglich. Die Veränderungen in der Sowjetunion und bei ihren Verbündeten führten zum Zusammenbruch des Ostblocks und zu dessen Ende. Durch die nunmehr offenen Kapitalmärkte entwickelte sich die Globalisierung mit ihren positiven wie negativen Folgen. Die sprunghafte Weiterentwicklung des elektronischen Medientransfers schaffte dafür die technische Grundlage.

Die Weltwirtschaft und ihre Institutionen waren auf diese globale Entwicklung ebenso wenig vorbereitet wie die Deutschen auf ihre Wiedervereinigung. Mittlerweile ist das entfesselte Weltfinanzsystem – für alle offensichtlich – an seine Grenzen gestoßen. Führende Wissenschaftler und Analytiker warnen eindringlich vor einem Kollaps.

Eine der Hauptursachen sehen Experten darin, dass keine gesetzlichen Regelungen bezüglich Deregulierung und Selbstregulierung des Marktes existieren. Im Wettbewerb der

Eckdaten der Steigerungen im Weltfinanzmarkt 1970 – 2005
(zu laufenden Preisen / current prices)

Das Finanzvermögen, das gleichzeitig auch eine Verschuldung darstellt ist gegenüber dem Wertschöpfungssegment überproportional gewachsen:

• Bar- und Giralgeld:	20 fach
• Schuldverschreibungen:	30 fach
• Aktien:	40 fach
• Gesamtfinanzvermögen:	30 fach
• Rendite aus Finanzvermögen:	30 fach

Dabei hat sich das weltweite Bruttoinlandsprodukt nur um das 13 fache gesteigert. Der Anteil des Einkommens aus Finanzvermögen am Bruttoinlandsprodukt hat sich weit mehr als verdoppelt. D. h. der Anteil des Einkommens aus Erwerbsarbeit ist entsprechend gesunken. Diese Entwicklung war aber noch stärker: Es ist ja noch das Einkommen aus Sachvermögen (z. B. Einnahmen aus Patenten, Unternehmensgewinnen von Nicht-Aktiengesellschaften etc.) zu berücksichtigen.

Nationen und Regionen bedarf es einheitlicher Normen und Regeln. Der weltweite Kapitalverkehr hingegen ignoriert staatliche Grenzen und Regeln weitgehend. Im Standortwettbewerb der Staaten bilden Steuerhinterziehung und Steuerumgehung eigene Geschäftsfelder. Die schwindenden Steuereinnahmen müssten durch Besteuerung globaler Transaktionen kompensiert werden.

Eine Folge dieses Prozesses ist – wie sich bereits deutlich zeigt – die Umverteilung von Einkommen und Vermögen von unten nach oben – von vielen zu wenigen, von Personen zu Kapitalinstitutionen. Hinzu kommen, sowohl national wie international, Einschränkungen des sozialen Ausgleichs, ein Anwachsen der Inflation und damit eine weitere Konzentration des Reichtums.

Wir alle wissen, dass nicht alle Menschen Zugang zu diesen Systemen haben. Circa eine Milliarde Menschen haben kein Dach überm Kopf, keinen Zugang zu Trinkwasser, Medikamenten, Bildung. Diese Menschen müssen von weniger als einem Dollar pro Tag leben. Die Hälfte der Menschheit – 3,5 Milliarden – lebt von weniger als zwei Euro pro Tag. Jedes Jahr sterben fast elf Millionen Kinder unter fünf Jahren.

Armut ist die schlimmste Krankheit, sie muss durch ein neues Weltfinanzsystem besiegt werden. Das bedeutet, dass sich die Zinsen für Entwicklungshilfen gegen Null entwickeln und alle Zinseszinserscheinungen abgeschafft werden müssen. Der Zins ist zugleich Schmiermittel und Krebsgeschwür für die wirtschaftliche und soziale Entwicklung.

Auch in Deutschland nimmt die Bedeutung ergänzender – alternativer, regionaler, produktbezogener – Währungssysteme zu, mit denen man sich punktuell vor Weltfinanzkrisen schützen kann. Diesem Thema müssen wir zukünftig mehr Beachtung schenken.

Mit der derzeitigen Finanzkrise sind wir lediglich knapp am totalen Zusammenbruch vorbeigeschrammt, wobei wir die Krise nicht als überwunden ansehen dürfen, solange die

Grundprämissen einer Übereinstimmung von Finanz- und Realwirtschaft nicht erreicht sind. Leider wird über dieses Thema in den Krisenberatungen nicht diskutiert.

Wenn Bundespräsident Horst Köhler die Finanzmärkte als »Monster« bezeichnet, hat er zwar recht, aber er muss sich zugleich fragen lassen, wie er in seiner Zeit als Verantwortlicher beim Internationalen Währungsfonds persönlich dazu beigetragen hat, dass es zu dieser Entwicklung kommen konnte. Ich will nicht der »weise Uhu« sein, aber ich habe bereits vor Jahren – auch aus meinen Erfahrungen in der DDR-*Staatsbank* heraus – immer wieder betont, dass man das Geldmengenwachstum international stärker kontrollieren und zwangsweise einschränken muss, wenn es den Wertzuwachs der Gesellschaften übersteigt.

In Analysen der *Staatsbank* wiesen wir über viele Jahre gegenüber Parteiführung und Ministerrat auf diese Probleme hin, ohne dass Korrekturen erfolgten. Wir stritten uns: Schafft sich der Kredit seine Kreditquellen selbst, oder müssen erst die Kreditquellen geschaffen werden, um Kredite auszureichen? Die Erfahrung hat gezeigt: Ersteres trifft zu oder, um es volkstümlich auszudrücken: Die Geldmaschinen funktionieren immer, nur über deren Produkte und Konsequenzen ist man sich oft nicht im Klaren.

Bei einer nichtkonvertierbaren Währung wie der DDR-Mark hätten wir das regulieren können, wenngleich dies Einschnitte in der gesellschaftlichen Entwicklung und im Lebensstandard nach sich gezogen hätte. In einer freien, globalen Welt hingegen vervielfachen sich die Auswirkungen einer weltweiten Krise und sind von einzelnen Regierungen und Institutionen nur noch bedingt kontrollierbar.

In ihrem Buch *Weltfinanzsystem am Limit* weisen die Wissenschaftler um Dirk Solte darauf hin, dass von 1970 bis 2005 das Finanzvermögen gegenüber der Wertschöpfung einen überproportionalen Anstieg aufwies. So wuchs das Gesamtvolumen der Verschuldung auf dem Weltfinanzmarkt um das Dreißigfache, das Geldvolumen aus Aktien gar um das Vierzigfache, wohingegen das weltweite Bruttoinlandsprodukt lediglich um das Dreizehnfache stieg. Aus diesen disproportionalen Steigerungsraten resultiert, dass sich der Anteil des Einkommens aus Finanzvermögen mehr als verdoppelte. Das bedeutet eine gewaltige Steigerung des Einkommens aus Sachvermögen – logisch, dass der Anteil aus der Erwerbsarbeit dabei stetig sank. Wo soll das hinführen, wenn weltweit das Einkommen aus Finanzblasen schneller steigt als aus realwirtschaftlicher Arbeit?

Die Ursachen der weltweiten Verschuldung und des proportional dazu wachsenden Geldreichtums sind eng mit der Entwicklung der Haushaltsdefizite und Militärausgaben in den USA verwoben, was sich an den Ausgaben für die Kriege in Vietnam, Afghanistan und dem Irak zeigt. Ist es nicht mehr als schizophren, dass durch die Wertevernichtung in Kriegen die Kapitalkonzentration zunimmt und der Reichtum der Vermögenden anwächst? Den Gewinnern der Geld- und Kapitalwirtschaft stehen auf der anderen Seite die Verlierer gegenüber.

Ein Gesellschaftssystem, das derartige Phänomene akzeptiert und fördert, kann in einer globalen Welt langfristig nicht aufrechterhalten werden. Insofern haben wir es nicht allein mit einer Finanz-, sondern mit einer Systemkrise zu tun. Die Finanzkrise hält der globalisierten Welt den Spiegel vor: Unsere Gesellschaft ist ebenso krank wie ihr Bankensystem. Es gibt viele Ansätze, sie wieder gesunden zu lassen. Dazu jedoch müssen wir neue Wege beschreiten.

Was im Kalten Krieg unter dem Mantel von Ideologien verborgen lag, tritt heute klar zutage: die Verselbstständigung des Geldes. Es ist nicht mehr Mittel zum Zweck, sondern – wie bereits Marx erkannt hatte – Selbstzweck geworden. Geld hat keine Heimat und kennt keine Grenzen. Die Finanz- und die Realwirtschaft sind seit Abschaffung der Goldparität des US-Dollars im Jahr 1970 und der Aufgabe der Abhängigkeit der Währungen untereinander Mitte der 70er Jahre nicht mehr direkt miteinander verbunden.

Einst entstand aus der gesellschaftlichen Arbeitsteilung das Geld als Vermittler von Werten. Heute gilt das aufgrund der Trennung von Finanz- und Realwirtschaft nur noch bedingt. Das heißt, die Banken verdienen durch alternative Finanzgeschäfte, durch Derivate, Swaps, Verbriefungen, Zertifikate usw. mittlerweile mehr Geld als über die von der Gesellschaft geleistete Wertschöpfung. Das betrifft auch die unkontrollierte Zunahme der Schattenbankwirtschaft durch Hedge-Fonds, Privat-Equity-Geschäfte und Devisenspekulationen. Auf dem Kapitalmarkt ist inzwischen überproportional mehr Geld »im Umlauf« als die durch die Gesellschaften geleistete Wertschöpfung ausweist.

Reichtum und Wohlstand in den Industrieländern gehen nicht länger auf Arbeit und realwirtschaftliche Leistungen zurück, sondern beruhen zum Großteil auf Spekulationen. Es ist nicht die Gier der Investmentbanker allein, sondern unser aller Gier, die dazu beigetragen hat, was wir heute in der größten Krise seit Jahrzehnten erleben. Der Mensch ist trotz aller Glaubensbekenntnisse sämtlicher Religionen so beschaffen, aus Geld mehr Geld machen zu wollen. Diese Entwicklung ist zügellos, solange keine weltweit geltenden einheitlichen Grenzen und Regelungen bestehen. So können wir heute einen Witz aus DDR-Zeiten wiederbeleben: »So wie wir heute leben, haben wir noch nie gearbeitet.«

Ich begrüße es, dass sich die G20-Länder, die den wesentlichen Teil der Weltwirtschaft und des Welthandels vertreten, zu einer einheitlichen Bekämpfung der Weltfinanzkrise getroffen haben. Aber alle vereinbarten Punkte, die auf mehr Regulierung hindeuten, bekämpfen nur Symptome und Erscheinungen, nicht den Kern der Krise. Das ist zwar wichtig, um Ruhe und einheitliches Handeln zu erreichen, löst jedoch nicht das Grundproblem.

Was wir brauchen, ist ein *Bretton Woods II*, ein weltweiter Kapitalschnitt. Es ist richtig, dass alle Finanzgeschäfte stärker einheitlich kontrolliert, die Sicherheiten erhöht und die Risiken durch Eigenkapitalunterlegung stärker minimiert werden. Doch das allein reicht nicht aus. Man muss das Weltfinanzsystem neu ordnen: mit dem Ziel, die Vormachtstellung des US-Dollars als Weltwährung schrittweise abzubauen und alle Währungen verbindlicher an die Realwirtschaft zu binden. Das könnte bedeuten, dass Schuldtitel eines Staates weitestgehend im eigenen Land zu verkaufen sind, und wenn sie international angeboten werden, auch mit realwirtschaftlichen Sicherheiten unterlegt werden müssen. Dann haftet das eigene Volk, wenn es darum geht, Kriege zu finanzieren.

Einheitliche Stabilitätskriterien wie die Maastrichter Verträge für den Euro sollten weltweit eingeführt werden. Da es zur Zeit keine Bemessungsgrundlagen gibt, ist der Verschuldungsgrad des Bruttoinlandsprodukts in der Weltwirtschaft völlig unausgewogen (zum Beispiel BRD 64 %, Italien 103 %, Japan 180 %, USA 70 %).

Außerdem wäre zu prüfen, ob eine fiktive Weltwährung der G20 für den internationalen Zahlungs- und Verrechnungsverkehr geschaffen werden kann. In diesem Falle sollte die *Bank für Internationalen Zahlungsausgleich* (BIZ) in Basel mit der Abrechnung und Kontrolle beauftragt werden. Im sozialistischen Weltsystem hatten wir ebenfalls Krisen zu überwinden. Deshalb führten wir einstmals im RGW die fiktive Währung Transferabler Rubel ein. Mit welchen Veränderungen müssen wir rechnen, wenn die Länder Asiens die Weltwirtschaft dominieren oder die arabische Welt 2010 ihr eigenes geschlossenes Währungssystem installiert? Wie wirkt sich das auf Öl-Dollar und US-Dollar aus?

Ich halte solche Überlegungen für wichtig, damit wir nicht neue Finanzblasen bekommen, die sich bei der Inanspruchnahme der durch die Regierungen beschlossenen Rettungspakete bereits abzeichnen.

Es muss klar geregelt werden, in welchem Umfang Staat und Markt in das gesellschaftliche Leben eingreifen dürfen, damit eine erneute Geldaufblähung unbedingt vermieden wird. Daraus ergibt sich, welche Aufgaben den Zentral- und Geschäftsbanken bei der Geldbeschaffung zukommen. Bei der Bekämpfung der Realwirtschaftskrise wird der Ruf nach dem Staat immer lauter. Aber wo fängt ein solcher Eingriff des Staates an, und wo soll er aufhören, ohne dass wir die Marktwirtschaft infrage stellen? Wir sollten uns an die positiven Erfahrungen der Deutschland AG erinnern. Mit der Gründung der Bundesrepublik nach dem Krieg entwickelte sich schnell ein solides Bankensystem. Das spiegelte sich für die Menschen vor allem in der mit einem Heiligenschein versehenen starken D-Mark wider. Die meisten Menschen wissen bis heute nicht, dass die D-Mark erst Anfang der 60er Jahre frei konvertierbar wurde und dass sie großen Schwankungen etwa gegenüber dem US-Dollar – 1:1,8 bis 1:4,4 unterlag. Die Bevölkerung nahm vor allem eine starke, inländisch stabile D-Mark wahr.

In dieser Phase fand eine zunehmende Verschmelzung von Industrie- und Finanzkapital statt. Daraus entstand der Begriff Deutschland AG. Ein Großteil des Finanz- und Bankkapitals war am Industriekapital beteiligt und umgekehrt. Dadurch traten größere Verwerfungen – etwa durch Auslandsbeteiligungen oder Krisen – nur geringfügig in Erscheinung. Die Wirtschaft war in sich stabil.

Das nutzten wir nach der Wiedervereinigung aus. Ein Beispiel habe ich mit der sogenannten Bankenmilliarde als Grundlage der Privatisierung bereits erwähnt. Auch der *Deutschen Kreditbank* und ihren Joint Ventures legten wir die Industriebeteiligungen zugrunde. Offensichtlich wurde diese Verknüpfung bei der Privatisierung der *Interhotel*-Gruppe oder des Büroartikelherstellers *Herlitz*. Bei beiden wandelten wir die Kredite der Banken in Eigenkapital um und retteten dadurch die Unternehmen vor der Insolvenz. Nach Stabilisierung veräußerten wir die Bankanteile, und die Firmen waren wieder für den Markt freigegeben.

Mit dem globalen Wettbewerb, insbesondere in der Banken- und Versicherungsbranche, war die Vergleichbarkeit mit dem US-Finanzmarkt nicht mehr gegeben. Deshalb geriet die Deutschland AG in die Kritik. Im Rahmen der geforderten Deregulierung der Finanzmärkte wurde sie schrittweise entflochten. Industriebeteiligungen wurden steuerfrei veräußert.

Der durch die Deutschland AG gegebene Stabilisierungsfaktor fehlt uns jedoch heute bei der Bekämpfung der Realwirtschaftskrise. Darauf zu drängen, dass die Banken mehr Kredite ausreichen, halte ich für kein probates Mittel, denn eine Krise birgt auch höhere Risiken. Die wiederum treiben die Zinsen in die Höhe. Deshalb können die derzeitigen Rettungspakete, wenn sie denn zur Öffnung der Geldschleuse führen, sogleich die nächste Finanzblase beziehungsweise Finanzkrise produzieren. Hier ist ein wohlfeiles Risikomanagement gefragt, aber keine offenen Geldschleusen. Lösungen, wie sie zum Beispiel in der Auto-Industrie gefordert werden, sollten nur über Eigen- oder Finanzkapital angestrebt werden. Hier könnte erneut eine zeitweise Verschmelzung von Finanz- und Industriekapital helfen.

So könnten die Hausbanken und Versicherungsgesellschaften von *Opel* die deutsche Gesellschaft freikaufen und die Anteile später an andere europäische Autohersteller verkaufen. Ähnliche Ansätze kann man in anderen Branchen finden. Der Staat ist bei seinen Entscheidungen immer zuerst der Gesellschaft und *nicht* dem Kapital verpflichtet.

Wenn er deshalb aus gesellschaftlichen Zwängen heraus Banken oder Betriebe teilweise oder ganz verstaatlicht, muss er sich – wie es bei kommunalen Betrieben und Staatsunternehmen der Fall ist – das Recht sichern, sowohl die Geschäftspolitik zu beeinflussen, als auch am Gewinn teilzuhaben.

Wir Deutsche sind außerordentlich stolz darauf, Exportweltmeister zu sein. Das erreichten wir unter anderem aufgrund stabiler Arbeitskosten. Das fehlt uns bei der Beeinflussung des Binnenmarktes. Wenn der positive Exporteffekt durch Absatz in Länder erfolgte, die mit Schulden und Finanzblasen bezahlten, haben wir jetzt ein doppeltes Problem: Neben dem Binnen- fehlt nun auch der Außenmarkt. Wir müssen uns darauf einstellen, dass aufgrund der globalen Entwicklung in einigen Wirtschaftszweigen neue Proportionen entstehen werden. Deshalb ist es angebracht, im Bereich Aus- und Weiterbildung bereits heute nach neuen Lösungen zu suchen: etwa in der Logistik, mit dem »dritten Gleis« oder der Gesundheitswirtschaft.

Privates Kapital sollte bei kommunalen Aufgaben nur Mittel zum Zweck sein. Wenn es sich in Staats- und Kommunalvermögen zur Sicherung der Liquidität oder höheren Effizienz einbringt, müssen zugleich Sozialstandards mit erworben und gewährleistet werden. Andernfalls erfüllen die öffentlichen Gelder und Vermögen ihren Auftrag nicht.

Unlängst drückte mir ein junger Schauspieler, er heißt Sven Riemann, zwei Blätter in die Hand. Ich will sie hier gern zitieren. Seine Zeilen zeigen, wie das Volk die derzeitige Krise wahrnimmt und zu beschreiben versucht:

Ein riesiger Schock geht um die Welt,
an den Börsen verbrennt das Geld.
Und wie die News es uns berichten,
soll der Staat es jetzt wohl richten.
Damit wir das Geld nicht ganz verlieren,
verspricht die Regierung zu regulieren.
Revolution von oben – und der kleine Mann
schaut sich das brav im Fernsehn an.

Die meisten glauben es auch prompt,
dass es nicht noch schlimmer kommt,
bürgte der Bürger mit Milliarden Steuern
für die Banken, die sofort beteuern:
Das wär jetzt der richt'ge Schritt,
nur so wird man für die Zukunft fit.
Und der Vorstand verkündet von seinem Thron:
Man verzichte solidarisch auf die Bonifikation.

Andere daraufhin erwidern schnell,
der Kapitalismus sei ein Auslaufmodell.
Das Leck zu groß, es wär nicht zu flicken,
wenn wir auf die Weltwirtschaft blicken.
Nur die Armenküche wächst mit Kontinuität,
mal sehn, wann die an die Börse geht.
Und Marx' Kapital wird über Nacht
zum Bestseller. Wer hätte das gedacht?

Wie ein Echo nach gewaltigem Schall
hört man jetzt nur noch **Krise** *überall.*
Das hieß einst ENTSCHEIDUNG bei den Griechen.
Tja, die Großen entscheiden, die kleinen siechen.
So ziehn sie uns aus mit maßloser Gier,
und bist du erst nackt, bettelst du um Hartz IV.
Derweil baden sie in Champagner und Geld
und schern sich einen Dreck um den Rest dieser Welt.

Hegde – ätsch macht der Manager wegen der Fonds,
sind die auch geplatzt wie Luftballons.
Handelte er dreist mit faulen Zitronen,
so sitzt er doch jetzt auf seinen Millionen.
Die fehlen nicht nur in so manchem Depot,
sondern in Kitas, in Schulen und anderswo.
Zu lange sind die Kassen für Bildung schon leer,
nur ein dummes Volk setzt sich nicht zur Wehr.

Wir sollen vertrauen und nicht zuviel sparen,
doch wenn andre die Karre in den Dreck fahren,
rettet der Giro-Sparer mit seinem Geld
als Konsument die demokratische Welt.
Dann springt sie rasch an, die Konjunktur,
und alle kehr'n zurück in die alte Spur.
Bei rasanter Talfahrt, so'n Crash tut schon weh,
ist der süchtige Käufer das Gesellschafts-ESP.

Drum geh üppig shoppen, ohne dich zu genieren,
weil sonst bald noch mehr ihren Job verlieren.
Das ist jetzt oberste Bürgerpflicht,
nur so scheint am Ende des Tunnels ein Licht.
Und red dich nicht raus, du hättest kein Geld,
zahl einfach mit Karte, sei einmal ein Held!
Think big und vergiss deine Dispo-Zinsen,
denn ganz ohne Opfer geht's in die Binsen.

Nur du kannst ihn retten, den Kapitalismus, vorm Tod,
kauf dir schnell ein Auto, sei mal Patriot.
Mit viel PS, das gibt auch dir Kraft
und stärkt zudem die Volkswirtschaft.
Und hast du kein Bares auf der Hand,
nimm 'nen Kredit auf fürs Vaterland.
Halt mit deinen Steuern die Banken am Leben.
Nur so können sie dir Kredite geben.

Für dieses geniale Super-Krisen-Management
zahl ich demnächst auf Pump auch mein letztes Hemd.
ja, es geht um die Bürger und nicht um die Banken,
dafür sollten wir uns auch recht artig bedanken.
Drum wollen wir wählen, wollen sie loben.
Ach, und die Revolution,
wird dann auch verschoben.

Alles wird anders und bleibt doch, wie es ist,
so lange das Volk genug Krümel frisst.

So wichtig der Markt ist, so ist er doch kein Heilsbringer. Geld und Kapital bedürfen einer – möglichst global verbindlichen – Regulierung. Dass ein zügelloser Markt nicht funktioniert, zeigen die Ergebnisse der deutschen Einheit und der Weltwirtschaftskrise. Schaffen wir die Bedingungen für ein neues Weltfinanzsystem, das an die Realwirtschaft gekoppelt ist, Finanzprodukte besser absichert und Spekulationen

ANORDNUNG
über kurzfristige Kredite
vom 26. Januar 1949

Deutsche Wirtschaftskommission, Beschluß S 20/49, ZVOBl. S. 63

Um durch Kreditgewährung zur Steigerung der für die friedliche Wirtschaftsentwicklung der Zone notwendigen Produktion und Beschleunigung des Warenumlaufs vom Produzenten zum Konsumenten beizutragen, hat das Sekretariat der Deutschen Wirtschaftskommission am 26. Januar 1949 angeordnet:

1. Kurzfristige Kredite der Kreditinstitute sind auf das engste mit dem Herstellungsverfahren und den einzelnen Stufen des Handelsumsatzes zu verknüpfen.

   Kredite können gewährt werden:

   für Anschaffung von Rohstoffen, Hilfsmaterial und halbfertigen Erzeugnissen, die für die Bedürfnisse des Betriebes des Kreditempfängers notwendig sind,

   für Aufwendungen für noch nicht zum Abschluß gelangte Herstellung,

   für normale Vorräte an Fertigwaren und Ernteerzeugnissen in Industrie-, Handels- und Beschaffungsunternehmungen,

   für rollende Waren,

   für weitere Zwecke, die mit der Warenherstellung oder ihrem Umlauf verbunden sind.

   Die Höhe des Kredits wird festgestellt unter Berücksichtigung des Anteils an eigenen Mitteln des Kreditnehmers, der in den Warenwerten und anderen sachlichen Werten, gegen die die Bank Kredit gewährt, enthalten ist.

2. Bei Kreditgeschäften haben die Kreditinstitute darauf zu achten, daß die Kreditfristen den normalen Herstellungs- und Umlaufsfristen der Waren, für die Kredit gewährt wird, entsprechen. Diese Fristen werden festgesetzt an Hand der dem Kreditinstitut vorgelegten Herstellungs- oder Absatzpläne; sollten solche Pläne nicht vorhanden sein, so ist ein Übereinkommen zwischen der Bank und dem Kreditempfänger zu treffen.

Der Versuch, Regeln zwischen Staat und Markt, zwischen Gesellschaft und Kapital aufzustellen: Vorwort aus der Vorschrift der Deutschen Wirtschaftskommission (DWK) zur »Kurzfristigen Kreditgewährung in der Sowjetischen Besatzungszone und in Berlin« vom Januar 1949. Edgar Most bekam das Dokument von Kurt Morgenstern, Vizepräsident der Staatsbank der DDR, als dieser in Rente ging. Der sagte dazu: »Der Einzige, der damit im Leben noch mal was anfangen kann, bist du.«

> Für Kredite, die zu der von dem Kreditinstitut festgesetzten Frist nicht beglichen wurden, sind außer dem festgesetzten Zinssatz noch Versäumniszinsen in Höhe von 1% p. a. einzuziehen.
>
> 3. Die Kreditinstitute sind verpflichtet, eine ständige Kontrolle über die von ihnen gewährten Mittel und über deren zweckgebundene Verwendung laut Ziffer 1 dieser Anordnung auszuüben. Die Unternehmen und Personen, denen das Kreditinstitut Kredite gewährt hat, sind verpflichtet, dem Kreditinstitut ihre Bilanzen und alle für die Kontrolle über zweckgebundene Verwendung des Kredits notwendigen Belege einzureichen. Sollte der Kredit nicht für die im Abkommen mit dem Kunden erwähnten Zwecke verwendet werden, so kann die Bank vorfristig die Zurückerstattung des Kredits verlangen.
>
> 4. Zur Sicherung der kurzfristigen Kredite dienen an erster Stelle Sicherungs-Übereignung oder Verpfändung der lagernden oder im Herstellungsverfahren befindlichen Waren, Rohstoffe und Hilfsstoffe sowie Abtretung von Forderungen über verkaufte Waren. Als nachträgliche Sicherung können auch Hypotheken, Grundschulden, Übereignung von Maschinen, Einrichtungen usw. sowie Bürgschaften der Deutschen Wirtschaftskommission, der Landesregierungen und anderer Organisationen und Personen dienen.
>
> Die Kreditinstitute haben ständig zu überprüfen, ob eine gebührende und vollständige Sicherung der Kredite vorhanden ist.
>
> 5. Allgemeine Richtlinien für die Verwirklichung dieser Anordnung werden die Kreditinstitute von der Deutschen Notenbank erhalten.
>
> Berlin, den 26. Januar 1949
>
> — Beschluß S 20/49 —
>
> Rau
> Vorsitzender
>
> Prof. Dr. Kastner
> Stellv. Vorsitzender
>
> der Deutschen Wirtschaftskommission
> für die sowjetische Besatzungszone

Most arbeitete später, sogar bei der Deutschen Bank, im Geiste dieser Verordnung. »Das betone ich, weil manche behaupten, der Sozialismus hätte kein System gehabt. Er hatte eins, ein richtig gutes sogar: Geld, Kredit und materielle Werte wurden als Einheit in ihrer Wechselwirkung betrachtet.«

sowie Steuerumgehungen konsequent unterbindet, beschreiten wir bereits den Dritten Weg.

Anlässlich des zehnten Jahrestages der deutschen Einheit bat mich der Jurist Horst Ehmann, einen Vortrag an der

Universität Trier zu halten. Ich warf zunächst die Frage auf: »Warum schmückt sich diese Universität nicht mit dem Namen Karl Marx, des größten Sohnes der Stadt?« Und in Bezug auf die verschwundene DDR: »Gab es einen eigenständigen ostdeutschen Staat, oder hat dort Moskau regiert?«

Nach meinem Auftritt wurde hartnäckig diskutiert. Zugleich regte er einen fruchtbaren Gedankenaustausch mit Ehmann an, in dem es insbesondere um Fragen von Ehre und Moral ging. Ich möchte hier einige Passagen aus seinem Festvortrag vom 22. November 2000 wiedergeben, denen ich mich vorbehaltlos anschließe:

Der Markt kennt keine Ehre, sagt Max Weber – und zeigt damit seine Skepsis gegenüber der Entwicklung einer wirtschaftlichen Ethik. Aus dieser Erkenntnis heraus sind seit alters her Tätigkeiten höherer Art, zum Beispiel die Dienste der Staatsmänner für den Staat, aber auch die Dienste der Ärzte, Juristen usw. nicht für Geld, sondern für die Ehre, später freilich für Honorar erbracht worden. Obwohl Honorar mittlerweile nur mehr ein Wort für Geldleistungen geworden ist, blieb es doch lange dabei, dass die Qualität der Dienstleistungen, für welche das Honorar bezahlt wurde, eine Ehrensache war. Ein guter Arzt wendete stets seine ganze Kunst mit äußerster Sorgfalt auf, um dem Patienten zu helfen, wozu ihn in erster Linie sein hippokratischer Eid und nicht das Geld des Patienten verpflichtete. Entsprechendes galt lange Zeit für Rechtsanwälte, auch sie arbeiteten in erster Linie als Organ der Rechtspflege im Dienste des Rechts. Noch heute scheint es nahezu undenkbar, dass Richter in erste Linie nach Marktgesetzen für das Geld arbeiten, welches sie dafür erhalten und nicht im Dienste des Amtes, das ihnen übertragen wurde, ihre ganze Kraft nach bestem Wissen und Gewissen einsetzen.

Obwohl Handwerker und Arbeiter nie für Honorar, sondern stets für den versprochenen Lohn gearbeitet haben, setzten jedoch auch sie lange Zeit ihre Ehre auf die Qualität ihrer Arbeit. Die in der Qualität der geleisteten Arbeit verkörperten bürger-

lichen Ehrvorstellungen sind im Laufe unserer Lebenszeit langsam, aber sicher, verstärkt ab den 70er Jahren des 20. Jahrhunderts, verloren gegangen.

Für möglichst wenig Arbeit möglichst viel Geld zu bekommen, ist zur obersten Weisheit einer Freizeitgesellschaft geworden, die den Wert der Arbeit und die sich daraus bildende Ehre nicht mehr achtet. Dieses in der Ehrlosigkeit des Marktes wurzelnde Denken gilt inzwischen auch für die höheren Dienste, einschließlich der Amtstätigkeiten der Beamten und Politiker. Das Geld ist zum alles überragenden Wertmaßstab und die Gier nach ihm zur alles beherrschenden Triebkraft geworden. Bei manchen Politikern übertrifft sie offenbar sogar das Streben nach Macht und Ruhm. Das ist die Folge des Werteverlustes der marktwirtschaftlich orientierten demokratischen Gesellschaft, der sicherlich viele Ursachen hat, nicht zuletzt aber die Geringschätzung des Wertes einer nicht am Gelde gemessenen bürgerlichen Ehre. Der Einzelne, der sich dem herrschend gewordenen Zeitgeist zu entziehen sucht, läuft Gefahr, zu den Ehrlichen gerechnet zu werden, die nach dem Buchtitel gewordenen Satze die Dummen sind.

Heute müssen wir feststellen, dass die Einschätzung unserer Vorfahren, Geld verderbe den Charakter, unverändert zutrifft. Wir benötigen jedoch das Geld als Stimulanz. Was in der heutigen Welt übertrieben wurde, wurde im Sozialismus unterschätzt. In der DDR lag der Durchschnittsverdienst eines Hochschulabsolventen lediglich um etwa 35 Prozent höher als der eines normalen Werktätigen, wie damals Arbeitnehmer hießen. Ein Drittel mehr für eine wesentlich höhere Qualifikation. In der Bundesrepublik hingegen war das 1989 rund 50 Prozent, und vermutlich ist diese Differenz seither gewaltig gestiegen.

Die Diskussion um Managergehälter, Boni und Bezahlungen von Investmentbankern zeigt, dass die Disproportionen in unserer Gesellschaft deutlich wahrgenommen werden. Wie aber lassen sich diese überwinden?

Nur an die Moral zu appelieren, bringt nicht viel. Wir brauchen entsprechende Rahmenbedingungen, etwa die Festlegung von Höchstgrenzen bei Vorstandsgehältern im Verhältnis zum Durchschnittsverdienst der Belegschaft.

Es geht in einer ehrlichen Diskussion um die Beantwortung der Grundfrage: Wo endet die persönliche Freiheit und wo fängt die gesellschaftliche Freiheit an? Wir müssen das Verhältnis zwischen Staat und Markt, zwischen Gesellschaft und Kapital neu bewerten und grenzen formulieren.

Mein 50-jähriges Arbeitsleben als Banker im Auftrage des gesellschaftlichen und des Privatkapitals hat mich gelehrt, dass die oft zitierten Widersprüche lösbar sind, wenn man es will.

Bevor wir es schaffen, das globalisierte Kapital einzufangen und durch Rahmenbedingungen zu zügeln, sollten wir jedoch vor der eigenen Haustür zu kehren beginnen. 20 Jahre nach dem Mauerfall ist die Zeit reif für einen Neubeginn in der deutschen Einheit. Das heißt, ein Masterplan Ost muss erarbeitet und mit Leben erfüllt werden, damit es zu einer Wende im *Aufbau Ost* und einem Abbau des Finanztransfers West kommen kann. Dazu gehört:

- dass der Solidaritätszuschlag abgeschafft, die Stasiakten geschlossen sowie die bisherige Form der anklägerischen Vergangenheitsbewältigung beendet wird
- dass das Bildungssystem nicht länderspezifisch, sondern einheitlich – wenn erforderlich, zunächst nur in den neuen Bundesländern – gestaltet wird
- dass die Bildungs- und Forschungsausgaben wesentlich erhöht werden
- dass Anreizprogramme geschaffen werden, um abgewanderte Jugendliche zurückzuholen
- dass die weichen Standortfaktoren wie Kultur und Sport einen höheren Stellenwert erhalten und finanziell abgesichert werden
- dass die Großunternehmen dazu stimuliert werden, ihre

verlängerten Werkbänke zu lebendigen Gesamtbetrieben umzugestalten – für die Entwicklung von größeren Betrieben sind Eigenkapitalfonds aus den Fördermitteln bereitzustellen
- dass durch gesonderte Steuermodelle nationales und internationales Kapital für Ansiedlungen aktiviert wird
- dass geprüft wird, wie die Länder- und Kommunalstrukturen neu gestaltet werden können
- dass die vereinigungsbedingten Fehler ohne Ursachenforschung korrigiert und beseitigt werden (darunter fallen sämtliche Altschuldenregelungen, die Neuorganisierung der Wasser- und Abwassersysteme, Abschluss und Lösung noch nicht geklärter Eigentumsverhältnisse, die Höhe der Belastungen beim Straßenbau, Regelungen zu den noch nicht privatisierten Land- und Forstwirtschaftsflächen u.v.m.)

Zur Lösung dieser Aufgaben muss die Möglichkeit der Finanzierung aus dem Erblasten-Tilgungsfonds geschaffen werden.

Bei der Bankenkrise hätte man – bei Freistellung der Bürger – auch entscheiden können, die IKB abzuwickeln, die Hypo Real Estate zu verstaatlichen, die Allianz bei der Lösung der Probleme der Dresdner Bank einzubinden, statt über die Commerzbank den Vorgang staatlich zu stützen. Ich bin auch dafür, dass alle Landesbanken von den Sparkassen erworben oder ganz bzw. teilweise abgewickelt werden. Durch solche Schritte wären wir Steuerzahler entlastet und nicht belastet worden.

Die Menschen haben einen Anspruch darauf, dass ihre Probleme gehört und ernst genommen werden. Wenn wir das angehen, können wir auch von einem Dritten Weg in der deutschen Einheit sprechen. Der Staatssozialismus ging nicht zuletzt wegen des Allmachtsanspruchs einer Partei zugrunde. Der Neoliberalismus mit seinem Glauben an den Markt hat ebenso versagt. Die soziale Marktwirtschaft ist

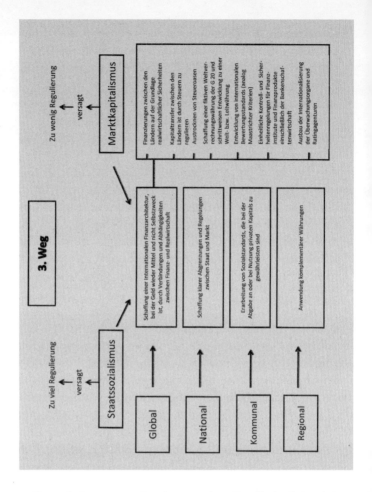

aufgrund der neuen Strukturen der Gesellschaft in Arbeit und Demografie nicht mehr zu finanzieren. Wir stehen also vor grundlegenden neuen Herausforderungen.

Die Finanz- und Systemkrise wird keine Gewinner hervorbringen. Aber viele wachrütteln. Darin besteht vielleicht ihre eigentliche Chance: Wir *müssen* den Willen aufbringen, etwas zu verändern.

Meine Mandate

die ich seit 1990 als Vorstandsvorsitzender, Vorsitzender oder Mitglied in Aufsichts- und Beiträten, in Kuratorien, Vereinen und in Kooperationsbeiräten wahrnahm (und zum Teil noch immer ausübe), vermitteln mir viele Einblicke in die gegenwärtige Gesellschaft.

Die meisten Funktionen waren und sind ehrenamtlich und mit keinerlei Zuwendungen verbunden. Bei einigen gab es Aufwandsentschädigungen, die aber diese Bezeichnung auch verdienten.

Wirtschaft:
- K.A.B. Kraftwerks- und Anlagenbau AG, Berlin
- Nordmöbel GmbH, Wismar
- Saxonia AG, Freiberg
- Keulahütte Krauschwitz
- Weimar-Werk GmbH, Weimar
- BASA-Bau, Bad Salzungen
- SMI Halbleiterwerk Frankfurt/Oder
- Sodawerk Staßfurt GmbH & Co. KG
- Chemieanlagenbau Staßfurt AG
- co.don AG, Teltow
- AKER MTW Werft, Wismar
- Aker Warnemünde Operations GmbH
- Peene-Werft GmbH, Wolgast
- Silicon Sensor International AG, Berlin
- Kondor Wessels Deutschland GmbH & Co. KG
- BioCon Valley GmbH, Greifswald
- LEIPA Georg Leinfelder GmbH, Schwedt
- Institut für Getreideverarbeitung GmbH, Potsdam-Rehbrücke
- DIAGENICS Internation. Corporation, Düsseldorf
- DRESEARCH Digital Media Systems GmbH, Berlin
- AUPU Versorgungswerk e. V. Berlin/Würzburg

- Damp Holding AG Hamburg (Hanse-Klinikum Stralsund GmbH, Hanse-Klinikum Wismar GmbH)
- DOMUS AG, Berlin
- Silvertex GmbH, Hoppegarten

Banken:
- Bundesbank/Landeszentralbank Berlin-Brandenburg
- Investitionsbank Land Brandenburg
- DB Polska
- BNL Beteiligungsgesellschaft neue Länder Gmbh & Co. KG, Berlin
- Ostdeutscher Bankenverband

Wissenschaft:
- Technologiestiftung, Berlin
- Fachhochschule Neubrandenburg
- Technische Fachhochschule Wildau
- Institut für Wirtschaftsforschung Halle
- Förderkreis Europa-Universität Viadrina e. V. Frankfurt
- Ehrensenator der Europa-Universität Viadrina
- Ehrendoktor der Russischen Ökonomischen Akademie »G. V. Plechanow«, Moskau
- Förder- und Freundeskreis der Technischen Universität Ilmenau
- Vorsitzender des Hochschulrates der Technischen Universität Ilmenau
- Stiftung Wissenschaft und Technik, Technische Universität Ilmenau
- Freundschaftsgesellschaft des Goethe-Schiller-Archvs in Weimar
- Bildungszentrum am Müggelsee GmbH

Gesellschaft:
- Deutsch-Russisches Forum
- Deutsche Gesellschaft für Auswärtige Politik, Berlin
- Wirtschaftsrat der CDU, Berlin

- Industrie- und Handelskammer Berlin (Vollversammlung und Präsidium)
- Märkischer Presse- und Wirtschaftsclub, Berlin
- Verein der Freunde und Förderer des Haupt- und Landgestüts Neustadt/Dosse
- Verein der Förderer und Freunde des Forst- und Köhlerhofes Rostock-Wiethagen e. V.
- Mitglied der Krayenburggemeinde, Tiefenort
- Verwaltung und Vorstand des Vereins Wochenendhausgebiet Kiesschütte Üdersee e. V.
- Deutsche Stiftung Welterbe, Wismar/Stralsund
- Kuratorium Goethe- und Schillerarchiv Weimar

Literaturverweise

- »Mit der D-Mark zur Wirtschafts- und Sozialunion und zur deutschen Einheit«, unveröffentlichte Dokumentation der KfW, 1997
- Siegfried Wenzel, »Was war die DDR wert?«; Verlag Das Neue Berlin, Berlin 2003
- Abschlussbericht »Gesprächskreis Ost«, 28. Juni 2004
- Bernard A. Lietaer, »Das Geld der Zukunft«, Random House, o. O., 2002
- Dirk Solte, »Weltfinanzsystem am Limit«, Terra Media Verlag, Berlin 2007
- »Ehre und Recht«, Festvortrag von Prof. Dr. Horst Ehmann zum 25-jährigen Bestehen der Juristischen Fakultät der Universität Trier, 22. November 2000
- »Geld regiert die Welt. Doch wer regiert das Geld?«, Vortrag von Prof. Margit Kennedy beim 12. Philosophium in Lech, September 2008

Personenregister

Ackermann, Josef — *239, Bildteil 2*
Adenauer, Konrad — *39*
Adrian, Michael — *Bildteil 1*
Altstadt, Kurt — *236*
Amado, Jorge — *39*
Apel, Erich — *88ff.*
Ardenne, Manfred von — *88*
Arndt, Sabine — *Bildteil 1*

Baumann, Manfred — *185*
Becker, Artur — *59*
Beil, Gerhard — *113, 134, 136*
Berger, Roland — *236*
Bielstein, Jürgen — *153, 170, 173*
Birthler, Marianne — *9*
Breschnew, Leonid — *89f., 119*
Breuel, Birgit — *200, 203*
Breuer, Helga — *37*
Breuer, Rolf — *Bildteil 2*
Bümann, Werner — *116*
Bunke, Tamara — *107*
Butt, Klaus — *160*

Castro, Fidel — *107f.*
Castro, Raúl — *103f.*
Che Guevara, Ernesto — 107f.
Christians, Friedrich Wilhelm — *195f.*
Chruschtschow, Nikita — *117*
Churchill, Winston — *28*
Clement, Wolfgang — *228f.*

Dehler, Manfred — *92*
Dettendorfer, Johannes — *236*

Dewey, Charles *50*
Diederich, Sylvia *148, 182*
Dien, Raymonde *39*
Diepgen, Eberhard *182*
Döring, Karl *207, 236*
Dohnanyi, Klaus von *228f., 231, Bildteil 2*
Dorsch *113ff.*
Drews, Kurt *58f., 93f., 96*

Eckartsberg, Wolfgang von *192, 219, Bildteil 2*
Ehmann, Horst *255f., 263*
Ehrensperger, Günter *122, 124, 138f.*
Eichhorn, Alfred *241*
Eichhorn, Ulrich *45, 236*
Eisenhower, D. D. *27*
Eisenhut *31*

Felsch, Kurt *150, Bildteil 1*
Fernholz, Michael *194, Bildteil 2*
Fichtner, Kurt *84f.*
Fiedler, Ortwin *195*
Fröbe, Gert *61*
Frohn, Werner *71, 143, 139*
Fuchs *Bildteil 2*

Gaddum, Johann Wilhelm *184f.*
Geller *154*
George, Klaus *Bildteil 2*
Gorbatschow, Michail *6, 119, 126, 195ff., 243, Bildteil 1*
Gorbatschow, Raissa *196*
Graupner, Siegfried *54*
Großkopf, Manfred *236*
Grüneberg, Gerhard *73*
Gysi, Gregor *144*
Gysi, Klaus *100*

Hager, Kurt	*112*
Halbritter, Werner	*87, 139*
Hannewahr, Dieter	*148, 184*
Hegemann, Detlef	*236*
Heise	*83*
Herles, Wolfgang	*9*
Herrhausen, Alfred	*160*
Hieckmann	*Bildteil 2*
Hitler, Adolf	*31, 116*
Hochstrade, Werner	*37*
Höfer, Ernst	*136*
Höpfner, Lothar	*148, 159, Bildteil 1*
Holter, Helmut	*220, Bildteil 2*
Honecker, Erich	*74, 86f., 90, 104, 110, 140, 168, 201f.*
Jahr, Udo	*114f.*
Janitzki, Siegfried	*83, 236*
Jelzin, Boris	*196*
Jeschke, Joachim	*172*
Joliot-Curie, Frédéric	*39*
Jürgens, Curd	*61*
Kadow, Günter	*185*
Kaiser, Jürgen	*43*
Kaiser, Karl	*70*
Kaminsky, Horst	*100, 122ff., 136, 139, 142, 147f., 150, 161f., 195, Bildteil 1*
Kennedy, Margit	*263*
Kellert	*154*
Klatt, Hartmut	*149, Bildteil 1*
Klinkmann, Horst	*236*
Knef, Hildegard	*61*
Koch, Roland	*203*
Köhler, Horst	*245*
Kohl, Helmut	*11, 126, 162ff., 170, 172, 201f.*

Kopper, Hilmar	*138, 151ff., 155, 157, 159f., 180f., 206f., 211, 228, Bildteil 2*
Kotenew, Maria	*Bildteil 2*
Kotenew, Wladimir	*Bildteil 2*
Krause, Ulli	*148, 154*
Krause, Wolfram	*200*
Krenz, Egon	*108*
Kretschmer, Peter	*205, 236*
Kriegel, Bernd	*205*
Kroker, Herbert	*141f., 236*
Krolop, Nobert	*110*
Krug, Manfred	*96*
Krupp, Georg	*151f., 170f., 173, 185f., 187, Bildteil 2*
Lafontaine, Oskar	*144*
Lastowka, Harald	*218, Bildteil 2*
Lenin, W. I.	*116*
Lerch, Robert	*138*
Lietaer, Bernard A.	*263*
Luft, Christa	*Bildteil 2*
Luther, Martin	*21f.*
Maizière, Lothar de	*170ff.*
Mangold, Klaus	*238*
Martini, Karlheinz	*69, 78f., 93*
Marx, Karl	*32, 36, 102, 104, 109, 210, 246, 252, 256*
May, Karl	*42f.*
Meier, Bruno	*Bildteil 1*
Merkel, Angela	*235*
Mielke, Erich	*125*
Miliz, Detlef	*236*
Mittag, Günter	*73f., 88ff., 106, 110, 112f., 123ff., 139, 162, 169f., Bildteil 1*
Mitzenheim, Moritz	*21*

Modrow, Hans *144, 147*
Mögle, Werner *236*
Molotow, W. M. *117*
Morgenstern, Kurt *45, 99, 122ff., 134, 254, Bildteil 1*
Müller, Oswald *208, 236*
Müntzer, Thomas *22*
Mussolini, Benito *53*

Neruda, Pablo *39*
Nexö, Martin Andersen *39*
Naumann, Konrad *99*
Nestler *154*
Nennstiehl, Rolf *38, 41f., 203, 236*
Neumann, Alfred *121f., 128*

Osenberg, Axel *151, 154f., 178*

Pieck, Wilhelm *38f.*
Platzeck, Matthias *235, 241*
Pöhl, Karl *161f.*
Polze, Werner *Bildteil 2*
Ponto, Jürgen *160*
Puchta, Rudi *157ff., 186*
Puppe *Bildteil 1*

Ramthor, Günther *236*
Rauchfuß, Wolfgang *136*
Riemann, Sven *251*
Ringstorff, Harald *208*
Röder, Martin *236*
Röhricht, Gudrun *Bildteil 1*
Röller, Wolfgang *160*
Roitzsch, Gudrun *Bildteil 1*
Rohwedder, Detlev Karsten *14, 166, 168, 199f.*
Roosevelt, F. D. *28*
Rumpf, Willi *49*

Schalck-Golodkowski, Alexander *11, 129, 134ff.*
Schaub *Bildteil 1*
Schiffmann, Jörg *219*
Schlesinger, Helmut *161*
Schneller, Ernst *61*
Schröder, Gerhard *223f., 226ff.*
Schrödinger, Hubert *203f., 236*
Schürer, Gerhard *73f., 136*
Schwan, Gesine *Bildteil 1*
Seeling, Konrad *148*
Senf, Uwe *149, Bildteil 1*
Siegert, Walter *137*
Simon, Jürgen *160*
Solte, Dirk *245, 263*
Springer, Axel Cäsar *100*
Stalin, J. W. *28, 116, 119, 128*
Stoll, Wolfried *147, 173*
Stolpe, Manfred *9, 207, 223, 228f., Bildteil 2*
Stolte, Dieter *Bildteil 2*
Stoph, Willi *100, 195*
Strauß, Franz Josef *11*
Streit, Josef *94, 157*

Taut, Hans *81, 147, Bildteil 1*
Thierse, Wolfgang *9, 223, Bildteil 2*
Tiefensee, Wolfgang *235*
Tietmeyer, Hans *164*
Tolstoi, Lew *117*
Tuttlies, Friedhelm *148*

Ulbricht, Walter *21, 38, 64, 86, 88ff., 241*

Vogel, Bernhard *182, 203*
Vogel, Wolfgang *194, Bildteil 2*

Waigel, Theo *162, 180*

Walter, Bernhard	*186*
Walther, Barbara	*148, Bildteil 1*
Weber, Axel	*236*
Weber, Max	*256*
Weiz, Herbert	*71f.*
Wegert	*Bildteil 2*
Wenzel, Siegfried	*263*
Wiesner	*Bildteil 2*
Willma, Barbara	*148*
Winkelmann	*236*
Wittkowski, Grete	*72, 74*
Wölkner, Gerd	*38, 42f.*
Wolf, Hanna	*112*
Wolf, Markus	*129, 143, 194, Bildteil 2*
Wunderlich	*Bildteil 1*

Zimmermann, Herbert *41*

Berliner Kurier, *8. März 2009*
Tagesspiegel, *11. März 1009*

Most ist eine der wenigen ostdeutschen Stimmen, die in der Finanzwelt Gewicht haben.
         Märkische Allgemeine, *11. März 2009*

Der mit dem Kapital tanzt.
         SUPERillu, *9. April 2009*

Der exzellente Kenner der Ostwirtschaft sollte einstmals ins Kabinett von Gerhard Schröder kommen, aber dort hat ihn wohl Wolfgang Clement, der damals noch Ministerpräsident in Nordrhein-Westfalen war, verhindert.
         Thüringer Allgemeine, *14. März 2009*

ISBN 978-3-360-01960-8

© 2009 Verlag Das Neue Berlin, Berlin
3. Auflage 2009
Umschlaggestaltung: Andreas Fack, unter
Verwendung eines Fotos von picture-alliance/ZB
Illustrationen: Archiv Most; Frank Schumann (8)

Druck und Bindung: CPI Moravia Books GmbH

Ein Verlagsverzeichnis schicken wir Ihnen gern:
Das Neue Berlin Verlagsgesellschaft mbH
Neue Grünstr. 18, 10179 Berlin
Tel. 01805/30 99 99 (0,14 Euro/Min.)

Die Bücher des Verlags Das Neue Berlin
erscheinen in der Eulenspiegel Verlagsgruppe.

www.das-neue-berlin.de